■ 管理学精讲系列

周三多管理学
考点精讲

主编 | 杨江龙

北京理工大学出版社
BEIJING INSTITUTE OF TECHNOLOGY PRESS

版权专有 侵权必究

图书在版编目（CIP）数据

周三多管理学考点精讲 / 杨江龙主编. — 北京：北京理工大学出版社，2021.4
ISBN 978 – 7 – 5682 – 9788 – 2

Ⅰ. ①周… Ⅱ. ①杨… Ⅲ. ①管理学 – 研究生 – 入学考试 – 自学参考资料 Ⅳ. ① C93

中国版本图书馆 CIP 数据核字（2021）第 074753 号

出版发行 /	北京理工大学出版社有限责任公司
社　　址 /	北京市海淀区中关村南大街 5 号
邮　　编 /	100081
电　　话 /	（010）68914775（总编室）
	（010）82562903（教材售后服务热线）
	（010）68948351（其他图书服务热线）
网　　址 /	http://www.bitpress.com.cn
经　　销 /	全国各地新华书店
印　　刷 /	天津市新科印刷有限公司
开　　本 /	787 毫米 × 1092 毫米　1/16
印　　张 /	15.25
字　　数 /	381 千字
版　　次 /	2021 年 4 月第 1 版　2021 年 4 月第 1 次印刷
定　　价 /	62.80 元

责任编辑 / 封　雪
文案编辑 / 毛慧佳
责任校对 / 刘亚男
责任印制 / 李志强

图书出现印装质量问题，请拨打售后服务热线，本社负责调换

前　言

——管理学考研全程规划与学习方法

在介绍具体的学习规划和方法之前，有必要对管理学的学科特性做一些探讨，避免大家在学习时陷入误区。很多同学可能认为学管理学就是背书，只要背过了就能考好。每次遇到这样的同学时，我都会反问一句："如果你是研究生导师，你会招收只会背书的学生吗？"几乎所有的同学都会坚定地回答："不会！"那我们自己学习的时候为什么就认为学好管理学只要背书就可以了呢？这或许就是所谓的"缘木求鱼"吧。当然，我并不是说学管理学完全不用记忆，而是想告诉大家，要想学好管理学只靠背书是不够的。在近些年的考题中，经常出现"反背书"的新题型。例如，让考生写一篇小论文，或者设计一个研究项目等。这些题目一般都分值较高，但是光靠背书上的内容是无法得到高分的。我们需要从管理学的学科特性出发，从长计议，认真对待。对于真正想学好管理学的同学来说，其实是没有所谓的"捷径"可走的。

从管理学的学科属性来看，其文科属性非常突出，理科属性则较弱。翻看管理学教材时也会发现，文字的内容很多，有公式并且需要计算的地方很少。那么就需要学习者，在识记一些经典理论内容的基础上，能够深入理解并掌握其中的精髓要领，在面对实际问题时能够灵活运用管理学的理论进行分析，并提出科学合理的建议和措施。如何才能达到这样的要求呢？这里给大家介绍"五轮学习法"，帮助大家攻克管理学的学习难点！

为什么要使用"五轮学习法"呢？因为历经多年的教学教研工作，我越来越深刻地意识到，很多内容需要反复学习，不断深入地理解才能形成逻辑性较强的长期记忆，如果是短期的机械记忆，不仅容易遗忘，而且应付不了复杂的考试题目。另外，同学们在学习过程中，切记不要跨越阶段。很多同学一开始学习时就说："老师，你就告诉我考哪个，不考哪个，我只学考的，不考的绝对不学。"这种做法也是不可取的，管理学是一个有机的学科体系，牵一发而动全身，很多内容是不能割裂的。

"五轮学习法"的学习究竟是如何划分的呢？大家在每个阶段可能遇到哪些问题？又该怎么应对呢？带着这些问题，我们来看下面的学习阶段划分表。

学习阶段划分表

官方信息	参考往年信息					公布大纲		网上报名	现场确认	考试
学习阶段	2月前	3月	4月	5月	6月	7月	8月	9月	10月	11月	12月
	导学阶段	基础阶段				强化阶段		提高阶段		冲刺阶段	

不同的阶段有不同的任务，同时也有各阶段分别需要应对的问题：

（1）导学阶段：搜集信息，确定目标院校（可能的问题：目标混乱）。

（2）基础阶段：通读教材，熟悉科目特点（可能的问题：理解不深）。

（3）强化阶段：突出重点，进行强化记忆（可能的问题：记忆困难）。

（4）提高阶段：刷题练习，突破做题难关（可能的问题：不会答题）。

（5）冲刺阶段：模拟密押，查漏补缺总结（可能的问题：紧张恐慌）。

具体来看，导学阶段指的是从你决定要考研开始，一直到考研初试当年的2、3月。在这个阶段，很多同学是第一次接触考研，对考研的认知比较模糊，对于类似决定人生命运的重大考试的认知，还停留在"高考"。但是考研和高考不同，考研的很多信息是不对称的，很多事情需要同学们自己安排、推进的。再没有人监督你学习，再没有人告诉你一个明确的阶段性目标，这样就很容易半途而废。那么，在最先接触考研的导学阶段，就要集中力量解决信息搜集和目标规划这两个问题。就不同的学生而言，这两个问题确实有很强的个性化特征，甚至对于同一个学生来说，在不同的时期，情况也都是动态的。因此，针对这样复杂且动态的情况，我们为大家准备了一系列的公开课，原谅我语言能力的匮乏，实在无法在这里仅用寥寥数语，就让大家醍醐灌顶。但是，我相信通过这一系列的公开课，能够在大家茫然困惑的时候，给大家带来一些学习上的启发。（大家在B站搜索UP主"科学管理工作室"，或者关注新浪微博@科学管理工作室，即可观看公开课。）

来到基础阶段，大家又会面临新的任务和问题。基础阶段一般是从考试当年4月一直持续到6月，这个阶段应届生要在学校上课，考研学习的时间也会被相应打散。因此，特别需要同学们有自我约束的能力，能够充分利用一切时间学习，为自己后续的学习打好基础。其中，最重要的一个任务就是要通读参考教材。但是，很多同学认识不到这个任务的重要性，可能是因为读完教材后发现对知识的印象不深刻，没有什么明显的学习效果。甚至有同学曾经直接跟我说："读教材没有用，读了两三遍完全没印象，跟没读一样。"个别同学有这样的想法是因为没有认识到通读教材的目的，在基础阶段通读教材，不是想让大家马上记住多少东西，而是要让大家对管理学这门学科构建一种宏观的整体认知。对于基础不太好或者是跨专业考研的同学而言，这一点尤为重要。如果你连自己要考的教材，都没有完整地读过，那将来上了考场，不用我说，你自己心里恐怕也会打鼓。另外，基础阶段通读教材的方法是迅速浏览，是速读，甚至有些地方可以不求甚解，没有必要过分关注某个细节。这些通读的内容，会在你的潜意识里留下痕迹，将来提炼管理学的知识框架体系，进而回答综合性题目时，会起到潜移默化的作用。

进行到强化阶段，这个时候基本上已经进入暑假了，大家会有大把的学习时间。但同时，各个科目的学习任务也会骤然加重。那管理学这样的科目，在强化阶段要做什么呢？这个阶段最重要的学习任务就是：聚焦考点，突出重点。对每个考点都要认真研究，形成有针对性的学习模式。

对于具体考点的深入学习，需要把握这样几个关键点：

（1）该考点的重要程度（在考试中的考查频率以及分值），是非常重要，一般重要，还是不太重要。

（2）该考点可能出题的题型。

（3）该考点应该记住的关键词有哪些。

（4）该考点和其他考点的联系（从整个学科体系着眼）。

（5）与该考点对应的实际组织活动中的例子。

在你遍历所有考点，把握了重要知识点的同时，还需要深入具体的理论细节，然后进一步强化记忆，这一阶段也是完成管理学基本知识积累的关键期。其实就是要知道哪些内容重要以及为什么重要，并且把它背下来。

随着时间的推移，暑假过后就到了提高阶段。在这个阶段，同学们的学习情况开始出现比较明显的分化。一部分同学经过强化阶段的学习，知识积累已经完成；而另一部分同学没有跟上节奏，出现了掉队的迹象，这部分同学一定要抓紧学习，尽快跟上队伍。因为后面还有更加艰巨的任务等着大家，那就是刷题！很多同学会突然发现自己背了那么多书，居然不会做题，就好像网上吐槽的"自己懂那么多道理，依然过不好这一生"一样，顿时士气受挫，阵脚大乱。这时大家一定要冷静，认真分析自己不会做题的原因，并且通过大量做题练习，针对自己的"做题恐惧症"进行"脱敏"训练。其实，就是需要大家在即使不会做题、不想做题、不愿做题的时候，也要坚持做题。当然，这并不是鼓励大家蛮干，以下是一定要注意的答题要领：

（1）抓题干关键词；（2）定位学科体系；（3）梳理答题框架；（4）明确答题要点；（5）组织答题语言；（6）总结经验技巧。

其中，在"明确答题要点"这个环节，还需要进一步注意不同题型的差异。针对不同的题型，需要考虑不同的情况：

（1）选择题：考查教材内容的细节，注重理论知识的复现能力。

（2）名词解释①：抓关键词，结合概述部分适当展开。

（3）简答题：梳理思维导图，明确答案层次。

（4）论述题：阐述观点与综合联系。

（5）案例分析：结合材料内容，解析考查角度。

（6）计算题：考点集中在计划、决策和控制部分，考查类型比较固定。

另外，在"组织答题语言"并最终形成文字答案的环节，还要注意总结一些通用的套路和模式。这里为大家介绍"三步答题法"：

（1）【总】概念定义、背景介绍、描述界定。

（2）【分】4~6条，重前轻后要多写，关键词+正反说+举例。

（3）【总】作联系、作评价、作展望。

当然，这里给大家展示的只是答题方法的框架，针对不同题型，我另外给大家准备了比较全面的答题技巧和方法总结，后面会详细介绍。

冲刺阶段是"五轮学习法"的最后一个阶段，也是往年同学们心态变化最剧烈的阶段。很多同学的心态在这个阶段直接就崩了。在这"黎明前最后的黑暗"里，同学们要做的最重要的事情就是稳住心态，不要自我恐慌，安下心来，冷静地思考和面对最后的考试。《孙子兵法》有云："知己知彼，百战不殆"。很多时候我们恐慌是因为对"敌人"认识不清，如果对最后的考试有一个比较清晰的认识，很多恐慌都会自动地烟消云散。毛主席曾说，我们要从战略上藐视敌人，从战术上重视敌人。考研复习也是同样的道理：从战略的角度讲，我们要认识到最后的考试只不过是对各位同学整个学习结果的一种客观反映，如果你前面努力学了，你一定能考好，用不着恐慌；如果认为自己前面没有好好学，最后想的也应该是怎么样尽可能补救，恐慌恰恰是最没用的应对措施。从战术上讲，在考前整体回顾自己的学习过程，盘点自己的知识储备并查漏补缺，进行套题的模考练习，进一步把控考试节奏。在这里，我也为大家总结了管理学考试的五大特点，希望能帮助大家尽快认清考情，以便早做准备。其具体特点如下：

（1）考点记忆量大，理论主观性强。

---

① 概念辨析题的答题要点与名词解释一致，故本处不再赘述。

（2）普遍轻视学习，看重押题技巧。
（3）大纲界限模糊，超纲现象普遍。
（4）答题套路灵活，语言思路发散。
（5）书写任务量重，考试节奏难控。

仔细研究这些特点，不仅能让大家在冲刺阶段认清形势降低恐慌，同时也可以给正跋涉在管理学考研之路上的各位同学提供一个"风向标"，希望看到这些信息的同学能够建立一种"终局思维"，从未来将要面对的问题出发，思考自己当前的布局和每一步行动的影响。

综上，关于"五轮学习法"的整体内容，我已经为大家作了全面介绍，希望通过上述介绍，各位同学能够对管理学考研的复习形成比较系统的认知。

目 录

第一章　管理与管理学 …………………………………………………… 1

第二章　管理思想的发展 ………………………………………………… 15

第三章　管理的基本原理 ………………………………………………… 29

第四章　管理道德与社会责任 …………………………………………… 38

第五章　管理的基本方法 ………………………………………………… 50

第六章　决策 ……………………………………………………………… 57

第七章　计划与计划工作 ………………………………………………… 73

第八章　计划的实施 ……………………………………………………… 82

第九章　组织设计 ………………………………………………………… 91

第十章　人员配备 ………………………………………………………… 108

第十一章　组织力量的整合 ……………………………………………… 120

第十二章　组织变革与组织文化 ………………………………………… 129

第十三章　领导与领导者 ………………………………………………… 146

第十四章　激励 …………………………………………………………… 160

第十五章　沟通 …………………………………………………………… 173

第十六章　控制与控制过程 ……………………………………………… 183

第十七章　控制方法 ……………………………………………………… 192

第十八章 管理的创新职能··· 205

第十九章 企业技术创新·· 215

第二十章 企业组织创新·· 224

结束语 展望互联网时代的管理学·· 230

第一章 管理与管理学

知识导图

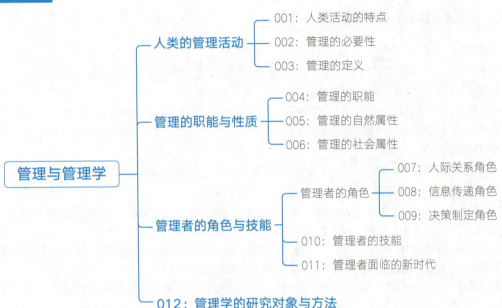

学习提示

1. 结构体系方面

管理学整个学科体系和教材内容的叙述模式，都呈现"总—分"的结构，即前面讲到的内容是"总"，在叙述"总"的部分时，会相对精炼地使用一些"关键词"，即学习时需要记忆的关键信息点，然后在"分"的部分进行论述。这种"总—分"结构不但体现在整本教材的框架上，还体现在每一章节甚至每一段话的表述上。因此，从这个角度看，本章作为管理学教材的第一章，应予以高度重视，它是管理学学习的开篇，同时也是整本教材重要信息的浓缩。学好第一章内容，对我们学习后面的内容大有裨益。

2. 重难点方面

本章需要重点掌握的内容包括管理的定义（管理学整个学科中最根本的概念）、管理职能理论（管理学整个学科的主体框架，这一理论是后续学科主体内容的高度浓缩）、管理者的角色理论与管理者的技能理论（考试的高频考点）。另外，管理的属性（又称"管理的二重性"）考查概率较大，其在考试过程中体现的难点在于该理论相对抽象，考生往年阐述该理论内容时，在语言组织的逻辑性和篇幅方面存在困难，往往拿不到高分。

3. 注意事项

在初学本章内容时会感觉高度概括、相对抽象,需要结合课程讲解把握重要概念和理论关键信息,并且最好进行一定程度的预习,初步了解本章同后续章节的关系。另外,考生学完本章后要对高频考点及时进行总结,以便在学习后面章节时,可以不断回到本章寻找理论的源头,建立前后章节的联系。

知识切片

001:人类活动的特点(简答题☆)

1. 目的性

人类的一切活动(包括管理),都是经过大脑思考,为了达到<u>预期目的</u>而进行的。

- 🔵 **理解贴士** 强调"目的"的同时也强调"结果",即"结果导向"。
- 🔵 **联系拓展** 目的性与"组织目标"紧密相关,几乎所有的管理学概念都与组织目标有关。
- 🔑 **答题技巧** 在阐述管理学的相关概念时,最后都可以强调(是否)有利于组织目标的实现。

2. 依存性

人类与环境相互依存:①人类为了<u>生存和发展</u>,必须通过<u>适应</u>和<u>改造</u>环境获取<u>资源</u>;②人类通过<u>劳动</u>,为他人提供产品和劳务。

- 🔵 **理解贴士** 从系统论的角度强调适应环境的重要性,组织要想生存和发展,从环境获取资源的同时,也要为环境提供价值,尤其是作为企业,能够为社会提供价值,是企业生存的前提。
- 🔵 **联系拓展** 依存性体现"系统"与"权变"的思想,这是管理学理论研究与学习非常重要的底层视角与思维,也就是说,遇到任何管理学问题都要首先从系统和权变的角度进行思考和分析。
- 🔑 **答题技巧** 考试答题时也要运用这种思维方式,其实就是联系地看问题和发展地看问题,并且分情况进行讨论。

3. 知识性

从<u>自己的实践</u>和<u>前人的经验</u>中学习,并将学到的知识加以记忆、积累、分析、推理形成知识体系。个人知识越专门化,<u>相互依存</u>就越必要。(管理领域:组织制度日趋完善,社会组织发展壮大)。

- 🔵 **联系拓展** 知识性与知识经济紧密相关,这是周三多版教材突出强调的一个环境背景。
- 🎯 **命题趋势** 在互联网、5G、人工智能、大数据、云计算等新型技术崛起和不断创新的趋势下,这方面相关知识点的考查角度灵活开放,需要结合组织变革、创新等理论深入分析。

002:管理的必要性(简答题、论述题☆)

1. 资源短缺,需要合理配置。

- 🔵 **理解贴士** 几乎所有的企业、所有的管理工作,都是在资源稀缺的情况下开展的。比如《三国演义》里的关羽和张飞在带兵打仗时,从来不会抱怨自己的军队人少或者士兵都是老弱病残,因为管理者必须知道资源稀缺是常态,优秀的管理者就是要在资源稀缺的情况下,也能取得卓越的绩效。
- 🔵 **联系拓展** "资源的稀缺性"不仅是管理学学科的假设前提,同时也是经济学的假设前提。除此之外,管理学还从经济学借鉴了一些其他理论,如"经济人"假设、社会分工理论(又称"劳动分工理论")等(详见管理思想史部分)。因此,有人把经济学称为管理学的"伙伴学科"。
- 🎯 **命题趋势** 一般考查综合性的大题,如简答题和论述题。另外,在考试中还有可能作为综合性题目的一部分进行考查,当考查管理的意义、作用等内容时,都可以参考这部分内容组织语言;答题的最后需要强调管理的重要性，进行最后一步的升华时，也可以借鉴这部分的内容。

答题技巧 这部分内容，严格来讲属于罗列性质的内容，只要把涉及的几个方面的观点阐述清楚即可，不需要像经典理论一样死记硬背。换句话说，明确答题框架，具体内容的展开言之成理即可，可以根据自己的理解进行阐述，只要答案内容是书面语，并且适当嵌入管理学的一些术语即可。

2. 科技通过管理转化为生产力。

理解贴士 邓小平同志提出"科学技术是第一生产力"。但是，科学技术并不能直接转换为生产力，很多技术在实验室中可能已经被证实，但是如果要转换成能够商用或民用的产品，可能还需要几年、十几年甚至几十年的时间。这其中就涉及在技术转化为产品的过程中，需要大量的管理活动，如分工协作、成本控制、商业模式的设计等。不管是智能手机的普及，还是5G技术的应用，都要经历这个过程。所以，有人才说"科技与管理是推动人类社会进步的两大车轮"。（事实上，现今科技转化为产品的周期逐渐缩短了，这要归功于人类社会中组织管理水平的提高。）

命题趋势 此处作为论述题的出题点，常考题目为"为什么说科技与管理是推动人类社会进步的两大车轮？"

答题技巧 抓住题干中的关键词——科技、管理、推动人类社会进步的车轮（社会进步的根本动力——生产力），明确考点定位——管理活动的必要性（重要性、意义、作用等）。论述过程中要对关键词逐一展开分析，核心观点是科技需通过管理活动才能真正转换成生产力，不仅科研活动本身需要管理，科研成果转换成商用或民用产品的过程更需要管理，针对这一论点也可以适当举例说明（5G、智能手机普及），可见记住几个重要的例子是非常实用的技巧，需要注意的是，举例要恰当，不能太啰嗦，能证明所述的观点即可。

3. 社会分工，需要协调各种关系。

理解贴士 虽然现在出现了某些所谓"逆分工"的趋势（如工作扩大化和工作丰富化），但分工仍然是人类社会发展的主要趋势之一。分工可以提高效率，这是人们选择进行分工的重要原因。但是，在一个组织中，如果只有分工没有协作，同时分工越来越细化，横向沟通会越来越差，那么整个组织将变成一盘散沙。所以，在分工逐渐深入的同时，协调的重要性也与日俱增，而协调作为管理的本质，管理活动的重要性自然不言而喻。

联系拓展 社会分工理论又称"劳动分工理论"，最早由亚当·斯密在其1776年出版的著作《国富论》中提出，对人类社会的发展影响深远，管理学早期借鉴了这一理论（详见管理思想史部分），原因在于分工可以提高效率，而提高效率是管理活动一直追求的重要目标之一。

4. 全体成员长期共同努力，形成合力，需要管理。

理解贴士 "人无头不走，鸟无头不飞"，这里的"头"即指领导。即便有了上一条提到的"分工"与"协作"（组织职能中的组织设计、组织力量整合等内容），组织成员的积极性依然有可能不高，这时需要领导运用职能调动员工的积极性（努力），达到"心往一处想，劲往一处使"的效果（形成合力）。

5. 管理通过信息技术（互联网、人工智能）实现质的飞跃，改变经济生活。

理解贴士 鉴于前面有阐述管理学与科技关系的内容，本部分在学习时应主要强调管理学与当今时代情况的结合，尤其是现今信息技术的发展，5G、人工智能、大数据、云计算等与管理活动的关系，管理活动中融入信息技术，可以改善管理效果、提升管理效率。

联系拓展 这部分内容可以与技术（尤其是信息）对组织变革的影响结合起来学习，信息技术可以作为新的管理手段（或管理方法），信息技术推动组织变革（如使组织结构朝着扁平化方向发展），在管理活动中，使用信息技术可以使沟通更加便捷高效，使管理人员获得更加丰富的信息，为决策提供支持。另外，信息技术的发展也与互联网时代的特征、创新等内容关系紧密。

003：管理的定义（名词解释、简答题☆☆☆）

1. 管理是为了实现组织的共同目标，在特定的时空中，对组织成员在目标活动中的行为进行协调的过程

理解贴士 对于一个定义的理解，首先把握其中的关键词，而不是直接背整句话。尤其是针对不同版本

的说法，从整句话来看，可以笼统地感觉到差别较大。管理学作为具有文科属性的学科，有时候甚至可以说是故意不一致的，要不然出版查重都过不了。具体到定义的关键词层面，不同版本的侧重点以及所含信息量的多少则会高下立判。那考试时怎么办呢？第一，记住任何一种说法作为答案均可得到还不错的分数；第二，更优秀的做法是有机整合多种版本的说法，这样可得高分（文科性质的科目，很难明确如何写可以得满分，希望大家理解）。

命题趋势 这部分内容的考查以名词解释居多，虽然"管理的内涵"分为多个条目，从形式上看可以作为简答题的出题点，但往年考简答题的情况相对较少。

答题技巧 回答"管理"的名词解释，要注意形成"总一分"的结构。首先用一句话写明定义，然后再对定义中的关键词进行展开，形成针对定义的几层含义。这是回答名词解释题型比较规范的形式，但并非所有名词解释都可以按照这个模板回答，有些名词解释定义中的关键词并不是很多，那就要通过阐述该名词的类型、特征、意义、作用、过程等内容做进一步解释。

2. 定义所包含的内涵

（1）实现组织<u>目标</u>是评价管理成败的<u>唯一标准</u>。

任何组织目标，都包含两方面的要求：<u>效率和效果</u>。管理的任务就是要通过<u>协调</u>使二者统一起来。

联系拓展 "目标"作为"唯一标准"，体现了人类活动的目的性，也是管理活动自始至终所追求的。但是在追求目标的过程中，需强调"效率"与"效果"的协调，这一点可以联系"效益原理"进一步理解。虽然不同版本此处论述略有差异，但是一般而言，效率可以理解为"产出与投入的比值"，如果投入的是时间，短时间产出较多，则可称为效率高，效率高又可称为"正确地做事"，即做事的方式正确；效果可以理解为"组织目标的实现程度"，如果组织目标的实现程度高，则可称为效果好，又可称为"做正确的事"，即做事的方向正确。另外，有些地方还会提到"效益"一词，在这里略做说明。效益一般指的是组织的产品或服务可以通过交换转换为社会价值，即企业的产品能够销售出去，被消费者接受和认可。

命题趋势 "管理的定义"这个知识点中嵌套着考点，其中涉及"效率"与"效果"两个名词，有时会单独出题。例如，简答题：解释效率与效果对管理者的重要性。

答题技巧 这部分题目的回答，可以和"效益原理"的内容相结合，强调做事的"方式"和"方向"，即正确地做事和做正确的事。对管理者而言，最终还是要强调对于实现组织目标的影响，同时，可以采用正反论证和举例子的叙述技巧，阐述效率与效果的高低和好坏，以及实际组织活动中，效率高低与效果好坏的表现。例如，企业只强调效率，容易生产粗制滥造的产品，这对于组织目标的实现有负面影响。至于是否要提到"效益"，我的建议是如果题目没有涉及这个概念，答案可以不提，即便提到也只是锦上添花的一个补充内容，千万不要长篇大论、喧宾夺主。

（2）特定的时空是管理的必要条件。

任何管理行为都必须有<u>特定的时空要求</u>。做什么事？在什么地方做？什么时间开始？什么时间完成？

联系拓展 "特定的时空"，又称为"一定的情境"，有些版本是忽略这个说法的，但是现在越来越多的学者开始强调这个内容。主要是因为当前的组织内外环境变得越来越复杂且动态，由"风平浪静"向"激流险滩"转变，很多过去被证明成功的做法，在当前的现实环境中有可能失效。因此，强调特定的时空就变得非常重要，权变理论则是这种观点的典型代表，强调具体问题具体分析，就连战略管理的思想也要在充分进行组织内外环境分析的基础上，才能制定战略并付诸实施。

（3）管理的核心是<u>人</u>的行为。

<u>组织目标</u>必须分解为<u>许多具体工作</u>，通过<u>相关人员</u>的<u>实际行为</u>去实现，所以管理的核心是协调人的行为。第一，管理者必须加强自我管理，"<u>打铁必须自身硬</u>"。第二，管理者要用一系列<u>科学的理念和方法</u>，使他人的行为充分发挥积极性和创新精神。

🔗 **联系拓展**　强调"人的行为"的重要性,表明人是组织中最活跃的因素之一。从"霍桑实验"提出"社会人"的假设开始,学者们就认识到了人的重要性。具体而言,员工的士气和满意度会影响组织效率。之后,人性假设理论进一步发展,并提出了"自我实现人"和"复杂人"假设,人本主义也成为管理学研究的重要内容之一。组织职能中的人员配备(人力资源管理)、领导职能中的领导理论和激励理论等内容都在研究如何影响组织成员的行为,调动员工积极性,提升组织效率,甚至发展出了"组织行为学"这一学科分支。

(4)管理的<u>本质是协调</u>。

协调是通过管理的各项职能来实现的,<u>决策是协调的前提,组织是协调的手段,领导是协调的责任人,控制是协调的保证,创新是协调问题的途径</u>。

💡 **理解贴士**　针对"管理的本质"这一问题,不同的学者有不同的观点。仅在周三多的第七版教材中,至少有三次提到了管理的本质。除了"管理的定义",还在决策理论中提到"决策是管理工作的本质",以及在创新理论中提到"维持与创新是管理的本质内容"。从另一个角度看,协调是与各项管理职能有关的内容,决策与创新也是与所有管理职能有关的内容,决策贯穿管理过程的始终,创新没有独立的表现形式,而是融合在计划、组织、领导、控制职能中,并推动管理过程不断改进。其实,法约尔最早提出的管理职能理论包括计划、组织、指挥、协调和控制,是将"协调"作为管理职能之一的,但后来的学者对管理职能的具体划分存在不同观点,经过历史的变迁,到目前公认的"管理职能理论"中一般不再将协调作为职能之一(个别教材除外)。

004:管理的职能(名词解释、简答题、论述题☆☆☆)

1.决策

<u>计划</u>就是指"<u>制订目标并确定为达成这些目标所必需的行动</u>"。在计划过程中必须进行决策,决策是制订计划和修正计划的前提,而计划又是实施决策的保证,计划与决策密不可分。

💡 **理解贴士**　这里把"决策"作为管理的一项职能,而且是首要职能,需要大家进一步理解"决策"与"计划"的关系。一般公认的,管理的首要职能为"计划",周三多早期的教材也是将"计划"作为首要职能的。即便这里标题写的是"决策",内容却依然是在谈"计划"。所以,大家不用过多纠结,计划也好,决策也罢,其本质意思都是说,在做事情之前要先考虑好,指定好方案然后再付诸实施。从这个层面看,二者是可以等同的。如果深究,二者在定义和内容上是有差别的,而且这些差别有可能作为考点,如"简述决策与计划的关系(区别与联系)"。所以,在微观层面上还是要对计划与决策做区分的。

✏️ **命题趋势**　以简答题为主,其他题型为辅。例如,"简述管理职能理论"。

📝 **答题技巧**　对于管理职能理论的考查,虽然重要,但如果考查简答题,其考试难度并不高,把这部分内容背下来,直接答题即可。但是,这里还有几点需要注意。作为简答题(或者说是主观题),答题范式(也就是答题的套路)还是要注意的,这里比较适合采用"总—分"的结构,先写管理的定义(只写一句话,不要展开写一大段含义),然后简略介绍管理职能理论的背景信息,如提出者(法约尔)、提出时间(1916年)、最初的观点(计划、组织、指挥、协调、控制)、当前的观点(计划、组织、领导、控制、创新),注意定义一定要简练(这部分并不是主体内容),然后再介绍主要内容。

另外,对于一些综合性、开放性题目的考查,可以以这部分内容作为整体框架,结合题目提炼关键内容再组织答案,这样可以形成比较全面的答案。但是,千万不要一遇到综合性题目,考点定位不准就直接写管理职能理论,这样的答案针对性极差,是无法得到高分的。(全面的东西,针对性往往比较差;针对性强的东西,往往侧重要点不够全面。这对矛盾是一直存在的,希望大家理解,同时也要争取做到详略得当,点面结合。)

2.组织

组织工作源于人类对合作的<u>需要</u>,根据<u>工作的要求</u>与<u>人员的特点</u>,<u>设计岗位</u>,<u>通过授权和分工</u>,将适当的人员<u>安排在适当的岗位上</u>,<u>用制度规定各个成员的职责和上下左右的相互关系</u>,形成<u>组织机构</u>,使其协调地运转。

🔵 **理解贴士** 组织职能涉及的内容很多，这里需要记住的关键词也很多，包括岗位设计、授权、分工、人员配备、制度、职权与职责、组织结构、组织力量整合、组织变革等。这部分是对后续组织职能内容的高度浓缩和概括。在学习完后面的组织职能后，还要回过头来看这部分的内容，这样既可以加深对本部分的理解，又可以更加清晰地明了组织职能中各部分理论内容的逻辑关系。

3. 领导

目标的实现要依靠全体成员的努力，人与人在性格、素质、工作职责等方面存在很大差异，因此需要有权威的领导进行领导。

🔵 **理解贴士** 组织是从群体的角度研究人员的安排，领导是从个体的角度研究如何调动人的积极性。把人员聚到一起，安排好岗位、任务、职责，并且建立组织文化，适时地进行组织变革的做法并不一定能够使组织中的成员长期保持积极性，人员士气不高或满意度降低都会对组织目标的实现产生负面影响。因此，需要领导运用职能调动组织成员的积极性。

4. 控制

控制的实质就是使实践活动符合计划，计划就是控制的标准。管理者要将有关信息与计划进行比较，及时采取有效措施。

🔵 **理解贴士** 控制是管理职能中必不可少的一部分，如果没有控制职能，整个管理过程（管理职能）就无法形成一个首尾相连的闭环。这里的"闭环"是指，管理职能中的计划、组织、领导、控制，在时间上有一定的先行后续关系（但不是绝对的），虽然控制职能顺序相对靠后，但是它与首要的计划职能关系紧密，首尾呼应，即"计划为控制提供标准，控制为计划的实现提供保障"。同时，当前阶段的控制工作的结果，又为下一阶段管理过程中的计划活动提供参考和借鉴。

5. 创新

每个管理者每天都会遇到新情况、新问题，要敢于走新路，开辟新天地。创新职能与其他各种管理职能不同，它在其他管理职能创新所取得的效果中表现自身的存在与价值。

🔵 **理解贴士** 这部分内容的理解要注意两个问题：第一，并非所有的学者都把"创新"作为管理的一项职能，尽管很多管理学教材都提到了创新，但大多是将创新作为综合性管理活动的一部分进行研究的，而周三多的教材将其作为一项管理职能，可以说是该教材的一个特殊之处。必须要说的是随着"全民创业，万众创新"口号的提出，管理学对于创新的研究也越来越普遍。第二，一般而言，计划、组织、领导、控制四大职能已经形成首尾相连、相对完整的管理过程，如何看待创新职能与其他职能的关系？这一首尾相连的管理过程，实际上是不断改进、不断优化、呈螺旋式上升的过程，而为这一过程提供动力和支撑的就是创新职能，通过创新使下一阶段的管理活动比上一阶段更加完善，这是对管理者从事管理活动的根本要求。

005：管理的自然属性（名词解释☆☆）

（1）管理是人类社会活动的客观需要。

（2）管理也是社会劳动过程中的一种特殊职能。管理寓于各种社会活动之中，随着互联网与人工智能的发展和普及，管理人员尤其是中层管理人员必将大量减少，但管理工作反而更为重要，对管理者素质和能力的要求更高。

（3）管理也是生产力。生产力是否发达，取决于拥有的各种经济资源、生产要素是否得到有效利用，取决于人的积极性是否得到充分发挥，而这二者都依赖于管理。

科学技术是生产力，但其本身需要有效的管理，也只有通过管理，科学技术才能转化为生产力。

总结：管理的性质不以人的意志为转移，也不因社会制度和意识形态而有所改变，完全是一种客观存在，所以称之为管理的自然属性。

🔔 **理解贴士**　管理的自然属性与马克思主义的理论观点及其生产力理论有紧密联系，强调"社会对管理的客观需要"与社会分工细化、协调重要性凸显的现实趋势一致，强调"管理是社会劳动的特殊职能"，并且在互联网和人工智能高度发达的未来，关键的管理活动依然起着不可替代的作用。另外，管理活动与生产力的关系，还可以参考前面提到的"科技和管理是推动人类社会进步的两大车轮"，生产力的发展需要通过管理活动实现科学技术的应用和落地，也需要管理活动提升资源利用率和人员积极性。这里进一步点出"不以人的意志为转移""不因社会制度意识形态而改变"这两个关键点，更加充分体现了管理的客观存在性。

✒ **命题趋势**　"管理的自然属性"一般以名词解释的形式单独考查。另外，还可能结合"管理的社会属性"，统称为"管理的二重性"，考查名词解释或者简答题。

✏ **答题技巧**　这部分的内容相对抽象，理论性较强，结合马克思主义观点能更好地理解。但是，在备考时需要严格记忆关键词，才能在答题时言之有物，言之有理。否则，作答时会显得语言逻辑性不强，内容过于笼统，理解不够深入。答题结构上，需要强调客观需要、社会劳动、生产力三个层面，总结时要点出"不以人的意志为转移，不因社会制度意识形态而改变"。

006：管理的社会属性（名词解释☆☆）

管理是为了达到预期目的而进行的具有特殊职能的活动。其实质就是"为谁管理"的问题，管理从来就是为国家当局、生产资料所有者服务的。管理必然是一定社会生产关系的反映。

与管理的社会属性有关的基本变化：

（1）经济组织规模不断扩大，要在全球配置资源和社会分工，各国经济相互依存性更大，管理的复杂性大大提高。

（2）整个社会普遍出现了中产阶级，相当一部分职工持有企业的股票，拥有企业所有权的人数大大增加。

（3）几乎所有国家都已经或正在进入市场经济的轨道，并且不论社会制度如何，都在使用各种技术进行宏观经济调控。

（4）社会公众和广大消费者（用户），对商品和服务抱着更加挑剔的态度，并且形成了消费者协会和形形色色的环境保护组织，迫使管理者不得不认真考虑消费者的利益和社会生态环境的保护。

社会属性的体现：既要满足资本家及所有股东的要求，又要保证扩展企业实力的需要；既要满足本企业职工的需要，又要考虑社会公众、广大消费者的利益；既要追求企业的最大利润，又要处理好企业同政府的关系，遵从政府的种种法规和限制。

🔔 **理解贴士**　管理的社会属性，根本上是明确"为谁管理"的问题，从国家宏观层面来看，涉及生产资料所有制的问题；从微观层面来看，涉及股东、员工生产分配关系的问题。因此，社会属性问题要从宏观和微观两个层面进行分析，厘清不同层面所涉及内容的区别与联系。这一部分内容理解上的难点是要不断变换认识问题、分析问题的角度。另外，社会属性的一些变化也属于目前管理学领域的研究热点，如全球化分工、中产阶级崛起、市场经济与宏观调控、支持环保的社会消费观念（与"利益相关者"的概念有关）等。社会属性变化的内容，学习时需要记住分析角度和分析重点，并非像经典理论那样死记硬背，很多东西可以结合现实情况，自己组织语言进行分析。

🔗 **联系拓展**　与管理的二重性（自然属性、社会属性）相关，同属于管理性质（属性）方面的理论，还有另外的内容，叫作"管理的科学性与艺术性"。这一说法最早出自约翰·伯恩的著作《蓝血十杰》，后被其他学者广泛引用。其中，管理的科学性强调规律性，认为管理工作应该有章可循，通过科学研究发掘管理活动本质的、内在的、必然的联系，进而根据总结的科学规律指导管理活动；管理的艺术性强调独特性、实践性与创新性，认为管理活动应该因时、因地、因人不同，而做出不同的处理，这体现了权变理论的观点。

◆ **命题趋势**　"管理的社会属性"知识点的考查情况与"管理的自然属性"类似，但是有一点需要注意，那就是"管理社会属性的基本变化"这部分涉及多个方面，形式上可以作为简答题的出题点（以往考得较少），但其中涉及中产阶级崛起、消费升级以及社会消费观念与生态保护的内容，属于当前的热点问题，有可能单独考查开放性论述题，考试难度将会大大提高。

◆ **答题技巧**　答题时，需要注意关键词对应的分析层次与分析角度，这部分内容涉及生产关系的论述，理论性较强，比较抽象，需要记忆相应的理论要点，既包括国家宏观层面的社会制度，也包括组织微观层面的企业制度。在社会属性变化的部分，属于对当前情况的罗列，需要记忆每个条目的角度，至于每个条目下的具体论述，可以自己组织语言，言之成理即可。

007：人际关系角色（名词解释、简答题、论述题 ☆☆☆）

明茨伯格所确定的第一类角色是人际关系角色。人际关系角色直接产生自管理者的正式权力基础，管理者处理组织成员和其他利益相关者的关系时，就是在扮演人际关系角色。

◆ **理解贴士**　管理者的人际关系角色产生于"正式的权力基础"，这一点往往是大家在学习时容易忽略的。换句话说，管理者扮演人际关系角色时，一定是在某一管理职位上，而组织的制度赋予这一职位一定的权力。如果不在任何管理职位上，也没有任何正式权力，是不能扮演人际关系角色的。这里强调正式权力，要与非正式的个人权力区别开。

（1）管理者须行使一些具有礼仪性质的职责，其行使的是代表人角色。

（2）管理者对所在单位的成败负重要责任，扮演的是领导者角色。

（3）无论是在组织内部还是和外部建立良好关系时，都需要敏锐的洞察力，从而能在组织内外建立良好的关系和网络，其扮演的是组织联络者角色。

◆ **联系拓展**　"代表人角色"，又称为挂名首脑，是一种象征性的角色；对于"领导者角色"，罗宾斯版本的教材中指出，这一角色更加倾向于组织中基层管理者所要承担的角色；针对"组织联络者角色"，虽然提到要在组织内部和外部建立良好的关系网络（又称为"社会资本"），但是也有学者指出，这一角色更加强调管理者与组织外部建立良好关系。

008：信息传递角色（名词解释、简答题、论述题 ☆☆☆）

管理者负责确保和其一起工作的人具有足够的信息，从而能顺利完成工作。管理者既是其所在单位的信息传递中心，也是组织内其他工作小组的信息传递渠道。

◆ **联系拓展**　这里强调"信息"的重要性，在组织的管理活动中，"信息"可以说是引导组织成员活动的重要内容，如果组织中没有信息发挥作用，组织将无法正常运转。说到信息，除了管理者角色理论之外，还有两个重要的理论与其相关：一是决策理论，信息为决策者做出决策提供重要支持，只有掌握充分的信息，通过挖掘信息的价值，才能指定决策方案；二是沟通理论，沟通本身的含义指的就是信息（或意思）的传递和理解，而沟通属于领导职能的内容，只有通过传递信息进行有效的沟通，领导者才能做好领导工作，调动员工的积极性，提高组织运行的效率。

（1）监督者角色：作为监督者，管理者须持续关注组织内外环境变化以获取对组织有用的信息。

（2）传播者角色：管理者把他们作为监督者所获取的大量信息分配出去，传递给工作小组成员。

（3）发言人角色：管理者须把信息传递给单位或组织以外的个人。

◆ **理解贴士**　从整体上看，信息传递角色包括信息的"输入"和"输出"两个环节。"监督者角色"，又被称为监听者，主要是接收组织内外的重要信息，这是管理者履行信息传递角色过程中的信息"输入"环节；信息的"输出"环节包括传播者和发言人，之所以"输出"环节分为两个角色，主要是因为向组织内传递的信息和向组织外传递的信息往往是有区别的，组织内部的某些重要信息（如商业机密）一般不能随便传递给外界，所以才区分了两个角色，"传播者"主要是向组织内的人传递信息，"发言人"主要是向组织外的人传递信息。

009：决策制定角色（名词解释、简答题、论述题 ☆☆☆）

在决策制定角色中，管理者处理信息并得出结论。管理者负责做出组织的决策，让工作小组按照既定的路线行事，并分配资源以保证小组计划的实施。

🔷 **联系拓展** 决策制定角色，指掌握决策权的角色，决策权是职位权力的主体，俗称"拍板"的权力。而与决策权相关的内容包括集权与分权、权力的来源。其中，集权与分权中所说的"权"一般就是指决策权，决策权集中在组织的高层叫作集权，集中在组织较低的层级叫作分权；权力的来源，又称为"权力的类型"，分为制度权力和个人权力，而决策属于制度权，是组织的制度赋予某个职位相应的权力。

（1）企业家角色：管理者须关注组织内外环境变化和事态发展，以便发现机会从而进行投资。

（2）混乱驾驭者角色：管理者须善于处理冲突或解决问题。

（3）资源分配者：管理者须决定组织资源用于哪些项目。管理者选择把时间花在某个项目上时，实际就是在分配一种资源。

（4）谈判者角色：管理者把大量的时间花费在谈判上，其对象包括员工、供应商、客户和其他工作小组，以确保工作朝着组织目标迈进。

🔷 **理解贴士** 企业家角色，主要是做战略，属于组织的高层管理者承担的角色，需要管理者具备管理技能中所说的"抽象技能"；混乱驾驭者角色，又称为干扰应对者，属于"救火队员"的角色，针对组织运行过程中出现的问题，尤其是遇到新问题，原有的组织体系无法处理，或者需要多个部门协调，而原有组织横向沟通较差时，都需要管理者对问题进行处理；谈判者角色，主要是和利益相关者进行谈判，谈判也属于沟通的一种，在沟通理论中还会涉及谈判的内容，实际工作中与供应商和客户的谈判最为常见。虽然管理者与员工之间的谈判不是完全没有，但现实中非常少见（注意区分谈判与日常沟通的区别），原因是组织中管理者掌握权力，员工个人在上下级关系中处于绝对的弱势，尤其是在官僚制的组织中，下级一般只能接受并执行上级的命令。

🔷 **命题趋势** 明茨伯格的管理者角色理论属于高频考点，针对三大类角色往往会抽出其中一类考查名词解释，三大类角色合到一起往往会考查简答题。考试题型属于针对基础内容、客观性较强、主观性较弱的考查形式，所以这部分其实是在考查学生对于管理学基本理论知识的积累。

🔷 **答题技巧** 回答这一考点的题目时，一定要注意类别的归属问题，因为明茨伯格的管理者角色理论整体上涉及三大类十小种角色的类别划分，非常容易出现记忆混乱的情况，所以理解每种角色的本质含义才能更好地梳理这部分的结构框架。另外，每个大类角色（人际关系角色、信息传递角色和决策制定角色）的定义是比较容易忽略的地方，之前很多同学回答问题时只答小种角色，对于大类角色的整体定义不清楚。还需要注意的是，每小类角色不能只罗列名字，每个角色具体的解释也要有，而且要抓住关键信息，解释得比较清楚才行。这部分每种角色的名称也存在不同的别称，对于不同角色的各种名称要尽量多了解一些，由于翻译或者不同学者的习惯不同，具体叫法也有差别，在回答问题时要尽量针对一些常见的别称予以列举，但这一点不做硬性规定，大家尽量做到即可。

010：管理者的技能（名词解释、简答题、论述题 ☆☆☆）

根据罗伯特·卡茨的研究，管理者需具备三类技能。

（1）技术技能：运用管理者所监督的专业领域中的过程、惯例、技术和工具的能力。

（2）人际技能：成功地与别人打交道、沟通的能力。包括对下属的领导能力和处理组织内外部各有关部门、人员之间关系的能力。

（3）概念技能：把观点设想出来并加以处理以及将关系抽象化的精神能力。管理者需把组织视为一个整体，了解组织各个部分的相互关系。

🔹**理解贴士** 技术技能、人际技能和概念技能是通过观察管理实践活动，进行总结归纳得出的三个方面的重要技能。之所以做这样的归纳和总结，其背后的逻辑框架是"组织层次"理论。一般认为，组织分为高层、中层和基层，从这个角度看，不同的组织层级要求的管理技能有不同之处。虽然不同的组织层级都需要具备这三种技能，但是层级不同技能的结构比例也不同：高层管理者更加注重概念技能，基层管理者更加强调技术技能，而人际技能在高层、中层、基层管理者中同等重要。（这里需要将管理技能理论与组织层次理论结合起来理解。）

🔹**命题趋势** 管理技能理论属于高频考点，命题形式一般为名词解释或简答题。名词解释一般考查对于某一种管理技能的名词概念的理解，简答题则要求将三种管理技能作为一个整体进行阐述。此外，其中的一些管理技能也会和其他理论结合，考查综合性题目。例如，在考查沟通和激励时，人际技能就与之有关；考查战略方面的内容时，概念技能就与之有关；考查选拔和培训基层管理者的内容时，技术技能就与之有关。

🔹**答题技巧** 管理技能理论部分，基本理论内容掌握是比较容易的，但是在回答题目的时候，还有些地方需要注意。第一，作为简答题考查时，要注意形成"总—分—总"的结构。前一个"总"可以点明理论的提出者是谁，可以介绍这一部分理论研究的目的是什么，可以概括性地罗列管理者技能包括哪些内容，然后再具体展开；中间的"分"比较简单，按照理论的具体内容逐一阐述即可；最后一个"总"要结合组织层次理论，说明不同的组织层级对于管理技能要求的差别。这一论述角度一方面联系其他理论（组织层次理论）进行了拓展，另一方面也是对三种技能本身的内在联系进行说明。第二，在作答某种技能的名词解释时，由于每种技能的理论比较简单，需要大家在内容上做进一步拓展。可以参考的技巧包括：解释已有内容中的关键词；联系其他理论解释当前理论；用正反论证的方式进行阐述；适当举例说明等。

011：管理者面临的新时代（简答题、论述题、案例分析题☆）

（1）信息网络化：在全球范围内与对方进行实时的信息交流。网络对管理者的挑战不仅有如何提高在管理中应用网络进行电子商务的能力，还有如何确立新的管理理念。

（2）经济全球化：经济全球化发展至今已经使各个经济体之间、各企业之间的关系变得错综复杂，风险的积累和扩大往往变得难以控制，这要求管理者必须研究如何为自己构建更加可靠的防火墙。

（3）知识资源化：信息网络化和经济全球化必须建立在以信息技术为代表的现代科学技术高度发展的基础上；现代科学技术知识又借信息网络化和经济全球化在全球范围内迅速便捷的流动和传播，使知识成为现代社会经济发展中最重要的资源。

（4）管理人本化：处理好人与人的关系成为管理者的头等大事，"人人生来平等，尊重每个人，维护每个人的合法权益"。

🔹**理解贴士** "四化"（信息网络化、经济全球化、知识资源化、管理人本化）属于时代特点，与当前的一些趋势、潮流、热点有一定的联系，需要结合实际情况深入理解。其中，信息网络化与互联网、大数据、云计算、人工智能、5G等内容紧密相关，而且也经常与创新、变革等内容产生联系；经济全球化也是目前谈论较多的内容，中美贸易战、中非合作、"一带一路"等事件是中国企业在发展过程中，尤其是在国际化进程中不得不考虑的重要问题；知识资源化与知识经济的时代特点相契合，并且在中国经济转型升级、高度强调掌握核心技术的今天，不可能再走粗放式发展的老路，通过科学技术推动经济发展变得越来越重要（例如，物流行业过去运输车队靠队长拍脑门决定车辆路线调配，现在基本上要靠数据和算法进行规划，当运输任务规模庞大、情况复杂时，孰优孰劣，高下立判）；管理人本化不但强调人的重要性，而且强调应该从"手段人"转变为"目的人"，应该认识到组织管理的重要目标之一就是要实现组织中人的全面发展，尤其是"90后""95后"新生代员工已经步入社会走上工作岗位，面对新生代员工，管理者只有真正做到人本化的管理，才能更好地管理组织。

管理者须培育五种能力：①获取和吸收知识的能力（学习能力）；②集成多种知识流派的能力（知识集成、迁移的动态学习能力）；③跨越文化和地域局限的能力（文化多样性）；④学会遗忘的能力（归零心态，过去的经验可能会失效）；⑤跨越业务边界进行竞争的能力（创新）。

联系拓展　对于管理者的能力、品质、素质的论述，除了本部分，后面在组织职能中人员配备模块谈及管理人员选聘标准时还会提到，以及在领导职能中领导特性理论也会谈到领导者的能力和品质。这三部分侧重点不同，组织职能对于管理人员选聘标准中提到的能力最为宏观全面（也可以说更加笼统），领导职能中的特性理论更加强调领导者品质和能力体现的领导魅力（也可以说是个人权力的体现），而此处管理者的能力要求更加侧重当前环境变化对管理者能力提出的新要求。

命题趋势　这部分直接考查的概率较小，但是很多开放性题目会间接考到。所以说，这个部分其实有暗藏的玄机。这部分主要讲了两个内容，一个是当前管理者面临的环境新变化（侧重宏观环境），另一个是管理者如何应对、该怎么办（需要具备一系列的能力）。这两个部分是很多开放性题目都会涉及的，大家要注意，论述题、案例分析题都有可能出现这种开放性的问题。

答题技巧　这部分无论是以简答题还是论述题的形式考查，回答起来都比较简单，只要记忆清楚即可。难的是考查开放性题目的时候，你能否联想到这一部分的内容。很多同学在考试的时候，联想能力很弱，知识的迁移和运用能力不足。往往书上能直接找到答案的，回答起来很容易，书上不能直接找到答案的，需要分析、联系，自己组织语言的，就不知道如何回答了。在这里给大家提供一个技巧，平时对学习内容的本质要理解得深入一些，在备考练习时，不要拘泥于某一部分的内容，要多做拓展思考。灵活性的考题确实难度大，而且问题的角度和答案的内容也很难找出一定的规律。所以，除了希望大家多想多练，每当有这种内容出现时，我还会反复提醒大家注意。

012：管理学的研究对象与方法（名词解释、简答题、论述题☆☆）

管理学以各种管理工作中普遍适用的原理和方法作为研究对象。其研究方法基本有三种：

（1）归纳法：从典型到一般的研究方法也被称为实证研究。
①如果选择的研究对象没有代表性，归纳得出的结论也就难以反映事物的本质。
②研究事物的状态不能人为重复，管理状态也不可能完全一样，研究得出的结论只是近似的。
③研究的结论不能通过实验加以证明，只能用过去发生的事实来证明，但将来未必就是过去的再现。

（2）试验法：人为地为某一试验创造一定条件，观察其实际试验结果，再与未给予这些条件的对比试验的实际结果进行比较分析，寻找外加条件与试验结果之间的因果关系。

（3）演绎法：用归纳法找到一般的规律，加以简化，建立某种逻辑关系的模型，它反映的是简化了的事实，完全合乎逻辑的推理。它是从简化了的事实前提推广而来的，所以这种方法被称为演绎法。

理解贴士　在管理学研究方法中，最为重要的是归纳法，管理学领域的绝大部分理论知识几乎都是管理学的学者们通过大量的实践观察归纳总结出来的。和归纳法相对的是演绎法，演绎法类似于平常大家说的"脑补"。另外，这里想吐槽一点就是逻辑框架对于演绎法很重要，但是据不完全了解，国内大学的商学院或者管理学院几乎没有开设逻辑学课程的，想要用演绎法，估计要自学逻辑，学生们太难了。试验法在管理学领域用得比较少，究其原因主要是社会实践的事情不太好进行试验，很多人认为在管理学领域"成功不能被复制"，所以从这个角度讲试验法比较受限。换个角度看，很多企业实施变革前都要先进行试点，然后再推广，其实这也是试验法的一种应用，只是不像理工科的试验那么严谨。

命题趋势　这部分知识点属于低频考点，但并不是说完全不考，归纳法就曾经考过，所以大家不能完全忽略。不仅是"归纳法"，其平行考点"试验法"与"演绎法"也要注意对其基本概念的掌握，考查题型以名词解释、简答题为主。

答题技巧 由于这部分内容考查概率不大,所以并不建议大家在学习时把内容"抠"得那么细,知道根本的观点和几个阐述时要用到的关键词即可。在作答名词解释或简答题时,可以在掌握基本观点的基础上,自己组织语言进行回答,对于要点内容,能阐述清楚即可。

本章小结

本章主要内容学完之后,要做总结重申重点,需要大家掌握的理论要点包括管理的概念、管理的二重性、管理职能理论、管理者角色理论和管理技能理论五个方面。其他需要注意的是管理学研究方法中的归纳法,考查概率略有增大。从总体看,本章内容以名词解释、简答题等基础题型的考查为主,需要考生扎实掌握基本理论,考题的主观灵活性不强,只要熟练记忆就比较容易得分。同时,深入理解本章内容,对后续章节的学习非常有帮助。

课后真题

简答题

1. 简述管理的基本职能。

【关键要点】决策(目标、行动、资源)、组织(岗位、分工、职责、结构、协调)、领导(增进理解、统一思想、激励成员、共同努力)、控制(计划、标准)、创新(与其他职能结合)

【参考答案】决策、组织、领导、控制、创新这五种职能是一切管理活动最基本的职能。

(1)决策职能,是指制订目标并确定为达成这些目标所必需的行动。组织中所有的管理者都必须从事计划活动,他们必须制订符合并支持组织的总体战略目标。另外,还必须制订支配和协调他们所负责的资源的计划。

(2)组织职能,是指根据工作的要求与人员的特点设计岗位,通过授权和分工,将适当的人员安排在适当的岗位上,用制度规定各个成员的职责和上下左右的相互关系,形成一个有机的组织结构,使整个组织协调地运转。组织职能是管理活动的根本职能,是其他一切管理活动的保证和依托。

(3)领导职能,指导人们的行为,通过沟通增强人们的相互理解,统一人们的思想和行动,激励每个成员自觉地为实现组织目标而努力。

(4)控制职能,其实质是使实践活动符合计划,计划是控制的标准。纵向上,各个管理层次都要重视控制职能;横向上,各项管理活动、各个管理对象都要进行控制。

(5)创新职能,其本身并没有某种特有的表现形式,它是在与其他管理职能的结合中表现自身的存在与价值。

2. 简述明茨伯格所提出的管理者决策性角色。

【关键要点】企业家(机会、投资)、混乱驾驭者(冲突)、资源分配者(管理者的时间)、谈判者(员工、客户、供应商)

【参考答案】根据明茨伯格的一项被广为引用的研究,管理者扮演着十种角色,这十种角色可被归为三大类:人际关系角色、信息传递角色和决策制定角色。

在决策制定角色中,管理者处理信息并得出结论。如果信息不用于组织的决策,那么这种信息就丧失了其应有的价值。管理者负责做出组织的决策,他们让工作小组按照既定的路线行事,并分配资源以保证小组计划的实施。

（1）管理者所扮演的第一种决策制定角色是企业家角色。在管理者的监督者角色中，管理者密切关注组织内外环境的变化和事态的发展，以便发现机会从而进行投资。作为企业家，管理者利用所发现的机会进行投资，如开发新产品、提供新服务或发明新工艺等。

（2）管理者所扮演的第二种决策制定角色是混乱驾驭者。

一个组织无论被管理得多好，它在运行的过程中，总会遇到或多或少的冲突或问题。管理者必须善于处理冲突或解决问题，如平息客户的怒气，同不合作的供应商进行谈判，或者对员工之间的争端进行调解等。

（3）管理者所扮演的第三种决策制定角色是资源分配者。管理者决定组织资源用于哪些项目。除了我们一提起资源就会想起的财力资源或设备，也有其他类型的重要资源被分配给项目。例如，对管理者来说，选择把时间花在这个项目而不是那个项目上时，实际上是在分配一种资源。除时间以外，信息也是一种重要资源，管理者是否在信息获取上为他人提供便利，通常决定着项目的成败。

（4）管理者所扮演的第四种决策制定角色是谈判者角色。对所有层次管理工作的研究表明，管理者会把大量的时间花费在谈判上。管理者的谈判对象包括员工、供应商、客户以及其他工作小组。无论是何种工作小组，管理者都要进行必要的谈判工作，以确保小组朝着组织目标迈进。

3. 简述罗伯特·卡茨的管理技能划分。

【关键要点】技术（专业知识）、人际（与别人和睦相处）、概念（抽象、事物发展趋势）

【参考答案】罗伯特·卡茨的管理技能划分主要分为：技术技能、人际技能、概念技能。

（1）技术技能是指熟悉和精通某种特定专业领域的知识，诸如工程、计算机科学、会计学或者制造等。对于基层管理者来说这些技能是重要的，因为他们直接处理雇员所从事的工作。

（2）人际技能也是很关键的，具有良好人际技能的管理者能够使员工对工作更具热情、更有信心，这个技能对于各个层次的管理者都是必备的。

（3）概念技能是指管理者对复杂情况进行抽象和概念化的技能。运用这个技能，管理者必须能够将组织看作一个整体，理解各部分之间的关系，想象组织如何适应它所处的广泛的环境。对于高层管理者来说，这个技能是非常重要的。

概念技能是管理者越到高层越需要的，它的实质是综合分析的能力。技术技能是低层管理者，特别是偏向具体业务的管理者比较需要的。人际技能无论是高层还是中层、基层管理者都同样需要。

4. 简述管理的二重性。

【关键要点】自然属性（生产力）、社会属性（生产关系）、二者相互联系

【参考答案】（1）管理的二重性是指管理的自然属性和社会属性。一方面，企业管理具有同社会化生产和生产力相联系的自然属性，表现为管理过程就是对人、财、物、信息、时间等资源进行组合、协调和利用的过程；另一方面，管理是人类的活动，而人类生存在一定的生产关系下和一定的社会文化中，必然要受到生产关系的制约和社会文化的影响，企业管理又具有同生产关系和社会制度相联系的社会属性，执行着维护和巩固生产关系的特殊职能。

（2）管理的自然属性是一种不以人的意志为转移，也不因社会制度意识形态的不同而有所改变的客观存在。管理的自然属性体现在两个方面：第一，管理是社会劳动过程的一般要求；第二，管理在社会劳动中具有特殊的作用，只有通过管理才能把实现劳动过程所必需的各种要素组合起来，使各种要素发挥各自的作用。这也是与生产关系、社会制度没有直接联系的。

（3）管理的社会属性体现在管理作为一种社会活动，它只能在一定的社会历史条件下和一定的社会关系中进行。管理具有维护和巩固生产关系、实现特定生产目的的功能。管理的社会属性与生产关系、社会制度紧密相连。

5. 什么是归纳法？归纳法的局限性是什么？

【关键要点】从典型到一般、足够多的对象、不能人为重复、不能用实验证明

【参考答案】归纳法是通过对客观存在的一系列典型事物（或经验）进行观察，从掌握典型事物的典型特点、典型关系、典型规律入手，进而分析研究事物之间的因果关系，从中找出事物变化发展的一般规律。这种从典型到一般的研究方法也称为实证研究。归纳法在管理学研究中应用最广，但是需要注意归纳法的局限性。

（1）实证研究必须对足够多的对象进行研究才有价值。如果选择的研究对象没有代表性，归纳得出的结论也就难以反映事物的本质。

（2）研究事物的状态不能人为重复，管理状态也不可能完全一样，所以研究得出的结论只是近似的。

（3）研究的结论不能通过实验加以证明，只能用过去发生的事实来证明，但将来未必就是过去的再现。

第二章 管理思想的发展

知识导图

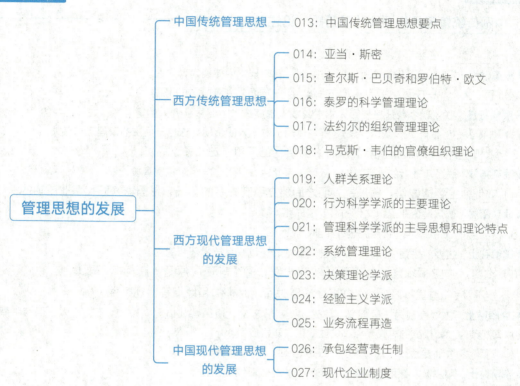

学习提示

1. 结构体系方面

本章可以用"古今中外"四个字概括，主要以传统和现代的思想为逻辑主线，中国和西方的内容为辅展开，整体涉及的理论知识点比较多，需要在学习的过程中把握好各种理论相继出现的时间节点和前后关系。

2. 重难点方面

本章需要重点掌握的内容包括泰罗的科学管理理论（主要内容、评价意义）、法约尔的组织管理理论（职能、原则）、韦伯的官僚组织理论（官僚组织的特点、权力的类型）、人群关系理论（梅奥的霍桑实验及其结论）、决策理论学派（西蒙的观点）、业务流程再造（定义、哈默和钱皮的观点）。除此之外，传统管理思想要点的内容需要在理解的基础上用现代语言表述清楚，承包经营责任制和现代企业制度学习起来会感觉有些晦涩难懂，但不要死记硬背，一定要在理解的基础上记忆。

3. 注意事项

本章的内容比较多，学完之后适当地结合课后真题巩固所学内容，在课后真题中出现的有些补充性内容也是需要掌握的。

知识切片

013：中国传统管理思想要点（简答题、论述题☆☆）

（1）顺"道"。主要指顺应客观规律。

🔹 **理解贴士**　"道"用现代语言表述即"规律"，在管理学中体现为科学性。

（2）重"人"。一方面，指重人心向背；另一方面，指重人才归离。

🔹 **联系拓展**　联系现今管理思想即人本主义或人本原理。主要是强调人的重要性，如古语中的"水能载舟，亦能覆舟""得人心者得天下""求贤若渴"等均体现出对于人的重视，这也与民主的管理方式有关。

（3）求和。"和"即调整人际关系，讲团结，上下和，左右和。

🔹 **联系拓展**　联系管理者的人际技能、人际关系角色，并且也与组织氛围有关。

（4）守信。主要指诚信。信誉是人们之间建立稳定关系的基础，是国家兴旺和事业成功的保证。

🔹 **联系拓展**　诚信是企业组织文化的重要组成要素。

（5）利器。"工欲善其事，必先利其器。"

🔹 **理解贴士**　主要就是强调工具、技术的重要性，可以联系技术创新的内容。

（6）求实。①实事求是，办事要从实际出发；②"守正"原则，看问题不要偏激，办事不要过头，也不要不及，"过犹不及"；③办事要注意时间（时机）和地点等客观条件。

🔹 **理解贴士**　主要表现为三层含义：首先，要实事求是，遵循客观情况；其次，不偏不激，保持中庸；最后，注意客观条件，即权变的思想要点，关注变化，随机应变。

（7）对策。两个要点：一是预测；二是运筹。

🔹 **理解贴士**　和决策、计划职能有关，都是强调要做谋划。

（8）节俭。开源节流、勤俭持家。节俭是企业家致富的要素。

（9）法治。韩非提出"明法""一法"原则。

🔹 **理解贴士**　管理学中主要表现为制度，如《华为基本法》是华为公司的制度，其自1995年萌芽，到1996年正式定位为"管理大纲"，到1998年3月审议通过，历经数年。

🔹 **命题趋势**　这部分内容在往年考试中出现的频率比较低，考查的题型以简答题为主。但是，最近几年这一部分的考查频率逐步上升，并且出现了一些引用古代名人名言的论述题。另外，需要注意有时会结合古代思想单独问其中一个要点，比如，"儒家古代管理思想的出发点"，就是结合"重'人'"的要点提问。

🔹 **答题技巧**　这一部分答题，重在理解中国传统思想与现代管理理论之间的联系，归根结底还是在考查现代管理理论的内容，要结合学习的现代管理理论，对传统管理思想做出科学的解读。在答题过程中，要掌握关键的要点、对应的关键词，适当地组织语言表述清楚。

014：亚当·斯密（简答题☆）

（1）劳动是国民财富的源泉。（劳动价值论）

（2）分工可以提高劳动生产率（原因：①有利于迅速提高工人的熟练程度；②减少变换工作内容所耗费的时间；③有利于机械设备的发明和应用）。（社会分工理论）

（3）经济现象是基于具有利己主义目的的人们的活动所产生的。（"经济人"假设）

🔷 **理解贴士** 亚当·斯密主要阐述了劳动价值论和社会分工理论，对于人的看法持"经济人"的观点。"理性经济人"认为，个人由于自身私利和欲望而去关心他人，获得更多收益从而产生社会利益。

🔷 **命题趋势** 这部分内容的考查概率从整体来看不大，有时会以简答题的形式出现，答题时注意分析分工可以提高效率的原因。

🔷 **答题技巧** 答题时只要把理论观点清楚地表述出来，逻辑清晰即可。

015：查尔斯·巴贝奇和罗伯特·欧文（简答题☆）

1. 查尔斯·巴贝奇——报酬原则与利润分配制度

（1）认为亚当·斯密忽略了分工可以减少支付工资这一好处。由此，提出了"边际熟练"原则，即对技艺水平、劳动强度定出界限，作为报酬的依据。

（2）认为工人的收入应该由三部分组成：①按照工作性质所确定的固定工资；②按照生产效率及所做贡献分得的利润；③为提高劳动效率而提出建议所给予的奖励。

2. 罗伯特·欧文——重视人的因素

他的改革证实，重视人的作用和尊重人的地位，也可以使工厂获得更多的利润。所以，也有人认为欧文是"人事管理的创始人"（又被称为"人事管理之父"）。

🔷 **命题趋势** 这部分内容的考查概率不大，有时会以简答题的形式出现，个别题目的答案会引用此处的观点和人物事迹。

🔷 **答题技巧** 答题时需要把学者的观点论述清楚，逻辑清晰，语言组织得当，表述准确。

016：泰罗的科学管理理论（名词解释、简答题、论述题、案例分析题☆☆☆）

1. 主要观点

（1）科学管理的根本目的是谋求最高工作效率。

（2）达到最高工作效率的重要手段是用科学的管理方法代替旧的经验管理。

（3）实施科学管理的核心问题是要求管理人员和工人双方在精神上和思想上进行彻底变革。

2. 泰罗提出的管理制度

（1）对工人提出科学的操作方法，以便合理利用工时，提高工效。

（2）在工资制度上实行差别计件制。

（3）对工人进行科学的选择、培训和提高。

（4）制定科学的工艺规程，并用文件形式固定下来以利于推广。

（5）使管理和劳动分离，把管理工作称为计划职能，工人的劳动称为执行职能。

与泰罗同时代的对管理改革做出过贡献的还有亨利·甘特、弗兰克·杰布蕾斯夫妇、福特等。

亨利·甘特，他的贡献之一是设计了一种用线条表示的计划图表，称为甘特图。这种图现在常用于编制进度计划。此外，他还提出了计件奖励工资制。

杰布蕾斯（又译为"吉尔布雷斯"）和他的妻子，两人以进行动作研究而著称。他们的动作研究比泰罗的研究更为细致和广泛。

美国的福特在泰罗的单工序动作研究的基础上，创造了第一条流水生产线，从而提高了效率，降低了成本。

泰罗及其他同期先行者的理论和实践构成了泰罗制。可以看出泰罗制着重解决的是如何用科学的方法提高生产现场的生产效率问题。所以，人们把以泰罗为代表的这些学者所形成的学派称为科学管理学派。

3.对泰罗制的评价

（1）科学管理方法代替单凭个人经验进行作业和管理的旧方法，是理论上的创新，也为管理实践开辟了新局面。

（2）使生产效率提高了两三倍，推动了生产的发展，适应了资本主义经济在这个时期发展的需要。

（3）由于管理职能与执行职能的分离，企业中开始有一些人专门从事管理工作，这使管理理论的创立和发展有了实践基础。

（4）泰罗把工人看成"会说话的机器"，只能按照管理人员的决定、指示、命令进行劳动，在体力和技能上受最大限度地压榨。

总之，泰罗制是适应历史发展的需要而产生的，同时，也受到历史条件和倡导者个人经历的限制。泰罗主要是解决工人的操作问题、生产现场的监督和控制问题，从而使管理的范围比较小，管理的内容也比较窄。对于企业的供应、财务、销售、人事等方面的活动，泰罗制基本没有涉及。

💡 **理解贴士** 理论产生的原因：一是实践的发展，工厂的规模越来越庞大、复杂，如何管理工人越来越重要；二是理论的发展推动，该理论也承袭了亚当·斯密的一些观点，比如，把人视为"经济人"。

📌 **命题趋势** 管理学考试的高频考点，考查形式多样，涵盖考试的各种题型。

✏️ **答题技巧** 就名词解释、简答题和常规的论述题而言，只要根据题意回答对应的内容即可，如理论内容、意义等。开放性的论述题一般需要阐述对于现实生活的意义，应结合一定的事例。案例分析题的考查难度不大，基本上是材料中有的理论内容，答题的时候只要阐述清楚理论要点，适当地结合案例中的材料即可。

017：法约尔的组织管理理论（名词解释、简答题、论述题☆☆☆）

1.企业经营六个方面的职能

（1）技术职能。即设计制造。

（2）经营职能。即进行采购、销售和交换。

（3）财务职能。即确定资金来源及使用计划。

（4）安全职能。即保证员工劳动安全及设备使用安全。

（5）会计职能。即编制财产目录，进行成本统计。

（6）管理职能。包括①计划；②组织；③指挥；④协调；⑤控制。

2.十四条原则

（1）劳动分工。通过专业化提高效率，降低成本。

（2）权力与责任。管理者必须有职有权，权职相当。

（3）纪律。员工必须遵守组织纪律和规章制度。

（4）统一指挥。每位员工应该只接受一位上级的命令，不能多头领导。

（5）统一方向。组织应该只有一个行动计划，作为统一管理者和全体员工的行动方向。

（6）个人服从整体。任何员工的利益都不能凌驾于组织整体利益之上。

（7）报酬。必须公平合理，及时支付。

（8）集权。集权程度应视下级的具体情况而定。

（9）等级链。从最高层至最底层要形成有序的权力线。

（10）秩序。人与物都应在正确的时间处于正确的位置。

（11）公平。管理者必须公平、友善地对待下属。

（12）稳定性。人员的任期和替补应有清晰的规划。

（13）主动性。鼓励员工在执行计划时充分发挥主动性和创新精神。

（14）团队精神。促进团队精神，创造组织内部的和谐与团结氛围。

3. 法约尔的贡献

法约尔的贡献是在管理的范畴、管理的组织理论、管理的原则方面提出了崭新的观点，为以后管理理论的发展奠定了基础。

🔷 **理解贴士**　法约尔有长期担任高层管理者的经验，丰富的阅历使得他的理论具有很强的普适性。把握法约尔的组织管理理论，重点掌握三个数字，即六（企业经营的六个方面）、五（管理职能的五个内容）、十四（十四条原则）。

🔷 **命题趋势**　这部分内容属于高频考点，考查形式以简答题为主，名词解释和论述题相对较少。

🔷 **答题技巧**　对于名词解释，由于分值不高，答题简洁明了，要点突出即可；对于简答题，只需要适当的展开阐述，如设问"十四条原则"，对十四个要点做简要说明即可。对于论述题，一般整个理论的内容都需要回答，其实就是简答题的合集，只是需要注意结构格式。

018：马克斯·韦伯的官僚组织理论（简答题、论述题☆☆）

马克斯·韦伯是和泰罗、法约尔同时代的人，与泰罗和法约尔相比，韦伯主要是一个学者。

韦伯的官僚组织理论的主要内容：

（1）理想的官僚组织体系。

科层组织或官僚制度是一种通过"公职"或职位，而不是通过"世袭"或"个人魅力"来进行管理的理想的组织制度。官僚组织是依照下述规则来建立和使组织运行的：

①按行政方式控制的机构目标所要求的日常活动，是作为正式职责来分配的。

②执行这种职责所需要的权力是按一种稳定的方式来授予的，并且由官员以某种能控制的强制手段来严格地加以限制。

③对正常而持续地履行职责以行使相应的权力的方法有所规定，只有按一般规定符合条件的人才能被雇用。

（2）权力的类型。

韦伯认为，被社会所接受的合法权力有三种类型：

①传统型权力。建立在对习惯和古老传统的神圣不可侵犯性要求之上。

②个人魅力型权力。建立在对某个英雄人物或某个具有天赋品质的人的个人崇拜基础之上的权力，该权力的维持在于其拥有能够使追随者或信徒们确信（或继续确信）自己的"盖世神力"。

③法理型权力。这是一种对由法律确定的职位或地位、权力的服从。韦伯认为，只有法理型的权力才能成为官僚组织的基础。

🔷 **命题趋势**　这部分内容的考查形式主要是简答题和论述题，需要注意，在简答题中，可能会考查"分类"的理论内容，如直接考查"韦伯对于权力的分类"。

🔷 **答题技巧**　对于涉及多个类型划分的理论或者多个条目的内容，要对理论整体上的结构有明确的阐述，并对每个类型或部分的细节层面也要做到一定程度的展开。对各部分内容之间的关系以及不同层级分类之间的隶属关系，要梳理清楚。

019：人群关系理论（简答题、论述题☆☆☆）

行为科学的发展是从人群关系理论开始的。人群关系理论的代表人物是埃尔顿·梅奥。梅奥曾参加了1927—1932年在芝加哥西方电气公司霍桑工厂进行的实验工作，即引起管理学界重视的霍桑实验。

霍桑实验的目的是要找出工作条件对生产效率的影响，以寻求提高劳动生产率的途径。主要过程：

（1）照明实验。

（2）梅奥参与的继电器实验。

（3）访谈计划。

（4）绕线实验。

人群关系理论的主要观点：

（1）企业的职工是"社会人"。人不是孤立存在的，而是属于某一工作集体并受这一集体的影响。

（2）满足职工的社会欲望和提高职工的士气是提高生产效率的关键。

（3）企业中实际存在着一种"非正式组织"。企业职工在共同工作、共同生产中，必然产生相互之间的人群关系，产生共同的感情，自然形成一种行为准则或惯例，要求个人服从，这就构成了"非正式组织"。

（4）企业应采用新型的领导方法。新型的领导方法，主要是要组织好集体工作，采取措施提高士气，促进协作，使企业的每个成员都能与领导真诚、持久的合作。

🔹 **理解贴士**　人群关系理论、梅奥的理论、霍桑实验的结论这三种说法的内容是相同的。

🔹 **联系拓展**　对待非正式组织，首先，要认识到其客观存在性；其次，要了解其对于正式组织的积极和消极作用；最后，要注重发挥其积极作用，扬长避短。

🔹 **命题趋势**　这部分内容的考查以简答题、论述题为主，侧重于考查理论的研究背景、思想沿革和观点内容。

🔹 **答题技巧**　需要注意的是，霍桑实验有时候出题的形式是"霍桑实验的内容和结论"，答题时对于实验内容简要概括即可，重点还是对理论观点的阐述。

020：行为科学学派的主要理论（简答题、论述题☆☆）

1. 需要层次理论

行为科学认为人的各种行为都是由一定的动机引起的，而动机又产生于人们本身存在的各种需要。

（1）马斯洛的需要层次理论有**两个**基本论点。

一是人的需要取决于他已经得到了什么，还缺少什么，只有尚未满足的需要才能够影响行为。换言之，已得到满足的需要不能起到激励作用。

二是人的需要都有轻重层次，某一层的需要得到满足后，高一层的需要才出现。

（2）马斯洛将需要分为<u>五级</u>。

①<u>生理的需要</u>：包括人体生理上的主要需要，即衣、食、住、行、医疗等生存的基本条件。

②<u>安全的需要</u>：随着生理需要得到满足，继而就会产生高一层的需要——安全的需要。

③<u>感情和归属的需要</u>：包括友谊、爱情、归属感等各方面的需要。

④<u>尊重的需要</u>：这类需要包括自尊和受别人尊敬。

⑤自我实现的需要：这是最高一级的需要。马斯洛认为这种需要就是"人希望越变越完美的欲望，人要实现他所能实现的一切欲望"。

虽然马斯洛的需要层次理论在发表后为不少人所接受，并在实际工作中得到了应用，但对它的层次排列是否符合客观实际还有许多争议。有人认为这一理论对人的动机没有完整的看法，没有提出激励的方法，它只说明需要与激励之间的一般关系，没有考虑到不同的人对相同的需要的反应方式往往是不同的。此外，这一理论也忽略了工作和工作环境的关系。

联系拓展 感情和归属的需要是非正式组织形成的原因，在激励理论中和 ERG 理论有相似之处。

命题趋势 需要层次理论和双因素理论的内容在管理学考试中主要是作为激励理论来考查。理论内容本身则以简答题的形式考查，和其他理论内容结合在一起则主要以论述题的形式考查。

答题技巧 对于理论内容，不管考查什么题型，关键都是把握理论要点，要点内容以关键词的形式掌握，考试中根据考查的题型展开论述即可。对于一些开放性的论述题，也可适当地结合一些事例进行阐述。

2. 双因素理论

提出者：赫茨伯格。

（1）保健因素。这类因素对职工行为的影响类似卫生保健对人们身体的影响。当保健因素低于一定水平时，会引起职工的不满；当这类因素得到改善时，职工的不满就会消除。保健因素对职工起不到激励的积极作用。保健因素可以归纳为十项：企业的政策与行政管理；监督；与上级的关系；与同事的关系；与下级的关系；工资；工作安全；个人生活；工作条件；地位。

（2）激励因素。当这类因素具备时，可以起到明显的激励作用；当这类因素不具备时，也不会造成职工的极大不满。这类因素可以归纳为六种：工作上的成就感；受到重视；提升；工作本身的性质；个人发展的可能性；责任。

通过分析上述两类因素可以看到，激励因素是以工作为中心的，即以对工作本身是否满意、工作中个人是否有成就、是否得到重用和提升为中心的；保健因素则与工作的外部环境有关，属于保证工作完成的基本条件。研究中还发现，当职工受到很大激励时，他对外部环境的不利能产生很大的耐性；反之，就不可能有这种耐性。

赫茨伯格的双因素理论与马斯洛的需要层次理论有很大的相似性。马斯洛的高层需要即赫茨伯格的主要激励因素，为了维持生活所必须满足的低层需要则相当于保健因素。可以说，赫茨伯格对需要层次理论做了补充。他划分了激励因素和保健因素的界限，分析出各种激励因素主要来自工作本身，这就为激励工作指明了方向。

理解贴士 对于"工资"的归类存在模糊性，主要是由于赫茨伯格是美国人，美国的社会保障体系相对比较完善，一定程度的金钱很难达到激励的作用，仅能起到保健的作用。但是，对于一些发展中国家来说，工资就完全可能具备较强的激励作用。

3. X、Y 理论

提出者：麦格雷戈。

（1）X 理论的主要观点：

①人的本性是坏的，一般人都有好逸恶劳、尽可能逃避工作的特性。

②由于人有厌恶工作的特性，因此对大多数人来说，仅用奖赏的办法不足以使其战胜厌恶工作的倾向，必须进行强制、监督和指挥，并通过惩罚进行威胁，才能使他们付出足够的努力来完成给定的工作目标。

③一般人都是胸无大志的，通常满足于平平稳稳地完成工作，而不喜欢具有"压迫感"的创造性

的困难工作。

（2）Y理论的主要观点：

①人并不懒惰，他们对工作的喜欢和憎恶取决于这份工作对他而言是一种满足还是一种惩罚。

②在正常情况下人是愿意承担责任的。

③人们都热衷于发挥自己的才能和创造性。

二者的差别在于对工人的需要的看法不同，因此采用的管理方法也不相同。按X理论来看待工人的需要，就要采取严格的控制、强制方式进行管理；按Y理论来看待工人的需要，管理者就要创造一个能多方面满足工人的需要的环境，使人们的智慧、能力得以充分发挥，以更好地实现组织和个人的目标。

💡 **理解贴士** 两种理论都体现了一定的人性假设，X理论对应的是"经济人"假设，Y理论对应的是"自我实现人"假设。前者类似"人性恶"，后者类似"人性善"。

✏ **命题趋势** 这部分内容有时单独考查X理论或者Y理论，有时会整体考查。需要注意的是，单独考查其中某一个理论时，需要结合其对应的管理措施进行回答。

🔑 **答题技巧** 理论的考查，首先，答题时注意不要忽略学者的名字。其次，对于观点内容，以要点的罗列为主，要点的内容适当地阐述即可。如果是名词解释，篇幅不要过长。最后，还要总结性地阐述对应的管理方式和管理措施。

4. 超Y理论

提出者：乔伊·洛尔施和约翰·莫尔斯。

主要观点：

不同的人对管理方式的要求不同。有的人希望有正规化的组织与规章条例来要求自己的工作，而不愿参与问题的决策去承担责任。这种人喜欢以X理论指导管理工作。有的人却需要更多的自治责任和发挥个人创造性的机会。这种人则喜欢以Y理论为指导的管理方式。此外，工作的性质、员工的素质也影响管理理论的选择。不同的情况应采取不同的管理方式。

💡 **理解贴士** 超Y理论是权变思想在人性假设的体现，对应"复杂人"假设，是对X理论、Y理论的进一步扩展，而不是对X理论、Y理论的否定。

5. Z理论

提出者：威廉·大内。

主要内容：

①企业对职工的雇佣应是长期的而不是短期的。

②上下结合制定决策，鼓励职工参与企业的管理工作。

③实行个人负责制。

④上下级之间的关系要融洽。

⑤对职工要进行知识的全面培训，使职工有多方面工作的经验。

⑥相对缓慢的评价与稳步提拔。

⑦控制机制要较为含蓄而不正规，但检测手段要正规。

💡 **理解贴士** Z理论的内容和日本的家文化有很大的联系，而日本的文化又受到儒家文化的影响，所以整体内容偏人性化，比如，第七点强调控制不要太过严格，过度控制是对于人性的扼杀。

✏ **命题趋势** 超Y理论和Z理论有时会考查名词解释，单独作为简答题考查的概率不大。

🔑 **答题技巧** 答题的时候，要注意阐述清楚要点。另外，理论观点上的核心意思一定要表达清楚，提出者的名字虽然不一定要写进答案，但是写出提出该理论的学者的名字，也在一定程度上体现了较高的理论熟悉程度。

021：管理科学学派的主导思想和理论特点（简答题、论述题☆☆）

管理科学学派的主导思想是使用先进的数理方法及管理手段，使生产力得到最为合理的组织，以获得最佳的经济效益，而较少考虑人的行为因素。

区别于科学管理理论的主要特点：

①以经济效果好坏作为评价标准，即要求行动方案能以总体的最少消耗获得总体的最大经济效益。

②使衡量各项活动效果的标准定量化。借助数学模型找出最优的实施方案和描述事物的现状及发展规律，摒弃单凭经验和直觉确定经营目标与方针的做法。

③依靠电子计算机进行各项管理。企业经营范围的扩大，决策问题的复杂化，方案选择的定量化，都要求及时处理大量数据和提供准确信息，而这些只有借助电子计算机才能完成。

④特别是强调使用先进的科学理论和管理方法，如系统论、信息论、控制论、运筹学、概率论等数学方法及数学模型。

理解贴士 要注意区分管理科学学派和泰罗的科学管理理论，二者有着重要的区别。从本质上讲，二者属于同一思想体系，前者是后者的延续发展。

命题趋势 管理科学学派由于和科学管理理论很相似，学生比较容易混淆，常常会作为考查的内容，一些学校曾经在真题中考查过这两部分理论之间的内在联系与区别。

答题技巧 对于内容的掌握还是建议以关键词为主，对于和科学管理理论的区别特点，需要掌握每个要点，答题时在理解的基础上进行阐述。

022：系统管理理论（名词解释、简答题☆☆）

把管理对象看作一个整体，一个有机联系的系统。研究企业管理的任何个别事物，都要从系统的整体出发，既要研究此事物与系统内各组成部分之间的关系，又要研究此事物同系统外部环境的相互联系。

企业系统的六要素：①人；②物资；③设备；④财；⑤任务；⑥信息。

理解贴士 注意和系统原理的区分。系统原理是基于系统理论的视角分析问题，考试中除了明确系统原理，其余关于系统、系统理论的考查都以系统管理理论的内容为主。

命题趋势 这部分内容比较容易出现在名词解释中。

答题技巧 就名词解释而言，需要重点掌握基本的定义，若是以简答题的形式考查，可以对其涉及的"六要素"进行适当扩展。

023：决策理论学派（名词解释、简答题、论述题☆☆）

代表人物：赫伯特·西蒙。

主要观点：

（1）管理就是决策。

西蒙等人认为，管理活动的全部过程都是决策的过程。确定目标、制订计划、选择方案是经营目标及其计划决策；机构设计、生产单位组织、权限分配是组织决策；计划执行情况检查、在制品控制及控制手段的选择是控制决策。决策贯穿于整个管理过程，所以，管理就是决策。

（2）决策分为程序性决策和非程序性决策。

程序性决策即按既定的程序所进行的决策。对于经常发生的需要决策的问题，往往可制定一个既定程序，凡遇到这类问题，就按照既定程序进行决策。例如，存储问题的决策就属于程序性决策。当问题的涉及面广，又是新发生的、非结构性的，或者问题极为重要而复杂，没有例行程序可以遵循的，就要进行特殊处理。对这类问题的决策就称为非程序性决策。例如，开辟新市场、增加新产品的决策就属于非程序性决策。

🔔 **理解贴士** 决策理论学派的内容主要是以西蒙的理论观点为主，西蒙的学科造诣比较高。程序性决策和非程序性决策是决策的一个重要类别，个别教材称为程序化决策和非程序化决策。就区别而言，前者强调特点，后者强调过程，一般不做区分，主要还是掌握其内涵。

🔖 **命题趋势** 这部分的出题角度比较多样，有时会单独拆分要点考查，如"为什么说管理就是决策"。

🔖 **答题技巧** 由于出题的形式多样，这部分内容的学习不能局限于对要点的掌握，还需深入地了解，以便在考试中做必要的阐述。

024：经验主义学派（简答题☆）

代表人物：德鲁克。

德鲁克指出，作为企业主要管理者的经理，有两项别人无法替代的任务：

第一项任务是，经理必须创造一个"生产的统一体"。这个统一体的生产力要大于其组成部分的生产力之和。

第二项任务是，经理在制定每个决策或采取每个行动时，都必须统筹考虑企业的长期利益和目前利益。

根据德鲁克的分析，每个经理，不论他是否意识到，都在执行一些基本的、共同的职能。这些职能包括：

（1）树立目标，分配任务。
（2）进行组织工作。
（3）进行鼓励和沟通工作。
（4）确定标准，对企业成果进行分析，对所有人员的工作情况进行评价。
（5）使职工得到成长和发展。

此外，为了组织员工参与企业管理，充分调动职工的积极性，德鲁克还提出了目标管理的观点和方法。

🔖 **联系拓展** 关于学者德鲁克，在考试中比较容易考查其提出的目标管理。

🔖 **命题趋势** 这一内容在考试中基本不会单独考查，若有所涉及，也只考查简答题。

🔖 **答题技巧** 学习的时候，主要掌握对应的人物、主要观点的内容即可，答题时需要注意内容的逻辑顺序。

025：业务流程再造（名词解释、简答题☆☆）

业务流程再造（BPR）也被称为业务流程重组和企业经营过程再造，是由美国麻省理工学院教授哈默和钱皮提出的，是针对企业业务流程的基本问题进行反思，并对它进行彻底地重新设计，以及在成本、质量、服务和速度等当前衡量企业业绩的这些重要方面取得显著的进展。

根据哈默和钱皮的观点，企业再造就是"为了飞越性地改善成本、质量、服务、速度等重大的现代企业的运营基准，对工作流程进行根本性重新思考并彻底改革"。其具体实施过程包括：

（1）对原有流程进行全面的功能和效率分析，以发现目前流程中各活动单元及其组合方式上存在的问题。

（2）改进相关单元的活动方式或单元间的关系组合方式，设计流程改进的方案。

（3）制定与流程改进方案相配套的组织结构、人力资源配置和业务规范等改进计划，形成系统的企业再造方案。

（4）实施组织流程改进方案，并在实施过程中根据经营背景的变化组织企业流程的持续改善。企业活动及其环境是动态变化的，因此，企业再造或流程重组是一个持续不断的过程。

🔔 **理解贴士** 企业的再造其实就是进行彻底的变革，其主要原因是当时的社会背景，日本当时位于世界第二，企业具有后发优势，美国位于第一，为了获取竞争力，就推出了企业的流程再造。

🔔 **命题趋势** 考试中出现的频率较高，由于名称比较多，所以同一问题的问法多样，需要大家注意。

🔔 **答题技巧** 首先需要掌握英文的缩写以及别称，其次就是对应的学者，考试中有时会以"学者的理论内容"为题来考查。最后就是对于整个观点内容的把握，主要还是以关键词的形式掌握。

026：承包经营责任制（简答题☆）

指在坚持企业的社会主义全民所有制的基础上，按照所有权与经营权分离的原则，以承包经营合同形式，确定国家与企业的责、权、利关系，使企业做到自主经营、自负盈亏的经济管理制度。

承包制的优点：

（1）它是具有中国特色的，在全民所有制基础上产生的经营管理制度，在某种程度上使企业成为相对独立的经济实体。

（2）这是将国家、企业、个人三者利益结合起来的一种新的尝试。

（3）能在很大程度上挖掘蕴藏在企业中的潜力。

承包制的缺点：

（1）企业行为短期化。

（2）包盈不包亏。

（3）受外部环境的影响，不利于确定承包基数。

🔔 **理解贴士** 可结合土地包产到户，即家庭联产承包责任制理解。

🔔 **命题趋势** 考试中出现的概率不大，考查的形式主要是简答题。

🔔 **答题技巧** 这一知识点主要掌握其定义、优点和缺点这三部分，定义的把握以关键词为主，优缺点的把握以要点为主，在理解的基础上可以自行复述即可。

027：现代企业制度（简答题、论述题☆）

现代企业制度的 5 个基本特征：

（1）产权关系明晰。企业的所有权属于出资者；企业拥有出资者投资形成的全部法人财产权；企业是享有民事权利、承担民事责任的法人实体。

（2）企业以其全部法人财产，依法自主经营，自负盈亏。

（3）出资者按其投入企业的资本额享有所有者的权益，包括资产受益权、重大决策权等；同时以投入企业的资本额为限对企业的债务承担责任。

（4）企业在国家的宏观调控下，按照市场需求自主生产经营，以提高经济效益、劳动生产率和实现资产保值增值为目的。

（5）企业实行权责分明、管理科学、激励和约束相结合的内部管理体制。

- 🔖 **理解贴士** 关于现代企业制度的定义，各类说法不一，对于其内涵的学习主要把握基本特征即可。
- 📌 **命题趋势** 往年考查的频率不高，未来有可能作为中国现代管理理论的出题点。
- 🖊 **答题技巧** 关于这部分内容，要重点把握五个基本特征的要点。

本章小结

本章内容的学习，需要重点掌握的知识点：泰罗的科学管理理论、法约尔的组织管理理论、韦伯的官僚组织理论、人群关系理论、决策理论学派和业务流程再造（BPR）。此外，还需要关注中国传统管理思想要点的内容。整章内容的考查主要以简答题为主，属于知识复现的类别，只要掌握了基本内容，得分还是比较容易的。

课后真题

简答题

1. 泰罗制的背景和内容是什么？泰罗制对当代企业管理有什么意义？

【关键要点】泰罗制、背景、对当代的意义

【参考答案】（1）背景。

①工业革命后西方资本主义经济迅速发展，传统的按经验管理的模式已经无法满足此时资本主义生产力发展的需要，科学管理模式呼之欲出。

②早期的工厂主和学者对科学的管理方法的探索一定程度上为泰罗制奠定了基础。

（2）内容。

①对工人提出科学的操作方法，以便合理利用工时，提高工效。

②在工资制度上实行差别计件制。

③对工人进行科学的选择、培训和提高。

④制定科学的工艺规程，并用文件形式固定下来以利于推广。

⑤使管理和劳动分离，把管理工作称为计划职能，工人的劳动称为执行职能。

（3）对于当代企业管理的意义。

①积极经验。

a. 泰罗制冲破了百年沿袭下来的传统落后的经验管理办法，将科学引进了管理领域，并创立了一套具体的科学管理办法来代替单凭个人经验进行作业和管理的旧方法，极大地提高了生产效率。其中差别计件工资、根据工作要求挑选工人的思想和原则到现在依然被许多制造类企业广泛应用。

b. 将管理职能和执行职能分离，企业中有一部分人开始专门从事管理工作，为当代管理理论和思想的产生奠定了基础，对于当代企业管理的发展有重要意义。

c. 例外原则主张企业的上级主管把一般的日常事务授权给下级处理，自己只保留对例外事项或重要问题的决策与监督，在一定程度上为分权化管理和事业部制提供了理论依据。

②负面教训。

泰罗制把人看作"经济人"，只注重人的精神需求而忽略了人的社会需求，在体力和技能方面最大限度地压榨员工，在真正提高员工敬业度和激励员工方面不能发挥长期的效果，甚至会引发悲剧。

这启示当代的管理者不仅要关注劳动效率、关注员工的经济需求，更要关注企业目标实现和员工个人发展的结合，采用科学的管理方式对员工进行管理，以人为本，将人力资源的价值科学地发挥到最大。

2. 亨利·法约尔的管理原则可以分为哪三个方面？

【关键要点】十四条原则、人际关系、生产效率、行政管理

【参考答案】亨利·法约尔是"一般管理理论"或"组织管理理论"的创始人，其代表作是 1916 年出版的《工业管理与一般管理》，该理论主要解释管理者的工作是什么以及有效的管理和组织思想由哪些要素构成。其管理原则可以分为以下三个方面：

（1）强调人际关系的原则。个体利益服从整体利益；公平；人事稳定；首创精神；团结。

（2）强调生产效率的原则。分工。

（3）强调行政管理的原则。权力与责任；纪律；统一命令；统一指挥；集权与分权；等级层次；报酬和秩序。

3. 梅奥人群关系理论的主要内容及其局限性有哪些？

【关键要点】梅奥、人群关系理论、"社会人"、提高工人士气、新型领导方式、局限性

【参考答案】（1）人群关系理论的主要内容。

①企业的职工是"社会人"。人不是孤立存在的，而是属于某一工作集体并受这一集体的影响。

②满足职工的社会欲望和提高职工的士气是提高生产效率的关键。

③企业中实际存在着一种"非正式组织"。企业职工在共同工作、共同生产中，必然产生相互之间的人群关系，产生共同的感情，自然形成一种行为准则或惯例，要求个人服从，这就构成了"非正式组织"。

④企业应采用新型的领导方法。新型的领导方法，主要是要组织好集体工作，采取措施提高士气，促进协作，使企业的每个成员都能与领导真诚、持久地合作。

（2）局限性。

①过分强调非正式组织的作用。人群关系理论认为，组织内人群行为强烈地受到非正式组织的影响。可是实践证明，非正式组织并非经常地对每个人的行为有决定性的影响，经常起作用的仍然是正式组织。

②过多地强调感情的作用，似乎员工的行动主要受感情和关系的支配。事实上，关系好不一定士气高，更不一定生产效率高。

③过分否定经济报酬、工作条件、外部监督、作业标准的影响。事实上，这些因素在人们的行为中仍然起着重要的作用。

4. 请描述什么是社会人，社会人假设的主要内容及其相应的管理方式。

【关键要点】社会人假设、社会交往的需要、专业分工、人际关系、归属感

【参考答案】社会人是指人在进行工作时将物质利益看成次要的因素，人们最重视的是和周围人的友好相处，满足社会和归属的需要。

（1）社会人假设的基本内容。

①交往的需要是人们行为的主要动机，也是人与人的关系形成整体感的主要因素。

②工业革命所带来的专业分工和机械化结果，使劳动本身失去了许多内在的含义，只能从工作的

社会意义上寻求安慰。

③职工与职工之间的关系所形成的影响力，比管理部门所采取的管理措施和奖励具有更大的影响。

④管理人员应当满足职工归属、交往和友谊的需要，职工的效率随着管理人员满足他们社会需要程度的增加而提高。

（2）由此假设所产生的管理措施。

①作为管理人员不能只把目光局限在完成任务上，而应当注意对职工的关心、体贴、爱护和尊重，建立相互了解、团结融洽的人际关系和友好的感情。

②管理人员在进行奖励时，应当注意集体奖励，而不能单纯采取个人奖励。

③管理人员的作用由计划、组织、经营、指引、监督变为上级和下级之间的中间人，应当经常了解职工感情和听取意见并向上级发出呼吁。

5. 简述西蒙的决策理论的主要内容。

【关键要点】西蒙、决策理论、管理的关键在于决策、管理就是决策、程序性决策和非程序性决策

【参考答案】（1）主要观点。该学派认为管理的关键在于决策，因此，管理必须采用一套制定决策的科学方法，要研究科学的决策方法以及合理的决策程序。有人认为西蒙的大部分思想是现代企业经济学和管理科学的基础。

（2）主要论点。

①管理就是决策。

西蒙等人认为，管理活动的全部过程都是决策的过程。确定目标、制订计划、选择方案是经营目标及其计划决策；机构设计、生产单位组织、权限分配是组织决策；计划执行情况检查、在制品控制及控制手段的选择是控制决策。决策贯穿于整个管理过程，所以，管理就是决策。

②决策分为程序性决策和非程序性决策。

程序性决策即按既定的程序所进行的决策。对于经常发生的需要决策的问题，往往可制定一个例行程序，凡遇到这一类问题，就按照既定程序进行决策。当问题的涉及面广，又是新发生的、非结构性的，或者问题极为重要而复杂，没有例行程序可以遵循时，就要进行特殊处理。对这类问题的决策就称为非程序性决策。

第三章 管理的基本原理

知识导图

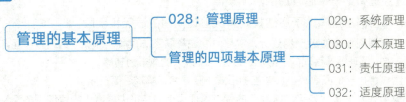

学习提示

1. 结构体系方面

本章整体框架清晰,主要介绍了管理学中的几项重大原理,各个原理的内涵和特征是需要掌握的重点内容。

2. 注意事项

本章的要点划分比较多,在学习的过程中需要做一些要点的梳理,比如,人本原理有四个方面的内容,每个方面又各有三个要点。

知识切片

028:管理原理(简答题☆)

1. 概念

原理是指某种客观事物的实质及运动的基本规律。

管理原理是对管理工作的实质内容进行科学分析总结而成的基本原理,它是管理现实的抽象,是对各项管理制度和管理方法的高度综合与概括,因此对一切管理活动都具有普遍的指导意义。

2. 特征

(1)客观性。管理原理是对管理的实质及客观规律的表述。

(2)普适性。管理原理是在总结大量管理活动经验的基础上,舍弃了各组织之间的差别,经过高度综合和概括得出的具有普遍性、规律性的结论。

(3)稳定性。管理原理和一切科学原理一样,都是确定的、巩固的,具有"公理的性质"。不管事物的运动、变化和发展的速度多么快,这个确定性是相对稳定的。

（4）系统性。四大管理原理——系统原理、人本原理、责任原理和适度原理，是具有高度系统性的相互联系、相互制约的有机整体。任何管理对象都用系统原理进行分析归类，研究内外各部分、各要素之间的相互关系，分清问题的轻重主次。

3. 意义

管理原理是现实管理现象的一种抽象，是大量管理实践经验的升华，它指导一切管理行为，对于做好管理工作有普遍的指导意义。

（1）掌握管理原理有助于提高管理工作的科学性，避免盲目性。

（2）研究管理原理有助于掌握管理的基本规律。

（3）对于管理原理的掌握有助于迅速找到解决管理问题的途径和手段。

🔹 **理解贴士** 特征是对概念的进一步分析，学习时要注意联系。理解"原理"的时候，可与"原则"对比，原则是包含人为因素的，原理则是客观的、必然的联系，不以人的意志为转移。

🔹 **命题趋势** 考试中出现的概率较小，考查的形式主要是名词解释、简答题。

🔹 **答题技巧** 需要注意的是，如果简答题问的是"管理原理的特征"或者"管理原理的意义"，答题的时候都要先回答管理原理的定义，这样会使答题的内容更加完整。

029：系统原理（名词解释、简答题、论述题 ☆☆）

1. 系统的概念和特征

系统是指由若干相互联系、相互作用的部分组成，在一定环境中具有特定功能的有机整体。就其本质来说，系统是"过程的复合体"。

系统的特征：

（1）集合性。

集合性是系统最基本的特征。一个系统至少由两个或两个以上的子系统构成。构成系统的子系统称为要素。也就是说，系统是由各个要素集合而成的，这就是系统的集合性。

（2）层次性。

系统的结构是有层次的，构成一个系统的子系统和子子系统分别处于不同的地位。系统从总体上看，有宏观和微观之分，而微观上，还有各种层次。

（3）相关性。

系统内各要素之间相互依存、相互制约的关系，就是系统的相关性。它一方面表现为子系统同系统之间的关系，系统的存在和发展是子系统存在和发展的前提，因此各子系统本身的发展要受到系统的制约。另一方面表现为系统内部子系统或要素之间的关系。某要素的变化会影响另一些要素的变化，而各个要素之间关系的状态对子系统和整个系统的发展都可能产生重要的影响。

🔹 **理解贴士** "系统"是管理学中比较重要的一种理论思想，是管理学研究的底层思维角度。系统与权变思想紧密相关，系统是权变的基础。

🔹 **命题趋势** 考试中经常考查名词解释、简答题、论述题，题目的具体问法也比较多样，并经常要求从系统的角度分析各类问题。

🔹 **答题技巧** 基本概念是这部分理论必须掌握的，要根据不同题型的特点和答题要求阐述清楚其中的关键词。

2. 系统原理要点

（1）整体性原理。

指系统要素之间的相互关系及要素与系统之间的关系以整体为主进行协调，局部服从整体，使整体效果为最优。

（2）动态性原理。

系统内部的联系是一种运动，系统与环境的相互作用也是一种运动。系统作为一个运动着的有机体，其稳定状态是相对的，运动状态则是绝对的。

（3）开放性原理。

任何有机系统都是耗散结构系统，系统与外界不断交流物质、能量和信息，才能维持其生存；并且只有当系统从外部获得的能量大于系统内部消耗散失的能量时，系统才能不断发展壮大。所以，对外开放是系统的生命。

（4）环境适应性原理。

系统不是孤立存在的，它要与周围事物发生各种联系。这些与系统发生联系的周围事物的全体，就是系统的环境，环境是一个更高级的大系统。系统对环境的适应并不都是被动的，也有能动的，就是改善环境。

🔷 理解贴士　"整体性"其实就是强调要以大局为重，必要时为了大局可以牺牲个人利益，这种观点属于"集体主义"。与之相对的是"个人主义"，个人主义更加关注个人和家庭的利益。"动态性"体现辩证法，强调系统的绝对运动和相对静止。"开放性"与"封闭性"是相对的，不能与外界进行物质能量交换的封闭型系统，最终将走向灭亡。因此，这里提到的系统强调其"开放性"。"环境适应性"体现权变理论的思想观点，权变思想是从系统思想出发，衍生出来的思想理论。

030：人本原理（简答题、论述题☆☆）

人本原理就是以人为主体的管理思想。人本原理主要包括：职工是企业的主体；职工参与是有效管理的关键；使人性得到最完美的发展是现代管理的核心；服务于人是管理的根本目的。

1. 职工是企业的主体

人们对提供劳动服务的劳动者在企业生产经营中的作用是逐步认识的，这个认识过程大体上经历了三个阶段。

（1）要素研究阶段。

这种研究基本上限于把劳动者视为生产过程中的一种不可缺少的要素。

（2）行为研究阶段。

第二次世界大战前后，有一部分管理学家和心理学家开始对劳动者行为的影响因素进行研究，这一阶段的认识有科学合理的一面，但基本出发点仍然是把劳动者作为管理的客体。

（3）主体研究阶段。

20世纪70年代以来，逐渐形成了以人为主体的管理思想。中国管理学家蒋一苇提出"职工是社会主义企业的主体"的观点，认为职工是企业的主体，而非客体；企业管理既是对人的管理，也是为人的管理；企业经营的目的，是为包括企业职工在内的人的社会发展服务的。

2. 有效管理的关键是职工参与

（1）实现有效管理有两条完全不同的途径。

①高度集权、从严治厂，依靠严格的管理和铁的纪律，重奖重罚，使企业目标统一，行动一致，从而实现较高的工作效率。

②适度分权、民主治厂，依靠科学管理和职工参与，使个人利益与企业利益紧密结合，使企业全

体职工为了共同的目标而自觉地努力奋斗，形成命运共同体。

两条途径的根本不同之处：前者把企业职工视作管理的客体，职工处在被动被管的地位；后者把企业职工视作管理的主体，使职工处于主动地参与管理的地位。

（2）职工参与企业管理问题的途径和形式。

①通过职工代表大会选举代表参加企业的最高决策机构——管理委员会或董事会。

②由职工代表大会选举代表参加企业的最高监督机构——监事会。

③广泛参加日常生产管理活动（如质量管理、设备管理、成本管理、现场管理等）。

3. 现代管理的核心是使人走向完美

事实上，任何管理者都会在管理过程中影响下属人性的发展。同时，管理者行为本身又是管理者人性的反映。只有管理者的人性达到比较完美的境界，才能使企业职工的人性得到完美的全面发展，而职工队伍的状况又是企业成功的关键。

4. 管理是为人服务的

管理是以人为主体，为人服务的，是为了实现人的全面发展。其中，"人"不仅包括企业内部、参与企业生产经营活动的人，而且也包括存在于企业外部的、企业通过提供产品为之服务的用户。因此，为用户服务，满足用户的需要，实质是企业实现社会存在的基本条件。

（1）企业要在这种思想的指导下，研究市场需求的特点及发展趋势，据此确定企业的经营和产品发展方向。

（2）企业要从用户的角度出发，努力提高设备和材料的使用效率，加速资金周转，以减少资金占用和材料消耗，降低生产成本，从而降低产品的销售价格；以使消费者能够充分利用有限的货币购买力，获取更多的物质产品，满足更多的需要。

（3）企业要在这种思想的指导下，研究消费者使用本企业产品时要求得到满足的实现条件。

综上所述，尊重人、依靠人、发展人、为了人是人本原理的基本内容和特点。

🔹 **理解贴士** 强调"人"的重要性，与罗伯特·欧文的思想相近。虽然行为科学学派也重视人的因素，但是其强调"手段人"而非"目的人"。"职工是企业的主体"体现的是主体论，属于"目的人"的范畴，"服务于人"是根本目的，这里的人包括组织内外的相关人员。

🔹 **命题趋势** 考试中经常以简答题的形式出现，主要是对观点内容的考查。

🔹 **答题技巧** 原理性内容的答题主要是把握要点和关键词，注意内容的结构层次和逻辑顺序，还要注意考试时针对个别要点的单独出题，如"简述有效管理的实现途径"，这就要求同学们对于内容的细节要熟悉，对内容要有深入的思考。

031：责任原理（简答题、论述题☆☆）

管理是追求效率和效益的过程。在这个过程中，要挖掘人的潜能，就必须在合理分工的基础上明确规定这些部门和个人必须完成的工作任务和必须承担的相应责任。

1. 明确每个人的职责

职责是指在合理分工的基础上确定每个人的职位，明确规定各职位应担负的责任。整体赋予个体责任，维护整体正常秩序。

（1）职责界限要清楚。

在实际工作中，工作职位离实体成果越近，职责越容易明确；工作职位离实体成果越远，职责越容易模糊。

（2）职责中要包括横向联系的内容。

在规定某个岗位工作职责的同时，必须规定同其他单位、个人协同配合的要求，只有这样，才能提高组织整体的功效。

（3）职责一定要落实到每个人。

只有将职责落实到每个人，才能做到事事有人负责。职责不清必然导致管理上的混乱和效率的低下。

2. 职位设计和权限委授要合理

一定的人对所管的一定的工作能否做到完全负责，基本上取决于三个因素。

（1）权限。

明确了职责，就要授予相应的权力。如果没有一定的人权、物权、财权，任何人都不可能对任何工作实行真正的管理。

（2）利益。

权限的合理委授只是完全负责所需的必要条件之一。完全负责就意味着责任者要承担全部风险。任何管理者在承担风险时，都会有意无意地对风险与收益进行权衡，然后才决定是否值得去承担这种风险。

（3）能力。

科学知识、组织才能和实践经验这三者构成管理能力。在一定时期内，每个人的时间和精力是有限的，管理能力也是有限的，并且每个人的能力各不相同。

职责和权限、利益、能力之间的关系应遵守等边三角形定理，职责、权限、利益是三角形的三个边，能力是等边三角形的高，根据具体情况，它可以略小于职责。

3. 奖惩要分明、公正、及时

对每个人的工作表现及绩效给予公正、及时的奖惩，有助于提高人的积极性，挖掘每个人的潜力，从而不断提高管理成效，及时引导每个人的行为朝着符合组织需要的方向变化。

（1）公正的奖惩要以准确的考核为前提。因此，首先要明确工作绩效的考核标准。

（2）有成绩、有贡献的人员，要及时予以肯定和奖励，使他们的积极行为维持下去。

（3）及时而公正的惩罚是必不可少的，惩罚是利用令人不喜欢的东西或取消某些为人所喜爱的东西，改变人们的工作行为。

（4）建立健全组织的奖惩制度，使之规范化、制度化，是实现奖惩公正而及时的可靠保证。

理解贴士 掌握关键词：分工、任务、责任、权力、利益、能力、奖惩。在分工的基础上形成任务，完成任务要承担相应的责任，责任的承担需要有对等的利益支撑，所需的能力可以相对较小，必要的奖惩有助于提高积极性。

命题趋势 考查的频率中等，主要以简答题的形式考查。与"责任"相关的考题，更多考查"社会责任"，与职位相关的组织内部的"责任"，更多考查组织职能部分，与组织设计中的"岗位职责"相关。

答题技巧 这一内容包含三个主要方面，每个方面又有三个要点，总体来说需要掌握的内容比较多，学习时需要特别注意"权限、利益和能力"三者的关系，有时会单独考查。

032：适度原理（简答题、论述题 ☆☆）

适度的原因在于组织管理面对的各种不确定性以及由此而决定的管理实践的艺术性特征，度的把握在很大程度上取决于管理者的直觉。

1. 内涵

管理活动中存在许多相互矛盾的选择。在这些选择中前者的优点恰好是后者的局限之所在，而后者的贡献恰好构成了前者的劣势。因此，组织在业务活动范围的选择上既不能过宽，也不能过窄；在管理幅度的选择上，既不能过大，也不能过小；在权力的分配上，既不能完全集中，也不能绝对分散，必须在两个极端之间找到最恰当的点，进行适度管理，实现适度组合。

2. 缘由

适度管理的根本原因可能在于管理所面对的不确定性以及与这种不确定性相关的管理实践的艺术性特征。组织管理是对面向外部、伸向未来的活动的协调：

（1）活动类型的选择、活动条件的获取、活动成果的实现，在很大程度上都取决于外部环境的特征。这个制约内部活动的外部环境不仅构成错综复杂，而且其特征还在不断地发生变化，因此不仅是组织不可控的，甚至是组织不可预测的。组织活动因环境的这种不可控性和不可预测性而充满不确定性。

（2）管理理论和管理工具与方法毫无疑问是科学的，或者可以是科学的，管理实践则明显地表现出艺术性的特征。

3. 启示

艺术地运用科学的管理理论，在错综复杂、对立矛盾的背景中做出适度或适当的选择，要求管理者重视直觉能力的培养和应用。

📖 **理解贴士** 关键词：艺术。实质就是做任何事情都要掌握"度"，这个"度"是无法量化的，很多时候只能凭直觉（如集权和分权的程度如何划分），所以艺术性和直觉成为关键词。

📌 **命题趋势** 考查频率一般，考查的方向主要是原理内涵，题型大多为名词解释。另外，有时会需要结合实例考查原理的启示。

✏️ **答题技巧** 学习这部分的关键是理解理论内容，把握"度"的内涵要义，以便在考试中，可以结合实例分析阐述。与权变理论的思想以及领导的艺术性等内容也有一定的联系，在组织题目答案的时候，可以借鉴相关的理论观点和内容。

📑 本章小结

> 本章提及的几个管理原理都需要掌握，除了管理原理的考查频率不高之外，其余原理内容的要点都需要深入理解，并能够清楚地阐述。由于是原理性的内容，一方面，主要考查的方式是知识复现，同学们掌握主要内容的要点即可；另一方面，为了加大考试的难度，有时会以结合实际的形式考查原理内容，这就需要同学们在掌握基本内容的同时，也学会灵活运用。

课后真题

一、名词解释

系统

【关键要点】相互联系、相互作用、部分、集合性、层次性、相关性

【参考答案】系统是指由若干相互联系、相互作用的部分组成，在一定环境中具有特定功能的有机整体。就其本质来说，系统是"过程的复合体"。系统的特征：

（1）集合性。

一个系统至少由两个或两个以上的子系统构成。构成系统的子系统称为要素。也就是说，系统是由各个要素集合而成的，这就是系统的集合性。

（2）层次性。

系统的结构是有层次的，构成一个系统的子系统和子子系统分别处于不同地位。

（3）相关性。

系统内各要素之间相互依存、相互制约的关系，就是系统的相关性。

二、简答题

1. 简述人本原理的主要观点。

【关键要点】企业的主体、职工参与、使人走向完美、为人服务

【参考答案】人本原理就是以人为主体的管理思想。人本原理主要包括下述观点：

（1）职工是企业的主体。

人们对提供劳动服务的劳动者在企业生产经营中的作用是逐步认识的，这个认识过程大体上经历了三个阶段。

①要素研究阶段。

②行为研究阶段。

③主体研究阶段。

（2）有效管理的关键是职工参与。

①实现有效管理有两条完全不同的途径。

a. 高度集权、从严治厂，依靠严格的管理和铁的纪律，重奖重罚，使得企业目标统一，行动一致，从而实现较高的工作效率。

b. 适度分权、民主治厂，依靠科学管理和职工参与，使个人利益与企业利益紧密结合，使企业全体职工为了共同的目标而自觉地努力奋斗，形成命运共同体。

②职工参与企业管理问题的途径和形式。

a. 通过职工代表大会选举代表参加企业的最高决策机构——管理委员会或董事会。

b. 由职工代表大会选举代表参加企业的最高监督机构——监事会。

c. 广泛参加日常生产管理活动（如质量管理、设备管理、成本管理、现场管理等）。

（3）现代管理的核心是使人走向完美。

事实上，任何管理者都会在管理过程中影响下属人性的发展。同时，管理者行为本身又是管理者人性的反映。只有管理者的人性达到比较完美的境界，才能使企业职工的人性得到完美的全面发展，而职工队伍的状况又是企业成功的关键。

（4）管理是为人服务的。

管理是以人为主体，为人服务的，是为了实现人的全面发展。其中，"人"不仅包括企业内部、参与企业生产经营活动的人，而且也包括存在于企业外部的、企业通过提供产品为之服务的用户。因此，为用户服务，满足用户的需要，实质是企业实现社会存在的基本条件。

2. 为什么要进行"适度管理"？

【关键要点】业务活动范围、管理幅度、权力的分配、适度组合

【参考答案】管理活动中存在许多相互矛盾的选择。在这些选择中，前者的优点恰好是后者的局限之所在，而后者的贡献恰好构成了前者的劣势。因此，组织在业务活动范围的选择上，既不能过宽，也不能过窄；在管理幅度的选择上，既不能过大，也不能过小；在权力的分配上，既不能完全集中，也不能绝对分散，必须在两个极端之间找到最恰当的点，进行适度管理，实现适度组合。

适度管理的根本原因可能在于管理所面对的不确定性以及与这种不确定性相关的管理实践的艺术性特征。组织管理是对面向外部、伸向未来的活动的协调：

（1）活动类型的选择、活动条件的获取、活动成果的实现，在很大程度上都取决于外部环境的特征。这个制约内部活动的外部环境不仅构成错综复杂，而且其特征还在不断地发生变化，因此不仅是组织不可控的，甚至是组织不可预测的。组织活动因环境的这种不可控性和不可预测性而充满不确定性。

（2）管理理论和管理工具与方法毫无疑问是科学的，或者可以是科学的，管理实践则明显地表现出艺术性的特征。

3. 责任原理的基本内容是什么？

【关键要点】分工、挖掘人的潜能、职责、权限委任、奖惩要分明

【参考答案】责任原理是指在合理分工的基础上明确各部门与个人必须完成的工作任务和必须承担的相应责任，从而提高人的潜能的有效办法。管理是追求效益与效率的过程，在这个过程中，要挖掘人的潜能，就必须在合理分工的基础上明确规定这些部门、个人必须完成的工作任务和必须承担的相应的责任。必须做到以下几点：

（1）明确每个人的职责。挖掘人的潜能的最好的办法是明确每个人的职责，因此职责界限要清楚；职责中要包括横向联系的内容；职责要落实到每个人。

（2）职位设计和权限委任要合理。一个人对工作是否能做到完全负责取决于三个因素：权限、利益、能力。职责和权限、利益、能力之间的关系遵守等边三角形定理。

（3）奖惩要分明、公正、及时。对每个人的工作表现及绩效给予公正、及时的奖惩，有助于提高人的积极性，挖掘每个人的潜力，从而不断提高管理成效，及时引导每个人的行为朝着符合组织需要的方向变化。

三、论述题

试论人本管理的主要内容及其在企业中的运用。

【关键要点】理解人、尊重人、充分发挥人的主动性、企业的主体、职工参与、使人走向完美、为人服务

【参考答案】人本管理是指把人作为管理的核心，把对人的管理作为整体管理工作的重心。人本管理理论的确立和发展是建立在"社会人"的假设之上的，是建立在将社会学和心理学引进现代组织管理的研究领域的基础之上的。人本管理要求理解人、尊重人，充分发挥人的主动性和积极性。

（1）人本管理的主要内容。

①职工是企业的主体。

②有效管理的关键是职工参与。

③现代管理的核心是使人走向完美。

④管理是为人服务的。

（2）人本管理在企业中的运用。

①对管理者的要求。

a. 人本管理是以"敬业人"为中心的，"敬业人"即专心致力于学习、工作或事业，并能为企业创造效益的人。

b. 以敬业员工为人本管理对象，充分地尊重、理解和关心他们。

c. 创造特定的环境与条件，为实现"敬业人"的自由全面发展提供帮助，这是人本管理的重要方面。

d. 建立具有激励机制的管理体系，吸引人、培育人、留住人，不断提高"敬业人"的满意度。

②具体做法。

a. 人的管理第一。

b. 以激励为主要方式。

c. 建立和谐的人际关系。

d. 积极开发人力资源。

e. 培育和发挥团队精神。

③企业实施人本管理会受到各种现实条件的影响和制约。

a. 企业的生存价值观。企业发展到一定时期，企业制度化管理日趋规范，技术设备与软件的保障不断发挥作用，人本管理将成为必然趋势。企业家的价值观将影响企业的经营理念与员工的价值取向，企业家的素质高低又影响员工的敬业精神，进而制约人本管理的实施。

b. 人都是趋利避害的。无论是"充分理性人"还是"有限理性人"，其行为结果总是趋利避害的。这种错误的观点会导致企业减少对员工的人力资本投入，控制收入的增长，只会带来有限的发展机会等。其结果一定会制约人本管理理念的推广与人本管理模式的实施。

c. 劳动者无法支配自己的劳动力财产权。在当今人才市场供过于求的情况下，当劳动还是作为谋生手段时，劳动者出卖自己的劳动力，企业支配着劳动者的无形资产；当劳动者无法支配自己的无形资产时，也就是说当劳动者财产权无法自由支配的时候，人本管理要实现人的自由全面发展是不可能的。因此，若劳动者财产权被剥夺是无法实现人本管理的。

d. 人力资源管理职能的局限。人力资源管理职能的局限性是指人力资源管理在很多企业仍然只是人力资源部门的事。人力资源部门除了要创造特定的环境与条件，为实现"敬业人"的自由全面发展提供帮助以外，还有职责范围内的大量工作，如建立人才库、核算工资奖金、招聘培训等；而人本管理要求以敬业职工为对象，充分尊重、理解、关心他们，要做到这一点，只有一线经理才有可能，因为一线经理直接与敬业职工打交道，最了解他们的需求。

第四章 管理道德与社会责任

知识导图

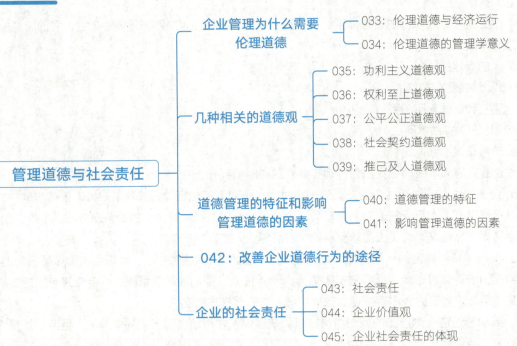

学习提示

1. 结构体系方面

本章从伦理道德的含义切入,介绍道德管理的意义、观点、特征、影响因素以及改善途径,在此基础上,介绍了企业的社会责任,主要包括社会责任的内涵与意义、企业价值观以及现实体现。

2. 重难点方面

本章需要重点掌握的内容包括伦理道德的含义、五种道德观(功利主义、权利至上、公平公正、社会契约、推己及人)、管理道德的影响因素、社会责任(含义、意义)。除此之外,企业价值观的内涵也需要关注。

3. 注意事项

伦理道德的含义比较难理解,需要重点关注。关于社会责任,容易考查关于社会热点的问题,需要深刻掌握社会责任的意义。

知识切片

033：伦理道德与经济运行（论述题☆）

道德，是指在一定的风俗习惯下所形成的个人的品质气质。

在中国文化中，"伦"是指人所处于其中的那个共同体，以及个人在这个共同体中的地位；伦理是指关于"伦"的理性和原理。

伦理的真义是"本性上普遍的东西"，这种"本性上普遍的东西"被称为伦理性的实体，即伦理性的共同体。在社会体系中，家庭、民族、市民社会是伦理实体的三大基本形态。企业是市民社会中伦理实体的一种具体存在方式，它不仅是一个经济实体，而且首先是一个伦理实体。

伦理道德以"善"调节共同体以及共同体中个人的行为。

无论是企业伦理还是管理道德，都不是企业经济运行和企业家管理活动中的"价值附加"，而是企业品质和管理素质的内在构成，具有十分重要的管理学意义。

💡 **理解贴士** 关于道德的定义要注意：①其指的是高尚的品质和气质；②其有"一定的风俗习惯"这个前提限制，比如戴口罩和别人沟通交流，在特殊时期就是有礼貌的行为。

伦理就是在"伦"这个共同体中应遵循的道理和规范。遵循的行为就是道德的。伦理道德就是善。

在经济运行和企业管理中，不要以道德作为增加价值的手段，而是要发自内心的遵守道德，这样的企业才能做好。这也在一定程度上体现了中国传统的管理思想，与老子在《道德经》中讲的"上德不德，是以有德；下德不失德，是以无德"的观点一致。

📌 **命题趋势** 这部分考查的概率不大，但"道德"和"伦理"这两个基本概念还是要掌握的，一方面，便于理解本章内容；另一方面，防备以低频率名词解释的形式出现。

✍ **答题技巧** 这部分重在理解，作答时在明确核心观点的基础上，可以灵活运用自己的话阐述。

034：伦理道德的管理学意义（简答题、论述题☆☆）

（1）经济与经营活动的意义，尤其是对终极意义的追求。寻求意义并在任何具体形式中赋予价值意义，是人类内心最深沉的呼唤。

（2）企业及其产品的价值观。任何企业产品的品质，早先决定于创办人的价值观，后来则决定于整个企业的工作价值观。伦理道德的着力点就在于生产者的劳动价值观与管理者的经营价值观。

（3）企业组织。巴纳德认为组织存在的三要素分别是共同的目的、协作的愿望和信息的沟通。有效组织不仅要在客观上存在共同的目的，更重要的是要在主观上认同共同目的，并由此产生协作的愿望，从而使个人行为非个人化。

（4）人文力与企业精神。企业管理的深层难题之一，就是将"最强的动力"与"最好的动力"相协调，在互动中建立合理的"冲动体系"或"人文力体系"。

💡 **理解贴士** ①管理者担负着很重要的意义，企业组织的管理者对手下员工基于生活付出的劳动担负责任。②伦理道德能帮助塑造好的价值观，如生产优质产品，拒绝劣质产品的投入产出。③巴纳德的思想理论来自社会学和系统论，强调组织存在的三要素。好的组织是利益相投（客观）和志向相投（主观）的结合。做到"利益相投"相对容易，但如何做到"志向相投"，管理者往往束手无策。这样的人可遇不可求，组织成员只有充分认识到伦理道德的重要性和意义，才能做到"志向相投"。④推动组织发展的两大动力，"最强的动力"（获取利益）和"最好的动力"（伦理道德），只有将"最好的动力"注入"最强的动力"，二者相结合，企业才能建立企业精神，体现企业的价值观、组织文化。

以上四个方面阐述了为什么要在管理中体现伦理道德。

🔖 **命题趋势**　这部分比较喜欢考论述题。需要注意的是出题的方式，如关于"伦理道德、管理道德的重要性、作用、好处"等都是对本知识点的考查。

✏ **答题技巧**　把握这部分的四个要点内容，并对其内涵有深入的理解，这样才能在答题时体现出答案的深刻性和丰富性，如果仅仅靠生硬的背诵，答案会显得非常单薄而且苍白。

035：功利主义道德观（名词解释、简答题、论述题☆☆）

1. 基本内容

功利主义道德观认为，能给行为影响所及的<u>大多数人</u>带来<u>最大利益</u>的行为才是<u>善</u>的。这是一种完全根据行为<u>结果</u>即所获得的功利来评价人类行为善恶的道德观，即"不管白猫还是黑猫，抓到耗子就是好猫"。

2. 功利主义道德观的问题

（1）为了实现利益最大化，可能采取了不公平、不道德甚至损害他人或社会利益的手段。

（2）没有规定所得利益在相关人员中的分配，可能导致分配不公，形成贫富两极分化的现象，这是不道德的。

3. 企业管理中的功利主义

（1）功利主义的所谓"<u>最大利益</u>"是指"<u>最大福利</u>"，如果将利益理解为财富，那么，它们是<u>能带来幸福的财富</u>，导致财富指数和幸福指数矛盾甚至相悖的利益，不是"功利"的目标和内容。

（2）功利主义的核心是"<u>有用性</u>"。"有用性"不只是指对象对主体或者财富<u>对个人或社会的有用性</u>，同时也指<u>个人对组织和社会的有用性</u>。

💡 **理解贴士**　对这部分内容的理解包括三个方面：①存在"道德困境"的局面，有时给大多数人带来利益的同时会损害少数人的利益；②贫富差距的现象某种程度上也是功利主义的影响；③企业中的有用性即劳资双方都可获益。

🔖 **命题趋势**　关于五种道德观这一部分考名词解释的概率比较大，简答题和论述题的概率相对较小。

✏ **答题技巧**　这一部分首先是对观点核心的掌握。其次需要注意和企业管理的结合，最好不要空谈道德。另外，答题的时候也要注意要点之间的逻辑。

036：权利至上道德观（名词解释、简答题、论述题☆☆）

1. 基本内容

权利至上道德观认为，能<u>尊重和保护个人基本权利</u>的行为才是善的。基本权利即<u>人权</u>，只要是人就应当平等地享有人的基本权利（如<u>生存权</u>、言论自由权、受教育权、医疗保障权、工作权等）。这些权利不是权威赐予的，而是人<u>与生俱有</u>的。尊重和保护人权，是是否能真正贯彻"<u>执政为民</u>"思想的试金石。

2. 权利至上的要义

（1）"权利"的基本意义是"<u>正确</u>"和"<u>正当</u>"。

（2）权利是<u>相互</u>的，"肯定<u>自己是人</u>，并尊敬<u>他人为人</u>"，是"法"的绝对命令，只有两个方面结合起来，才构成"权利"的基本内涵，否则，权利会演化为自私自利和任性放任。

🔵 **理解贴士** 权利道德观的核心是"人权"。这是人与生俱来的权利，没有人能剥夺。即以人为本的管理思想，下属和管理者彼此尊重。要义部分：①尊重人权是正确的，是不容置疑的；②在认识到自身权利的同时不要忽略他人的基本权利。

037：公平公正道德观（名词解释、简答题、论述题 ☆☆）

这种道德观认为，管理者不能因种族、性别、个性、个人爱好、国籍、户籍等因素对部分员工歧视，那些按照同工同酬的原则和公平公正的标准向员工支付薪酬的行为是善的。

所谓公平公正，主要是指支付薪酬的依据应当只是员工的技能、经验、绩效或职责等因素，而不是其他各种似是而非的因素。这种道德观在理论上是完全正确的，但在实践中问题十分复杂。例如，现阶段中国城市各类组织中的农民工、临时工、非正式工与有编制的正式工之间，工资待遇有着极大的差别。

片面强调基于简单平等的公平公正，会导致事实上的不公平，并可能重新回到历史上的"大锅饭"时期。

🔵 **理解贴士** 这里的公平公正就是指针对薪酬的支付，要同工同酬，但要注意这并不是平均主义。与法约尔的十四条管理原则中的"报酬要公平合理"观点有一定的联系。

038：社会契约道德观（名词解释、简答题、论述题 ☆☆）

这种道德观认为，只要按照企业所在地区政府和职工都能接受的社会契约所进行的管理行为就是善的。

这种道德观实质上是功利主义道德观的变种。既不符合权利至上道德观，更不符合公平公正道德观的基本原则，却能大幅度降低企业人力资源的成本，增加企业的利润。契约论的道德观有其深刻的局限性。因为契约具有很强的情境特征，在很多场合是利益博弈的结果，与合理性无关。

🔵 **理解贴士** "契约"主要指互相都认可，即"周瑜打黄盖，一个愿打一个愿挨"。契约不一定能很好地保全基本权利，尤其是在劳资关系中对于雇员的权利保障，表现出"弱肉强食、适者生存"的态势，所以不符合权利至上道德观和公平公正道德观。

039：推己及人道德观（名词解释、简答题、论述题 ☆☆）

这是对中国儒家道德观的高度概括。儒家道德观的核心是"仁"，"仁也者，人也。""仁"的核心是什么？子曰："爱人。"实施"仁"的基本原则是什么？子曰："己所不欲，勿施于人。"这便是孔子所谓的"一以贯之"之"道"，所谓"忠恕之道"，具体内容是"忠者诚以待人，恕者推己及人"。这样就可实现"在邦无怨，在家无怨"的结果。

可见推己及人道德观所追求的结果不是经济利益，而是"无怨"的"和为贵"，也就是我们今天所讲的"合作""和谐""双赢"的结果。

以上关于道德观的划分只是理论上的分类。实践中，无论是组织或是个人，往往是根据具体事情和具体情况综合运用的，不可能"从一而终"。从客观上看，由于影响道德的因素十分复杂，组织要实行合乎道德的管理（道德管理）并不容易。

🔵 **理解贴士** 符合儒家所讲的"仁"的思想，这样的行为就是善的。它和企业管理的关系如下：中国的企业组织鉴于中华民族文化的影响，会对"儒商"有倾向性，但儒家学说不是追求经济利益的，这和企业组织的经济利益目标有一定矛盾。其实，对于每一项道德观都要认识到好的方面和局限的方面。

040：道德管理的特征（简答题☆☆）

（1）合乎道德的管理不仅把遵守道德规范视作组织获取利益的一种手段，而且更是将其视作组织的一项责任。在遵守规范会带来损失或不遵守规范会带来利益的情况下，组织仍然选择遵守道德规范，这就是责任。在企业管理中，承担责任有时意味着要额外付出成本。

（2）合乎道德的管理不仅从组织自身角度更应从社会整体角度看问题。有时，为了社会整体的利益，甚至不惜在短期内牺牲组织自身的利益。

（3）合乎道德的管理尊重所有者以外的利益相关者的利益，善于处理组织与利益相关者的关系，也善于处理管理者与一般员工及一般员工内部的关系。合乎道德的管理者知道，组织与利益相关者是相互依存的。

（4）合乎道德的管理不仅把人看作手段，更把人看作目的。组织行为的目的是人。

（5）合乎道德的管理超越了法律的要求，能让组织取得卓越的成就。法律是所有社会成员必须共同遵守的最起码的行为规范。相反，合乎道德的管理虽没有把组织自身利益放在第一位，但常常能取得卓越的业绩。

（6）合乎道德的管理具有自律的特征。人们的良知和羞耻感、内疚感，使其对自身行为进行自我调节。

（7）合乎道德的管理以组织的价值观为行为导向。组织的价值观不是个人价值观的简单汇总，而是组织所推崇的并为全体（或大多数）成员所认同的价值观。

🔗 **联系拓展**　"利益相关者"指组织的外部环境中被组织的决策和行动所影响的任何相关者，如员工、供应商或社区等。利益相关者包含内部和外部群体。

✈ **命题趋势**　这部分内容容易出简答题，要注意出题形式，如"什么样的管理是有道德的""什么样的管理者的行为或思想特征遵循道德管理的要求"。

✍ **答题技巧**　这部分内容的要点比较多，学习的时候主要把握关键词和核心要义，答题的时候以要点为线索，逐步展开论述，可以适当加入自己的理解进行阐述。

041：影响管理道德的因素（简答题、论述题☆☆☆）

综合中西方管理学理论，管理道德受以下五种因素的影响最大。

1. 道德发展阶段

道德发展要经历三个层次，每个层次又分为两个阶段。随着阶段的上升，个人的道德判断越来越不受外部因素的影响。道德发展所经历的三个层次和六个阶段见表041-1。

表041-1　道德发展阶段

层次	阶段
• 前惯例层次 只受个人利益的影响。 决策的依据是本人利益，这种利益是由不同行为方式带来的奖赏和惩罚决定的	①遵守规则以避免受到物质惩罚。 ②只在符合你的直接利益时才遵守规则

续表

层次	阶段
• 惯例层次 受他人期望的影响。 包括对法律的遵守，对重要人物期望的反应，以及对他人期望的一般感觉	③做你周围的人所期望的事。 ④通过履行你允诺的义务来维持平常秩序
• 原则层次 受个人用来辨别是非的伦理准则的影响。 这些准则可与社会的规则或法律一致，也可与社会的规则或法律不一致	⑤尊重他人的权利，置多数人的意见于不顾，支持不相干的价值观和权利。 ⑥遵守自己选择的伦理准则，即使这些准则违背了法律

有关道德发展阶段的研究表明：

（1）人们一步一步地依次通过这六个阶段，不能跨越。

（2）道德发展可能中断，可能停留在任何一个阶段上，也可能倒退和堕落。

（3）多数成年人的道德发展处在第四阶段上。中国企业家史玉柱在巨人集团破产后东山再起时，坚持要还清法律规定可以不还的欠债。这一行为表明其道德当时已发展到第六阶段。

2. 个人特性

管理者的个人特性对组织的管理道德有着直接的影响。这里所讲的个人特性主要是指管理者的个人价值观（包括道德观）、自信心和自控力。

人们的价值观是由家庭、朋友、社区环境、教育环境、生活和工作经历等因素影响而逐渐形成的。管理者个人的自信心和自控力与管理道德也有很大的关系。自信心和自控力强的人，一般都会深信自己的判断是正确的。自信心和自控力弱的人就会摇摆不定和困惑不解，很容易屈服于外力摆布，而难以坚持自己的主张。

3. 组织结构

组织结构对管理道德的影响巨大：

（1）组织内部机构和职责分工有没有必要的权力制衡、监察、检查、审计机制，有没有外部群众和舆论监督。如果有比较完善的内外制衡、监督机制，就可大大预防和制止不道德的管理行为产生。

（2）组织内部有无明确的规章制度。清晰说明各级管理职务的实施细则和应遵守的道德准则，可以有效预防不道德管理行为的产生。

（3）上级管理行为的示范作用。下级必然会十分关注上级的管理行为，从中弄清哪些管理行为是上级可以接受和真正期待的，上行下效，而完全不管规章制度有什么规定。

（4）绩效评估考核体系会起到指挥棒的作用。如果评估考核奖惩偏重于成果，并且所定的指标又偏高，各级管理者就可能迫于强大的压力而不择手段地追求成果指标，从而引发许多不道德的管理行为。

4. 组织文化

有无诚信、包容的组织文化。诚信做事，包容失败的组织文化将必然减少不道德的管理行为。没有诚信、包容的组织文化必助长不道德管理行为的滋生与扩散。

5. 问题强度

道德问题强度会直接影响管理者的决策。所谓问题强度，是指该问题如果采取不道德的处理行为可能产生后果的严重程度。

🔷 **理解贴士** 道德发展阶段，主要是管理者的道德发展阶段，"前惯例层次"的两个阶段主要讲的是趋利避害，先讲避害，然后讲趋利；"惯例层次"指对已经有的惯例和道德的遵循，就是讲道德的阶段；"原则层次"是遵从自身内心，但要建立在不损害别人利益的基础上。管理者的管理水平，一定程度上取决于其自身处在哪个道德层次上。

🔷 **命题趋势** 由于这部分内容的体量比较大，综合性强，所以经常考查论述题。影响因素的第一项因素即道德发展阶段有时会单独作为考点以简答题的形式考查。

🔷 **答题技巧** 这一部分在答题的时候要注意形成"总—分—总"的结构形式，先总述有五种因素，然后分别对五个因素展开论述，论述的内容主要是以要点的形式展开，最后一定要做总结，保持内容的完整性。

042：改善企业道德行为的途径（简答题、论述题☆☆）

1. 挑选高道德素质的职工

人在道德发展阶段、个人价值取向和个性上差异的存在，使管理者有可能通过严格的挑选过程而将低道德素质的求职者淘汰。更重要的一环是加强对试用者的观察和了解。

2. 建立道德守则和决策规则

道德守则是表明组织的基本价值观和组织期望职工遵守的职业道德规范的正式文件。道德守则要相当具体，以便让职工明白以什么样的精神来从事工作，以什么样的态度来对待工作。

管理者对道德守则的态度（是支持还是反对），以及对违背者的处理办法对道德守则的效果有重大影响。

3. 在道德方面领导职工

高层管理人员自己就应该是一个具有高尚道德的人，至少是一个以高尚道德标准要求自己的人，而不只是一台会赚钱的机器。在道德方面的领导作用，做比说更重要，主要体现在以下两方面：

（1）高层管理人员在言行方面是职工的表率。

（2）高层管理人员可以通过奖惩机制来影响职工的道德行为。

4. 设定工作目标

职工应该有明确和现实的目标。

（1）如果目标对职工的要求不切实际，即使目标是明确的，也会产生道德问题。

（2）在不现实的目标的压力下，即使道德素质较高的职工也会感到迷惑，很难在道德和目标之间做出选择。

5. 对职工进行道德教育

越来越多的组织意识到对职工进行适当的道德教育的重要性，它们积极采取各种方式（如开设研修班、组织专题讨论会等）来提高职工的道德素质。

6. 对绩效进行全面评价

如果仅以经济成果来衡量绩效，人们为了取得结果，就会不择手段，从而可能产生不符合道德的行为。如果组织想让管理者坚持高的道德标准，在评价过程中就必须把道德方面的要求包括进去。

7. 进行独立的社会审计

根据组织的道德守则来对决策和管理行为进行评价的独立审计，是发现不道德行为的有效手段。审计可以是例行的，如同财务审计；也可以是随机的，并不事先通知。

8. 提供正式的保护机制

正式的保护机制可以使那些面临道德困境的职工在不用担心受到斥责或报复的情况下自主行事。

理解贴士 注意这一知识点和前两个知识点的联系，其逻辑顺序为：什么样的管理是有道德的、哪些原因导致管理有无道德、如何提升管理道德，即"是什么，为什么，怎么做"。

命题趋势 关于"如何做"的知识内容，容易考查简答题和论述题。

答题技巧 这部分内容关键在于对要点的掌握，在这个基础上进一步把握各个要点内容的核心，答题的时候可以根据对内容的理解，适当地进行拓展性阐述。

043：社会责任（名词解释、简答题 ☆☆）

社会责任是企业追求有利于社会长远目标的一种义务，它超越法律与经济对企业所要求的义务。社会责任是企业管理道德的要求，完全是企业出于义务的自愿行为。

（1）传统经济学的观点。为股东实现组织利润最大化是企业的天职，增进和保护社会福利是政府和非营利组织的责任。

（2）社会经济学的观点。企业不只是对股东负责的独立实体，它们还要对社会负责，因此企业的责任不只是创造利润，还应包括保护和增进社会福利。

（3）所有的企业都应当从道德的层面担负起更宽广的企业责任，以感恩的心来回报社会为企业行为付出的代价和时代给予的机遇。

作为经济细胞，企业不只是一个经济实体，而且同时是，也必须是、应当是一个伦理实体。企业不仅是"经济细胞"，而且是"社会公器"，因而其具有伦理属性，并承担社会责任。

理解贴士 这个知识点主要掌握两个方面：①什么是社会责任；②企业为什么要承担社会责任。

法律和经济的要求，即不违法和不亏损，是企业组织的生存基本，但企业不能因为遵循了基本的法律和经济要求就不承担社会责任。

命题趋势 本章内容的高频考点，经常和社会热点结合在一起考查。

答题技巧 这一部分关键还是对于社会责任的内涵的理解，结合时事热点的内容，考试的时候需要灵活应答。

044：企业价值观（名词解释、论述题 ☆☆）

价值观是关于价值的一定信念、倾向、主张和态度的系统观点，是评价人或组织行为善恶的标准和原则。任何优秀的组织都有本组织全体成员共享的价值观，这种价值观是由管理者创导、推行，全体成员共同实践形成的。价值观的内涵是由主体所处的社会历史条件、社会地位、教育水平等诸多因素所影响和决定的，因此是一个不断发展变化的历史范畴。

企业价值观主要表现在全体成员对本企业"应当是什么"和"应当做什么"的高度认同。它有利于指导管理者的决策和行为，有利于塑造员工的行为，有利于建立团队精神，也有利于创造优秀的经营绩效。

从历史的观点看，企业价值观经历四个阶段的发展（表044-1）。

表 044-1　企业价值观的发展

历史阶段	阶段 1 工业化初期	阶段 2 工业化中期	阶段 3 工业化后期	阶段 4 后工业化时期
企业目标	股东利润最大化	企业利润最大化兼顾职工利益	追求企业相关利益者价值最大化	追求企业相关利益者价值最大化的同时保护和增加社会福利
社会责任	更小 <—————————————————————————————————> 更大			

我国工业化时间比较短，大部分企业尚处在第 2、第 3 阶段，西部地区的许多企业可能还处在第 1 阶段。但是全国也有相当一部分企业已经到达第 4 阶段。衡量企业价值观发展阶段的最好标志，就是企业对待社会责任的态度。企业价值观越向高级阶段发展，就越重视企业的社会责任。

🔔 **理解贴士**　价值观的共享是基于全体成员的认可，价值观不是一成不变的，而是随着时代和环境的发展不断变化的，其形成是需要长期积淀的。

📎 **联系拓展**　和组织（企业）文化的联系比较强，企业的价值观是企业文化的核心，企业文化最重要的一点就是价值观。同时，价值观也是讲道德的根本出发点，是判断事物是非的标准。

➡️ **命题趋势**　这一知识点和组织文化的联系比较强，所以考查的概率比较大。

🔖 **答题技巧**　定义方面主要还是把握关键词，作用方面的"四个有利于"需要掌握，然后就是对于发展阶段，需要准确掌握上述表格的内容。

045：企业社会责任的体现（简答题、论述题、案例分析题☆☆）

企业社会责任的内涵十分丰富和广泛，除法律规定的企业行为规范外，所有可能影响社会福利的企业行为都应纳入企业社会责任。大体上可以体现在以下 5 个方面：

（1）办好企业，把企业做强、做大、做久。
（2）企业一切经营管理行为应符合道德规范。
（3）社区福利投资。
（4）社会慈善事业。
（5）自觉保护自然环境，主动节约能源和其他不可再生资源的消耗，尽可能减少企业活动对生态的破坏。

🔔 **理解贴士**　承担社会责任要有主动性，被动的承担不能称之为承担社会责任。

➡️ **命题趋势**　本考点比较容易在论述题和案例分析题中出现，讨论企业的行为是否体现社会责任。由于出题的形式比较灵活，需要重点理解理论内涵，才能够有效地聚焦考点。

🔖 **答题技巧**　这个部分的内容在答题的时候，重点是对体现社会责任的 5 个方面的阐述，在阐明核心要点的基础上，适当地联系实例，拓展相关联系展开论述。

✚ 本章小结

从整体上看，针对本章内容的考查包括知识复现和分析应用两个方面。关于伦理道德部分的考查，主要是知识复现，这一类型的内容以要点和关键词的掌握为主，答题的时候需注意内容的结构和逻辑顺序。此外，社会责任的内容比较容易和社会热点结合起来出题，属于分析应用的范畴，考查的形式比较灵活，需要重点关注，熟练掌握其要义，这样才能将其作为理论工具，熟练地应用到分析实例问题的过程中。

课后真题

一、选择题

随着人类社会形态的发展而产生的社会契约可以分为两类，即（　　）。
A. 物质层面和精神层面的社会契约
B. 经济层面和社会伦理层面的社会契约
C. 群体层面和组织层面的社会契约
D. 法律层面和伦理层面的社会契约

【关键要点】伦理道德、社会契约道德观、社会契约

【参考答案】社会契约最初作为一种社会规范是随着人类社会形态的发展而自然产生的。它分为两类：经济层面的社会契约与社会伦理层面的社会契约。企业社会契约的核心内容是基于企业伦理的企业社会责任。因此，本题正确答案为B项。

二、简答题

1. 企业的社会责任与获取利润的关系如何？

【关键要点】社会回应（响应）、社会责任、利益相关者、利润、经济责任、法律责任、道德责任、慈善责任

【参考答案】企业社会责任是指在既定的环境下，从社会整体的长远发展来看，企业对社会及其利益相关者应当承担的义务和责任。这些义务和责任包括企业回应社会要求做出的行动，以及企业所有社会行为产生的结果。前者称为企业社会回应，后者称为企业社会表现。按照企业责任导向和承担责任的动机可分成四种企业社会责任形式和角色：生产主义、慈善主义、进步主义和伦理理想主义。从责任的类型来看，企业承担的社会责任包括经济责任、法律责任、道德责任和慈善责任四种类型。卡罗尔提出，企业社会责任是指某一特定时期社会对组织所寄托的经济、法律、伦理和自由决定（慈善）的期望。

利润是指企业在一定的会计期间内所获得的以货币为计量单位的经营成果，企业绩效表现得好坏主要体现在利润的高低上。企业社会表现可以通过多种途径来影响企业财务绩效，原因包含：（1）企业承担社会责任有助于塑造道德组织，以增加组织的管理；（2）改善企业与利益相关者的关系，降低企业与社会的冲突；（3）建立良好的品牌形象，提高顾客忠诚度；（4）降低监管力度和市场壁垒等。

2. 如何将社会责任融入企业管理体系？

【关键要点】业绩考核体系、信息披露体系、能力建设体系

【参考答案】（1）社会责任融入企业业绩考核体系。

建立企业社会责任业绩考核制度，是公司全面履行社会责任的机制保障。企业没有建立一个有效的社会责任业绩考核体系，企业履行社会责任的效果就难以衡量，企业履行社会责任也难以持续。企业应坚持效果导向，循序渐进，持续改进，完善企业社会责任考核内容、标准与方法，不断提升企业社会责任管理能力。

（2）社会责任融入企业信息披露体系。

企业社会责任信息披露体系是指建立企业社会责任信息披露的程序，健全企业社会责任信息披露的渠道，向利益相关方提供必要的信息，并且接受利益相关方监督和管理的运作体系。通过建立多层次、多角度、多渠道的信息披露渠道，向利益相关方完整、准确、及时地提供企业在履行社会责任方面的信息，有助于各方形成共识，赢得信任，与利益相关方建立和谐的关系。

（3）社会责任融入企业能力建设体系。

企业社会责任能力是指企业实现履行社会责任的目标或职责所具有的知识、技能和意愿。每个职工在自己的岗位上明确自己对社会责任管理应尽的义务和应承担的责任，并积极完成，整个组织管理体系方可有效运行，这就需要在明确职责的基础上不断提高员工的社会责任整体能力。

3. 请解释企业伦理的功利观和权力观。

【关键要点】绝大多数人、个人自由和特权、隐私权、思想自由、言论自由、生命与安全以及法律规定的各种权利

【参考答案】道德的功利观是指完全按照结果或后果制定道德决策。功利理论通过考查如何为绝大多数人提供最大的利益这种量化的方法来制定道德决策。按照功利观点，一个管理者或许认为，解雇20%的职工是合理的，因为这将增加工厂的利润，提高留下的80%职工的工作保障，并使股东获得最佳收益。功利主义鼓励效率和生产力，符合利润最大化的目标，但是，它会导致资源的不合理配置，尤其当那些受影响的人们缺少代表或没有发言权时更是如此。此外，功利主义还会造成一些利益相关者的权利被忽视。

道德的权利观，这是关注于尊重和保护个人自由和特权的观点，包括隐私权、思想自由、言论自由、生命与安全以及法律规定的各种权利。例如，当职工告发他们的雇主违法时，应当保护雇员言论自由的权利。权利观积极的一面是它在保护个人的基本权利，但它在组织中也有消极的一面，即会造成一种个体关注保护个人权利胜过把工作做好的工作气氛，而阻碍生产力和效率的提高。

三、论述题

论述管理伦理化的内涵以及现代企业将通过哪种途径来实现管理伦理化？

【关键要点】共同体、"本性上普遍的东西""组织人""善"、高道德素质的职工、道德守则、道德方面领导员工、工作目标、道德教育、全面评价、社会审计、保护机制

【参考答案】伦理的原初形态或自然形态就是风俗习惯。"伦"是指人所处于其中的那个共同体，以及个人在这个共同体中的地位；伦理是指关于"伦"的理性和原理。

（1）伦理的真义是"本性上普遍的东西"，这种"本性上普遍的东西"被称为伦理性的实体，即伦理性的共同体。在社会体系中，家庭、民族、市民社会是伦理实体的三大基本形态。企业是市民社会中伦理实体的一种具体存在方式，它不仅是一个经济实体，而且首先是一个伦理实体。

（2）在企业管理中，伦理的要义就是个人作为"组织人"或作为企业的成员而行动。伦理的真谛是个人的单一性与共同体的普遍性的统一，但它不是借助外在强制如法律规范的形式统一性，而是透过精神所达到的统一。因此，精神是伦理的文化内核，即所谓的"伦理精神""企业精神""企业伦理精神"。

（3）"德"是个体将共同体的普遍性、普遍品质或普遍要求加以内化，造就精神同一性，使共同体成员或企业员工达到"同心同德"。

（4）伦理道德以"善"调节共同体以及共同体中个人的行为，善就是个体与共体统一的价值形态与精神形态。在企业管理中，个体与共体统一的善的价值追求，表现为企业内部的个体与组织的关系以及企业与社会、国家的关系。这两大结构分别形成了企业的内部伦理和外部伦理。

实现管理伦理化的途径：

（1）挑选高道德素质的职工。

人在道德发展阶段、个人价值取向和个性上差异的存在，使管理者有可能通过严格的挑选过程而将低道德素质的求职者淘汰。

（2）建立道德守则和决策规则。

道德守则是表明组织的基本价值观和组织期望职工遵守的职业道德规范的正式文件。道德守则要相当具体，以便让职工明白以什么样的精神来从事工作，以什么样的态度来对待工作。规定的内容要比较宽松，以便让职工有判断的自由。

（3）在道德方面领导职工。

高层管理人员自己就应该是一个具有高尚道德的人，至少是一个以高尚道德标准要求自己的人，而不只是一台会赚钱的机器。在道德方面的领导作用，做比说更重要，主要体现在以下两方面：

①高层管理人员在言行方面是职工的表率。

②高层管理人员可以通过奖惩机制来影响职工的道德行为。

（4）设定工作目标。

职工应该有明确和现实的目标。

①如果目标对职工的要求不切实际，即使目标是明确的，也会产生道德问题。明确和现实的目标可以减少职工的迷惑，并能激励职工而不是惩罚他们。

②在不现实的目标的压力下，即使道德素质较高的职工也会感到迷惑，很难在道德和目标之间做出选择，有时为了达到目标，不得不牺牲道德。

（5）对职工进行道德教育。

越来越多的组织意识到对职工进行适当的道德教育的重要性，它们积极采取各种方式（如开设研修班、组织专题讨论会等）来提高职工的道德素质。

（6）对绩效进行全面评价。

如果仅以经济成果来衡量绩效，人们为了取得结果，就会不择手段，因此可能产生不符合道德的行为。在对管理者的评价中，不仅要考查其决策带来的经济成果，还要考查其决策带来的道德后果。

（7）进行独立的社会审计。

根据组织的道德守则来对决策和管理行为进行评价的独立审计，是发现不道德行为的有效手段。审计可以是例行的，如同财务审计；也可以是随机的，并不事先通知。

（8）提供正式的保护机制。

正式的保护机制可以使那些面临道德困境的职工在不用担心受到斥责或报复的情况下自主行事。

第五章 管理的基本方法

知识导图

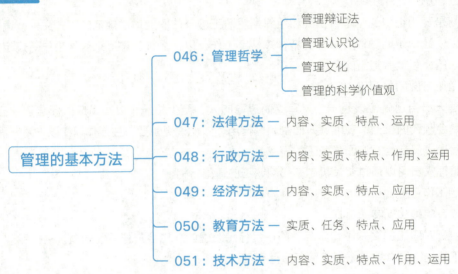

学习提示

1. 结构体系方面

本章的内容整体而言相对简单，主要是对管理的一些基本方法的介绍，每一种方法都涉及基本内容、特点以及实际运用等几个方面，结构性较强。

2. 重难点方面

需要重点关注法律方法和经济方法的内容，考查的概率相对较大。

3. 注意事项

本章主要介绍管理的基本方法，这与第一章的管理学的研究方法是不同的，要注意区分，考试的时候千万不要混淆。

知识切片

046：管理哲学（名词解释、简答题☆）

管理哲学是关于管理的<u>世界观和方法论</u>，<u>管理主客体矛盾运动规律</u>的<u>科学</u>。一切管理学说或管理活动都必须接受一定的管理哲学的指导。

管理哲学的构成：①管理辩证法；②管理认识论；③管理文化；④管理的科学价值观。

🔔 **理解贴士** 哲学是指导一切科学的科学，被称为科学之母。管理哲学就是指导管理学说的，并且潜移默化地贯穿于整个管理活动的过程。如何去做取决于如何认识，即怎样认识管理实践的管理方法就怎样从事管理活动，如强硬派的哲学观念，就会有强硬式的管理方式。

🔗 **联系拓展** 管理哲学的定义和哲学的定义很相似，具有一定的普适性。

📌 **命题趋势** 在考试中出现的概率不大，如果出题，考查名词解释的可能性相对高一些。

🔥 **答题技巧** 由于考查主要还是偏向于知识复现的形式，所以关键还是对定义的把握，需要明确要义。

047：法律方法（名词解释、简答题、论述题 ☆☆）

（1）内容与实质：

法律方法指国家根据广大人民群众的根本利益，通过各种法律、法令、条例和司法、仲裁工作，调整社会经济的总体活动和各企业、单位在微观活动中所发生的各种关系，以保证和促进社会经济发展的管理方法。

法律方法是指实现全体人民的意志，并维护他们的根本利益，代表他们对社会经济、政治、文化活动实行强制性的、统一的管理。

（2）特点：①严肃性；②规范性；③强制性。

（3）运用：

①在管理活动中，各种法律要综合运用、相互配合。

②企业应根据国家、政府的有关法律、法规制定自己的管理规范，保证必要的管理秩序，有效地调节各种管理因素之间的关系，使宏观法规在本单位得以顺利地贯彻执行，避免与法律、法规有悖而造成不必要的损失。

③法律方法应该和其他的方法综合使用，才能达到最有效的管理目标。

🔔 **理解贴士** 法律方法的基本内容包括两个层面：①法律法规；②司法和仲裁。两个环节是相辅相成的，缺一不可。三个特点分别强调：①稳定；②准则统一、语言严格、协调一致；③必须遵守，触犯即惩罚。运用方面就是要在知法的基础上用法。

📌 **命题趋势** 在本章内容中，本考点考查的概率相对较大，考查形式也比较多样。

🔥 **答题技巧** 首先，对于定义的掌握，尤其是一些关键字词要精确；其次，对于三个特点的把握主要基于理解，可以自己组织语言阐述清楚；最后，在正确的运用方面，是大题容易考查的内容，需要多加思考。

048：行政方法（简答题 ☆）

（1）内容与实质：

行政方法是指依靠行政组织的权威，运用命令、规定、指示、条例等行政手段，按照行政系统和层次，以权威和服从为前提，直接指挥下属工作的管理方法。

行政方法的实质是通过行政组织中的职务和职位来进行管理。它特别强调职责、职权、职位，而并非个人的能力或特权。

（2）特点：①权威性；②强制性；③垂直性；④具体性；⑤无偿性。

（3）作用：

①行政方法的运用有利于组织内部统一目标、统一意志、统一行动，能够迅速有力地贯彻上级的

方针和政策，对全局活动实行有效的控制。
②行政方法是实施其他各种管理方法的必要手段。
③行政方法可以强化管理作用，便于发挥管理职能，使全局、各部门和各单位密切配合，前后衔接，并不断调整它们之间的进度和相互关系。
④行政方法便于处理特殊问题。行政方法时效性强，它能及时针对具体问题发出命令和指示，较好地处理特殊问题和管理活动中出现的新情况。

（4）运用：
①管理者必须充分认识行政方法的本质是服务。
②行政方法的管理效果为领导者水平所制约。
③信息在运用行政方法过程中至关重要。
④行政方法的运用由于借助了职位的权力，因此，对行政下属来说有较强的约束力，从而可能不利于充分调动各方面的积极性。

💡 **理解贴士** 通常，政府的管理称为行政，在企业管理中，大型企业内部也有类似的措施和手段，即高层的权威直接指挥下属的工作，这也称为行政的方法。

"垂直性"的特点，主要指纵向垂直管理，通过行政系统层层管理。

"无偿性"的特点，主要指不讲等价交换的原则。上级对下级的人、财、物都可以调动，如企业组织中的一些所谓的"杂活"，并不在日常岗位工作范围之内。

💡 **联系拓展** "垂直性"的特点，可联系法约尔的等级链、韦伯的理想行政组织体系，强调的是行政的系统和层次。

🏹 **命题趋势** 考试出题的可能性不是很大，考查简答题的概率相对大一些。

✏️ **答题技巧** 这部分内容需要当作简答题的答案内容来掌握，基本的定义和特点要充分理解，作用和实际运用的要点把握要精准，注意不要混淆。

049：经济方法（名词解释、简答题、论述题☆☆）

（1）内容与实质：
经济方法是根据客观经济规律，运用各种经济手段，调节各种不同经济主体之间的关系，以获取较高的经济效益与社会效益的管理方法。其中经济手段包括价格、税收、信贷、工资、利润、奖金、罚款以及经济合同等，它们在各自的领域发挥着不同的作用。

管理的经济方法的实质是围绕着物质利益，运用各种经济手段正确处理好国家、集体与劳动者个人三者之间的经济关系，最大限度地调动各方面的积极性、主动性、创造性和责任感。不同的经济手段存在于不同的领域中，可发挥各自不同的作用。

（2）特点：①利益性；②关联性；③灵活性；④平等性。
（3）应用：
①要注意将经济方法和教育等方法有机结合起来。
②要注意经济方法的综合运用和不断完善。
③不要迷信重奖重罚的作用，防止以罚代管的倾向。

💡 **理解贴士** 理解的视角包括两个层面：一方面，是国家运用经济手段调动企业的积极性；另一方面，是企业的管理者运用经济的方法调动下属成员的积极性。市场经济下比较推崇的就是经济方法，认为比较适用。

💡 **联系拓展** "平等性"主要指只要符合条件，在经济手段涉及的范围内，所有人都是平等的。"关联性"主要指经济手段之间的错综复杂的关系，联系"系统"的思想要点，可谓"牵一发而动全身"。"灵活性"强调针对不同的对象采用不同的手段，这和"权变"的思想要点相似。

命题趋势 本考点是本章内容中比较容易出题的知识点，主观题的几类题型都可能考查。

答题技巧 答题关键是掌握核心要点。在内容方面，要明确经济手段的具体内容；在特点方面，要准确理解每个特点的具体含义；在应用方面，要正确把握关键要点。

050：教育方法（简答题☆）

（1）实质和任务：

①实质。教育是按照一定的目的、要求对受教育者从德、智、体诸多方面施加影响的一种有计划的活动。教育的目的是让受教育者的行为符合管理的要求。

②任务。通过教育，不断提高人的思想品德素质、文化知识素质、专业水平素质，实现人的全面发展。

（2）特点：①强制性；②示范性；③群体性；④个体性；⑤自主性。

（3）应用：①专业式教育；②情景式教育；③启发式教育；④互动式教育。

理解贴士 教育的目的其实是"行为修正"。

管理就是希望通过管理者采取管理的手段和方法提高人的素质，使其符合组织工作的要求，在这个过程也需要调动人的积极性，这是教育能起到的作用，所以管理离不开教育。

①"强制性"，主要是基于制度的规定。

②"示范性"，即预先管理，侧重领导的表率作用，所谓"上行下效"，就是指领导的示范作用。

③"群体性"，企业中各种小群体的存在，会造成思想的混乱，故要注意引导群体的思维和组织一致。

④"个体性"，管理者针对不同的职工采取不同的方式，因材施教。

⑤"自主性"，强调对个体学习动力的激发。

联系拓展 "行为修正"和激励理论中的强化理论的观点相似，都是让组织成员不符合组织的行为越来越少，符合组织的行为越来越多，通过奖励、惩罚或者教育修正均可。

群体性的特点中有涉及非正式组织的内容，对于非正式组织要认识到其客观存在性，以及对于正式组织的积极和消极影响，企业要注重引导发挥其积极作用，这在很大程度上依靠于企业文化。

个体性的特点体现了一定的权变思想，根据不同的人的不同特点，采取不同的措施。

命题趋势 直接考查的概率不是很大。但是只要提到需要解决及提建议的企业问题，均会涉及"通过教育培训的方法去提高各种能力"，不过教育方法的作用在短时间来看不明显，所以大部分都是作为辅助性的手段。当然作为答案的补充部分，答题时主要结合定义和特点阐述。

答题技巧 这部分主要考简答题，答题的时候对于五个特点和四个应用的介绍，每个要点的内容要阐述清楚，可以适当地结合自己的理解。

051：技术方法（名词解释、简答题☆）

（1）内容与实质：

①内容。管理的技术方法是指组织中各个层次的管理者（包括高层管理者、中层管理者和基层管理者）根据管理活动的需要，自觉运用自己或他人所掌握的各类技术，以提高管理效率和效果的管理方法。各类技术包括信息技术、决策技术、计划技术、组织技术、控制技术等。

②实质。技术方法是把技术融入管理，利用技术来辅助管理。善于使用技术方法的管理者通常能把技术与管理很好地结合起来。其具体体现在两个方面：

a. 根据不同的管理问题，选用不同的技术。
　　b. 在了解每种技术的适用范围的前提下，尽可能把所掌握的技术用到实处，发挥技术的积极作用。
　（2）特点：①客观性；②规律性；③精确性；④动态性。
　（3）作用：
　①信息技术的采用可以提高信息获取的速度与信息的质量。
　②决策技术的采用可以提高决策的速度与质量。
　③计划、组织和控制技术的采用可以提高有关职能的执行效率，促进管理过程的良性循环。
　④技术在组织中的运用和被重视为技术创新创造了良好的氛围和条件，一直致力于技术创新的组织才有可能长盛不衰。
　（4）运用：
　①技术并不是万能的，并不能解决一切问题。
　②管理者在解决管理问题时，不能仅依靠技术方法，而应该把各种管理方法结合起来使用。
　③管理者要知道技术的价值和局限所在，并在可能的情况下，多向组织内外的技术专家请教，弥补自身某些方面的不足。

　🔔 **理解贴士**　"客观性"，主要是指其存在和结果的客观。
　"规律性"，主要是指技术都是对客观规律的应用，其本身就是有规律的，应用技术也要遵循规律步骤。
　"精确性"，强调只要采用技术，相应的结果就是精确的。
　"动态性"，主要指随着问题的变化，技术呈现动态的发展变化。

　🔗 **联系拓展**　管理学中的技术和方法往往是被等同看待的，如网络计划技术（PERT）是指计划的方法。在管理学的学习中，谈到技术往往是和实践问题紧密相关的，而且技术在不同的领域有不同的体现，如计划的方法、领导的方法，技术和具体的方面相结合。
　根据问题的不同选用不同的技术，随着问题的变化调整变化技术，体现了权变的思想，关于权变和系统的思想是管理学两个重要的内容，在学习管理学的知识、分析相关内容的过程中需要注意。

　✨ **命题趋势**　这一知识点的考查概率不大，需要注意的有两方面：一方面，以名词解释的形式出现时，需要了解基本的内容和实质；另一方面，以简答题直接考查作用时，需要对要点内容正确把握。

　✍ **答题技巧**　由于这部分内容在考试中出现的可能性较小，所以不需要花费太多时间背诵、记忆，主要结合可能考查的方向，把握相关的知识要点，然后可以用自己的语言表达清楚即可。

📋 本章小结

　　本章内容在考试中单独考查的频率较低，考查形式主要偏向于名词解释和简答题，答题的时候只要表达清楚核心要点即可。此外，还需要注意对于内容的灵活运用，因为有些大题会涉及与其相关的知识内容，比如，教育方法很多时候就可以作为补充内容介绍，所以在做题过程中要留意。

课后真题

一、名词解释

1. 技术方法

【关键要点】技术方法、信息技术、决策技术、计划技术、组织技术、控制技术

【参考答案】管理的技术方法是指组织中各个层次的管理者（包括高层管理者、中层管理者和基层管理者）根据管理活动的需要，自觉运用自己或他人所掌握的各类技术，以提高管理效率和效果的管理方法。各类技术包括信息技术、决策技术、计划技术、组织技术、控制技术等。

技术方法是把技术融入管理，利用技术来辅助管理。善于使用技术方法的管理者通常能把技术与管理很好地结合起来。具体体现在两个方面：

（1）根据不同的管理问题，选用不同的技术。

（2）在了解每种技术的适用范围的前提下，尽可能把所掌握的技术用到实处，发挥技术的积极作用。

2. 法律方法

【关键要点】法律方法、法律、法令、条例和司法、仲裁工作

【参考答案】法律方法指国家根据广大人民群众的根本利益，通过各种法律、法令、条例和司法、仲裁工作，调整社会经济的总体活动和各企业、单位在微观活动中所发生的各种关系，以保证和促进社会经济发展的管理方法。

法律方法是实现全体人民的意志，并维护他们的根本利益，代表他们对社会经济、政治、文化活动实行强制性的、统一的管理。

二、简答题

请简要回答管理的经济方法的主要内容。

【关键要点】价格、税收、信贷、工资、利润、奖金、罚款以及经济合同；利益性；关联性；灵活性；平等性

【参考答案】（1）经济方法的内容与实质。

经济方法是根据客观经济规律，运用各种经济手段，调节各种不同经济主体之间的关系，以获取较高的经济效益与社会效益的管理方法。其中经济手段包括价格、税收、信贷、工资、利润、奖金、罚款以及经济合同等，它们在各自的领域发挥着不同的作用。

管理的经济方法的实质是围绕着物质利益，运用各种经济手段正确处理好国家、集体与劳动者个人三者之间的经济关系，最大限度地调动各方面的积极性、主动性、创造性和责任感。不同的经济手段存在于不同的领域中，可发挥各自不同的作用。

（2）经济方法的特点。

①利益性。经济方法是通过利益机制引导被管理者去追求某种利益，间接影响被管理者行为的一种管理方法。

②关联性。不仅各种经济手段之间的关系错综复杂、影响面宽，而且每一种经济手段的变化都会

造成社会多方面经济关系的连锁反应。

③灵活性。一方面，经济方法针对不同的管理对象，可以采用不同的手段；另一方面，对于同一管理对象，在不同情况下，可以采用不同方式来进行管理，以适应形势的发展。

④平等性。经济方法承认被管理的组织或个人在获取自己的经济利益上是平等的。

（3）经济方法的正确应用。

①要注意将经济方法和教育等方法有机结合起来。

②要注意经济方法的综合运用和不断完善，既要发挥各种经济杠杆的作用，更要重视整体上的协调配合。

③不要迷信重奖重罚的作用，防止以罚代管的倾向。

第六章 决策

知识导图

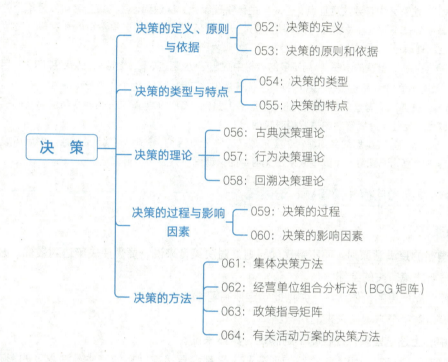

学习提示

1. 结构体系方面

本章主要分为三个部分，决策的基本内容（定义、原则、类型、特点、过程以及影响因素）、决策的相关理论（古典决策理论、行为决策理论、回溯决策理论）、决策的方法（集体、活动方向、活动方案）。同学们在学习具体知识的过程中不要忽略对整体结构的认识。

2. 重难点方面

本章最重要的知识点是古典决策理论和行为决策理论，其次是决策的类型、过程和影响因素，最后是决策的方法，当然决策的定义是基础，是必须掌握的。考试的难点在于有关活动方向的方法分析方面，主要还是 BCG 矩阵的要点内容比较多，而且有时候还需要结合事例。

3. 注意事项

有关活动方案的决策方法，有的学校会考查计算题，需要同学们注意。

知识切片

052：决策的定义（名词解释、简答题 ☆☆）

决策是管理工作的本质。管理的各项职能——计划、组织、领导、控制和创新——都离不开决策。决策是指管理者识别并解决问题以及利用机会的过程。对于这一定义，可做如下理解：

（1）决策的主体是管理者。

（2）决策的本质是一个过程，这一过程由多个步骤组成。

（3）决策的目的是解决问题和（或）利用机会。

🔔 **理解贴士**　这部分内容要注意几点：①对于主体管理者，要认识到这里的管理者可以是单个的管理者，也可以是多个管理者组成的集体。②关于"过程"，涉及一定的环节和步骤，这里没有展开讲解，之后会有专门讲解。③对目的性的理解。

🔔 **联系拓展**　关于"管理的本质"，周三多的教材中提出了协调、决策、维持和创新四种说法，但被普遍认可的说法是协调，即管理的本质是协调。决策根据其主体管理者的不同，可分为个体决策和集体决策。

🔔 **命题趋势**　这部分的考查以名词解释的题型居多，虽然"定义的理解"分为多个条目，从形式上看可以作为简答题的出题点，但往年考简答题的情况相对较少。

🔔 **答题技巧**　有关定义类型的名词解释，要形成"总—分"结构。先写总的定义概括，然后再展开写相关的要点。要点内容不需要死记硬背，关键是联系定义当中的关键词，并逐一进行阐述。

053：决策的原则和依据（简答题、论述题 ☆☆）

一、决策的原则

1. 决策遵循的是满意原则，而不是最优原则。对决策者来说，要想使决策达到最优，必须：

（1）获得与决策有关的全部信息。

（2）了解全部信息的价值所在，并据此制定所有可能的方案。

（3）准确预测每个方案在未来的执行结果。

2. 现实中，上述这些条件往往得不到满足，具体来说：

（1）组织内外存在的一切，对组织的现在和未来都会直接或间接地产生某种程度的影响，但决策者很难收集到反映这一切情况的信息。

（2）对于收集到的有限信息，决策者的利用能力也是有限的，从而决策者只能制定出数量有限的方案。

（3）任何方案都要在未来实施，而人们对未来的认识是不全面的，对未来的影响也是有限的，从而决策时所预测的未来状况可能与实际的未来状况有出入。

因此，在管理者现实的决策中，遵循的是符合实际条件的满意决策而非最优决策。

二、决策的依据

管理者在决策时离不开信息。信息的数量和质量直接影响决策水平。

🔔 **理解贴士**　关于最优原则的条件：①"全部信息"，即具有"上帝视角"，知道过去、现在、未来所有的信息；②"信息的价值"，即知道如何利用信息制定可能的方案；③"准确预测结果"，结果本身是面向未来的，未来的关键特点是未知，所以能准确预测未来结果的概率微乎其微。

总的来说，现实难以达到"最优"的情况，所以选择"满意"的状态，也就是选择一个可以接受的方案即可，没必要把所有的精力都放在做决策上。鉴于方案是通过挖掘信息而制定的，所以这里主要谈及的信息的作用是为决策提供依据和支持。

🔖 **命题趋势**　这一部分更多还是对原则内容的考查，考查题型以简答题为主，论述题单独考查的概率较小，和其他知识点结合在一起考查的概率相对较大。

✍ **答题技巧**　主要是原则内容的答题，结构上也是遵循"总—分—总"的形式，首先总的阐述原则观点，然后分点论述具体依据内容，最后再次总结观点。

054：决策的类型（名词解释、简答题☆☆☆）

1. 长期决策与短期决策

（1）长期决策指有关组织今后发展方向的长远性、全局性的重大决策，又称长期战略决策。

（2）短期决策是为实现长期战略目标而采取的短期策略手段，又称短期战术决策。

2. 战略决策、战术决策与业务决策

（1）战略决策对组织最重要，通常包括组织目标、方针的确定，组织机构的调整，企业产品的更新换代，技术改造等，这些决策牵涉组织的方方面面，具有长期性和方向性。

（2）战术决策又称管理决策，是在组织内贯彻的决策，属于战略决策执行过程中的具体决策。战术决策旨在实现组织中各环节的高度协调和资源的合理使用。

（3）业务决策又称执行性决策，是日常工作中为提高生产效率、工作效率而做出的决策，牵涉范围较窄，只对组织产生局部影响。

3. 集体决策与个人决策

从决策的主体看，可把决策分为集体决策与个人决策。

集体决策是指多个人一起做出的决策，个人决策则是指单个人做出的决策。

相对于个人决策，集体决策有一些优点：①能更大范围地汇总信息；②能拟定更多的备选方案；③能得到更多的认同；④能更好地沟通；⑤能做出更好的决策。

但集体决策也有一些缺点，如花费较多的时间、产生"群体思维"以及责任不明等。

4. 初始决策与追踪决策

从决策的起点看，可把决策分为初始决策与追踪决策。

初始决策是零起点决策，它是在有关活动尚未进行从而环境未受到影响的情况下进行的。随着初始决策的实施，组织环境发生变化，这种情况下所进行的决策就是追踪决策。因此，追踪决策是非零起点决策。

5. 程序化决策与非程序化决策

从决策所涉及的问题看，可把决策分为程序化决策与非程序化决策。

组织中的问题可分为两类：一类是例行问题，另一类是例外问题。例行问题是指那些重复出现的、日常的管理问题；例外问题是指那些偶然发生的、新颖的、性质和结构不明的、具有重大影响的问题。

赫伯特·西蒙根据问题的性质把决策分为程序化决策与非程序化决策。程序化决策涉及的是例行问题，非程序化决策涉及的是例外问题。

6. 确定型决策、风险型决策与不确定型决策

从环境因素的可控程度看，可把决策分为确定型决策、风险型决策与不确定型决策。

（1）确定型决策是指在稳定（可控）条件下进行的决策。在确定型决策中，决策者确切知道自然状态的发生，每个方案只有一个确定的结果，最终选择哪个方案取决于对各个方案结果的直接比较。

（2）风险型决策也称随机决策，在这类决策中，自然状态不止一种，决策者不知道哪种自然状态会发生，但知道有多少种自然状态以及每种自然状态发生的概率。

（3）不确定型决策是指在不稳定条件下进行的决策。在不确定型决策中，决策者可能不知道有多少种自然状态，即便知道，也不能知道每种自然状态发生的概率。

🔷 **理解贴士** 学习"分类"，关键是对于"标准"的把控，即掌握类别划分的标准。

①一般认为，长期决策是指3年或者5年以上的，短期决策是指1年以内的，1年到3年的指中期决策，承接长期决策和短期决策。

②战略决策主要强调的是范围广、影响面大，但同时也是长期决策。执行性决策（业务决策）从属于管理决策（战术决策），比管理决策更具体，是日常性的，主要是为了提高生产效率，范围比较窄，其影响也是局部性的。

③集体决策（群体决策），如企业组织中的委员会做出的决策。这里主要体现的是决策权的分配不同，决策权是组织中最核心的权力，受重视程度比较高。

④例行问题也称为结构化问题，例外问题也称为非结构化问题，如产品的质量问题、设备的故障问题都是例行问题，而组织结构变化、新产品的开发都是例外问题。程序化决策和非程序化决策有时也称为程序性决策和非程序性决策。

⑤环境因素的可控程度，其实是指自然状态的种类和每种自然状态发生的概率。未来发生的情况即自然状态，是自然而然发生的，不以人的意志为转移的。

🔷 **联系拓展** 非程序化决策对应的例外问题，可以联系泰罗提到的例外原则，以及控制职能中的例外控制，均指管理者主要应该关注例外问题，对于例行问题，用规章制度进行规范即可。

🔷 **命题趋势** 这部分内容中的每一个类别的分类，都有可能单独考查名词解释，简答题更多考查集体决策相对于个人决策的优缺点，以及程序化决策和非程序化决策的区别。

🔷 **答题技巧** 首先，要知道每种类型的分类标准；其次，要知道每一分类下的名词的具体内涵（涉及优缺点的内容更要明确掌握）；最后，针对不同类型的内容答题要灵活，如长期决策或短期决策，单个名词解释的考查如果只回答名词定义，答题内容就比较单薄，这时就可以适当阐述分类的标准以及分类下的另一个名词的定义。

055：决策的特点（简答题☆☆）

1. 目标性

任何决策都包含目标的确定。目标体现的是组织想要获得的结果。明确目标以后，方案的拟定、比较、选择、实施及实施效果的检查就有了标准与依据。

2. 可行性

方案的实施需要利用一定的资源。如果缺乏必要的人力、物力、财力，那么即使是理论上十分完善的方案也只能是空中楼阁。因此，在决策过程中，决策者不仅要考虑采取某种行动的必要性，而且要注意实施条件的限制。

3. 选择性

决策的关键是选择。而要能有所选择，就必须提供多种可以相互替代的方案。

4. 满意性

决策的原则是"满意"，而不是"最优"。

5. 过程性

（1）组织中的决策并不是单项决策，而是一系列决策的综合。

（2）在这一系列决策中，每个决策本身就是一个过程。

6. 动态性

决策的动态性与过程性有关。决策不仅是一个过程，而且是一个不断循环的过程。

🔵 **理解贴士** ①目标性不是决策独有的特点，所有的管理活动都具有目标性或目的性，即解决问题、利用机会。目标是其他工作的先导。

②资源和可行性的关系，即决策的执行依赖资源的拥有，没有资源则决策为空中楼阁，无法执行。

③选择的前提是有可供选择的范围。

④决策不是单项决策，是和其他决策（之前决策、后续决策）联系在一起的，而且决策本身是具有一系列环节和步骤的。

⑤动态性是指决策的过程不是单独孤立的过程，是首尾相连、呈螺旋式上升、无始无终的过程。当前决策过程的最后一步会给下一次决策提供基础、参考和借鉴，每一次的决策都是对上一次决策的进一步优化和改善。

🔵 **联系拓展** 霍布森决策，即指没有选择的选择，也就是说没有多余的替代方案。

等价原则，即指在制定方案的过程中，一定能找到多个方案。

整个管理过程，也是首尾相连、呈螺旋式上升的过程。计划、组织、领导、控制，然后在创新职能的推动下不断优化上升，而且本阶段计划导致控制，控制的结果为下一阶段的计划提供参考，计划为控制提供标准，控制为计划的实现提供保障，所以是首尾相连的。

🔶 **命题趋势** 这一部分内容就是对于决策几个特点的介绍，考试中可能会和决策的定义结合出题。

🔶 **答题技巧** 需要注意的是，如果简答题直接问"决策的特点"，答题的时候也要先回答决策的定义，然后再展开论述这六个特点，这样答题的内容才比较完整。

056：古典决策理论（名词解释、简答题、论述题 ☆☆☆）

古典决策理论又称规范决策理论，是基于"经济人"假设提出来的，主要盛行于 20 世纪 50 年代以前。古典决策理论认为，应该从经济的角度来看待决策问题，即决策的目的在于为组织获取最大的经济利益。

古典决策理论的主要内容：

（1）决策者必须全面掌握有关决策环境的信息情报。

（2）决策者要充分了解有关备选方案的情况。

（3）决策者应建立一个合理的自上而下的执行命令的组织体系。

（4）决策者进行决策的目的始终都是在于使本组织获取最大的经济利益。

古典决策理论假设，作为决策者的管理者是完全理性的，决策环境条件的稳定与否是可以被改变的，在决策者充分了解有关信息情报的情况下，是完全可以做出完成组织目标的最佳决策的。古典决策理论忽视了非经济因素在决策中的作用，使这种理论不一定能指导实际的决策活动，从而逐渐被更为全面的行为决策理论代替。

🔵 **理解贴士** 对应之前提倡的"最优原则"，古典决策理论的主要内容和之前谈到的最优原则的条件有一定的相似之处，比如，都要知道所有的信息、所有的方案以及结果。

"自上而下的执行命令的组织体系"就是传统的官僚制、科层制的行政组织体系，是由等级制和指挥链构成的，上下统一，命令能够贯穿落实的强有力的组织体系。因为若是民主的、扁平化的组织，大家都有自己的决策权，高层的决策就很难被直接彻底地贯彻。

"完全理性"就是不带任何感情色彩，完全看最大化的经济利益。而之所以能在过去被落实、执行，除了决策者的原因，还有环境的因素，那时环境相对来说比较稳定，决策者比较好了解信息，因此环境的稳定也是一个前提。现在环境变化日新月异，决策者比较难了解信息，所以不再适用古典决策理论。

📌 **命题趋势**　这部分的理论内容是考试的重点，比较容易考主观题中知识复现类的题型。

✏️ **答题技巧**　需要注意的是，不同题型的答题篇幅不同，对于名词解释的考查，简明扼要阐述清楚理论的主要内容就可以了；对于简答题的考查，需要明确阐述内容要点，还要适当地对关键词做一些解释；对于论述题的考查，则需要在简答题的答题基础上详细地展开论述。

057：行为决策理论（名词解释、简答题、论述题☆☆☆）

行为决策理论的发展始于20世纪50年代。赫伯特·西蒙在《管理行为》一书中指出，理性的和经济的标准都无法确切地说明管理的决策过程，进而提出"有限理性"标准和"满意度"原则。

行为决策理论的主要内容：

（1）人的理性介于完全理性和非理性之间，即人是有限理性的。

（2）决策者在识别和发现问题的过程中容易受知觉上的偏差的影响，而在对未来的状况做出判断时，直觉的运用往往多于逻辑分析方法的运用。所谓知觉上的偏差，是指由于认知能力的有限，决策者仅把问题的部分信息当作认知对象。

（3）由于受决策时间和可利用资源的限制，决策者即使充分了解和掌握了有关决策环境的信息情报，也只能做到尽量了解各种备选方案的情况，而不可能做到全部了解，决策者选择的理性是相对的。

（4）在风险型决策中，与经济利益的考虑相比，决策者对待风险的态度起着更为重要的作用。

（5）决策者在决策中往往只追求满意的结果，而不愿费力寻求最佳方案。导致这一现象的原因有多种：

①决策者不注意发挥自己和别人继续进行研究的积极性。

②决策者本身缺乏有关能力。

③评估所有的方案并选择其中的最佳方案，需要花费大量的时间和金钱。

👤 **理解贴士**　对应之前提倡的"满意原则"。西蒙对于人在理性方面的观点比较中庸，表示人不是完全理性的，人总是希望追求尽可能的理性。"满意度"是指对决策者而言，知道什么样的方案是满意的。

"知觉上的偏差"其实就是人知道的信息只有一部分，但是自以为掌握了全部的信息，即盲人摸象。

"时间、资源有限"，对于决策有时间的要求，比如谈判、危机对于时效性要求很高。而资源的有限其实是一个常态，比如经济资源，优秀的管理者都是突破资源受限做决策的。

对于"风险"的认识是古典决策理论没有提及的。

🔗 **联系拓展**　威廉·大内（Z理论提出者），强调文化是决策中不可忽视的因素，从文化的差异进行决策的比较研究。林德布洛姆提出渐进决策，其实就是摸着石头过河，走一步看一步，在不断地前进中逐步修改，不提倡彻底的变革，认为大起大落会影响组织的稳定，只有渐进的决策才能让决策者更好地认清自己。

📌 **命题趋势**　这一理论内容和古典决策理论一样，也是考试的重点，主要考查知识复现类的题型。

✏️ **答题技巧**　这一理论的要点内容比较多，需要注意面对不同的题型，答题的内容要做不同程度的缩减和扩充。此外需要注意的是，可能同时考查古典决策理论和行为决策理论，答题时需要在阐述清楚理论的基础上，总结理论之间的关联。

058：回溯决策理论（名词解释、简答题☆）

回溯决策理论（或隐含最爱理论）把思考重点放在决策制定后，解释决策者如何努力使自己的决策合理化。该理论是皮尔·索尔伯格于1967年提出的。

回溯决策理论说明，决策事实上只是为已经做出的直觉决策证明其合理性的一个过程，说明了直觉在决策中的作用。一些研究发现直觉决策在很多组织里不但更快,而且其决策结果与用系统的理性决策结果一样好,甚至更好。

🔔 **理解贴士** 属于直觉、非理性层面的决策。强调决策是为已经做出的直觉决策找一个理性的、合理的理由,其实就是"情人眼里出西施"。需要注意的是:直觉不是不好,但直觉有赖于经验和洞察,而这些是无法用理性的分析过程来解释的。而且直觉的决策过程很快,适合时间敏感型的决策。

✒ **命题趋势** 这一理论内容相对来说考查的频率较低,即便考查也是以名词解释为主。

✏ **答题技巧** 答题的时候只要根据相关的关键词,阐述清楚理论内容就可以了。需要注意的是,这个理论的别称为"隐含最爱理论",考试的时候可能会以别称的形式出题。

059:决策的过程(简答题、论述题☆☆)

(1)诊断问题,识别机会。

管理者通常密切关注与其责任范围有关的各类信息,包括外部的信息和报告以及组织内的信息。实际状况和所想要状况的偏差提醒管理者潜在机会或问题的存在。需要注意的是:

①评估机会和问题的精确程度有赖于信息的精确程度,所以管理者要尽力获取精确的、可信赖的信息。

②即使收集到的信息是高质量的,在解释的过程中,也可能发生扭曲。

③即使管理者拥有精确的信息并能正确地解释它,处在他们控制之外的因素也会对机会和问题的识别产生影响。

(2)识别目标。

目标体现的是组织想要获得的结果。想要的结果的数量和质量都要明确,因为这两个方面最终都会指导决策者选择合适的行动路线。

根据时间的长短,可把目标分为长期目标、中期目标、短期目标。但无论时间的长短,目标总指导着随后的决策过程。

(3)拟定备选方案。

一旦机会或问题被正确地识别出来,管理者就要提出达到目标和解决问题的各种方案。这一步骤需要创造力和想象力,在提出备选方案时,管理者必须把其试图达到的目标牢记在心,而且要提出尽可能多的方案。需要注意的是:

①为了提出更多、更好的方案,需要从多种角度审视问题,这就意味着管理者要善于征询他人的意见。

②备选方案可以是标准的和显明的,也可以是独特的和富有创造性的。通过头脑风暴、名义小组和德尔菲法等方法,可获得富有创造性的方案。

(4)评估备选方案。

确定所拟定的各种方案的价值或恰当性,即确定最优的方案。在评估过程中,要确定预定的决策标准以及每种方案的预期成本、收益、不确定性和风险。最后对各种方案进行排序。

(5)做出决定。

最好的决定通常建立在仔细判断的基础上,所以管理者要想做出一个好的决定,必须仔细考察全部事实、确定是否可以获取足够的信息以及最终选择最好方案。

（6）选择实施战略。

在方案选定以后，管理者就要制定实施方案的具体措施和步骤。需要做好以下工作：
①制定相应的具体措施，保证方案的正确实施。
②确保与方案有关的各种指令能被所有有关人员充分接受和彻底了解。
③应用目标管理方法把决策目标层层分解，落实到每一个执行单位和个人。
④建立重要的工作报告制度，以便及时了解方案进展情况，并及时进行调整。

（7）监督和评估。

决策者根据职能部门反馈的信息，及时追踪方案实施情况，对与既定目标发生部分偏离的，应采取有效措施，以确保既定目标的顺利实现；对客观情况发生重大变化，原先目标确实无法实现的，则要重新寻找问题或机会，确定新的目标，重新拟定可行的方案，并进行评估、选择和实施。

🔹**理解贴士**　①信息是客观的，但是对于信息的分析是人进行的，人是有复杂性的，有时会造成信息的扭曲。
②只有对想要的结果进行定量分析，才能选择行动路线，即有好的终局思维才知道想要什么。
③方案的制定要把握两个要点：依据和方法。
④方案的评估和目标有一定的联系性，要保证目标的实现。
⑤最好的方案，是指在已经确定的方案中选择最好的一个。
⑥方案的实施过程可能会随着情况的变化而变化。
⑦决策涉及多个阶段，会持续一段时间，内外环境可能会发生变化，需要不断地修正方案。

🔹**联系拓展**　管理学中的过程还有管理职能过程、计划过程、组织设计的过程、控制的过程。

🔹**命题趋势**　这一内容在考试中特别容易以简答题的形式考查，有时也会结合其他知识点考查论述题，不过概率相对较小。

🔹**答题技巧**　这一内容的答题，也是需要先回答决策的定义，然后再阐述决策的过程，简答题以要点为主，内容介绍要简洁，论述题则需要做具体的阐述。

060：决策的影响因素（简答题、论述题☆☆）

（1）环境。
①环境的特点影响着组织的活动选择。
②对环境的习惯反应模式也影响着组织的活动选择。

（2）过去决策。
过去的决策对目前决策的影响程度取决于过去决策与现任决策者的关系情况。

（3）决策者对风险的态度。
决策者对风险的态度会影响其对方案的选择。喜好风险的人通常会选取风险程度较高但收益也较大的行动方案；厌恶风险的人通常会选取较安全同时收益水平也较低的行动方案。

（4）伦理。
决策者是否重视伦理以及采用何种伦理标准会影响其对待行为或事物的态度，进而影响其决策。

（5）组织文化。
组织文化会影响组织成员对待变化的态度，进而影响一个组织对方案的选择与实施。欢迎变化的组织文化有利于新方案的通过与实施；而抵御变化的组织文化不利于那些对过去做了重大改变的方案的通过。

（6）时间。
美国学者威廉·R.金和大卫·I.克里兰把决策划分为时间敏感型决策和知识敏感型决策。时间敏感型决策是指那些必须迅速做出的决策；知识敏感型决策是指那些对时间要求不高，而对质量要求较高的决策。

理解贴士 ①组织面临的外部的各种条件和要素都叫环境。环境的特点，如市场环境，在其稳定的情况下，会采用连续性的思维方式，决策也会参考之前的决策；在其动态变化的情况下，决策可能会颠覆之前的方案，并调整方向。反应模式，如当外部市场环境中出现竞争者时，有的企业会采取放任的态度，有的企业会及时对抗。

②主要体现事物发展的延续性。决策更多的是追踪决策。

③行为决策的提出就是因为古典决策没有考虑到一些非经济的因素，如对风险的态度会影响决策。

④伦理即道德，管理者的道德水平程度会影响决策。

联系拓展 承诺升级，指的是这样一种行为，当主体发现自己的决策已经导致了负面结果时，不去停止或改变行为，反而继续合理化自己的决策和行为，从而带来负面结果的不断升级。

命题趋势 这一内容在考试中的出题概率较大，而且出题形式相对比较灵活，可能会单独就某一个因素出题，或者结合其他知识点考查，如环境、组织文化。

答题技巧 简答题的答题只要在罗列要点的基础上适当地阐述内容即可，但是如果直接考查论述题，就需要有一定的内容篇幅，在论述的过程中可以适当地举一些例子。

061：集体决策方法（名词解释、简答题☆☆）

1. 头脑风暴法

头脑风暴法通常是将对解决某一问题有兴趣的人集合在一起，在完全不受约束的条件下，敞开思路，畅所欲言。头脑风暴法的创始人美国心理学家奥斯本为该决策方法的实施提出四项原则：

（1）对别人的建议不做任何评价，将相互讨论限制在最低限度内。

（2）建议越多越好，在此阶段，参与者不要考虑自己的建议的质量，想到什么就应该说出来。

（3）鼓励每个人独立思考，广开思路，想法越新颖、奇异越好。

（4）可以补充和完善已有的建议以使它更具有说服力。

头脑风暴法的目的在于创造一种畅所欲言、自由思考的氛围，诱发创造性思维的共振和连锁反应，产生更多的创造性思维。这种方法的时间安排应在1~2小时，参加者以5~6人为宜。

2. 名义小组技术

在集体决策中，如对问题的性质不完全了解且意见分歧严重，则可采用名义小组技术。在这种技术下，小组的成员互不通气，也不在一起讨论、协商，从而小组只是名义上的。这种名义上的小组可以有效地激发个人的创造力和想象力。

在这种技术下，管理者先召集一些有知识的人，把要解决的问题的关键内容告诉他们，并请他们独立思考，要求每个人尽可能地把自己的备选方案和意见写下来。然后再按次序让他们一个接一个地陈述自己的方案和意见。在此基础上，由小组成员对提出的全部备选方案进行投票，根据投票结果，赞成人数最多的备选方案即所要的方案，当然，管理者最后仍有权决定是接受还是拒绝这一方案。

3. 德尔菲法

（1）德尔菲法是兰德公司提出的，被用来听取有关专家对某一问题或机会的意见。它的步骤包括：

①设法取得与有关专家的合作。

②把要解决的关键问题分别告诉专家们，请他们单独发表自己的意见并对实现新技术突破所需的

时间做出估计。

③管理者收集并综合各位专家的意见，再把综合后的意见反馈给各位专家。

④让其再次进行分析并发表意见。如此反复多次，最终形成代表专家组意见的方案。

（2）运用该技术的关键：

①选择好专家，这主要取决于决策所涉及的问题或机会的性质。

②决定适当的专家人数，一般10~50人较为宜。

③拟定好意见征询表，因为它的质量直接关系到决策的有效性。

🔔 **理解贴士**　头脑风暴法主要是为了获取建议，想法越多越好。名义小组技术的小组只是名义上的，因为不涉及相互的讨论，只是单纯地阐述观点，然后投票选出票数最高的方案。德尔菲法主要是为了获取专家的意见，鉴于不同专家的思考角度不同，意见的获取需要多次综合反馈。

➡ **命题趋势**　集体决策的这三种方法，在考试中以单独考查为主，尤其是德尔菲法，出题概率较大，考查的题型主要是名词解释和简答题。

✏ **答题技巧**　对于名词解释来说，只要简明扼要地表述清楚方法的主要内容就可以了，简答题则需要阐述相关要点。

062：经营单位组合分析法（BCG矩阵）（简答题、论述题☆☆）

该法由美国波士顿咨询公司建立，其基本思想是，大部分企业都有两个以上的经营单位，每个经营单位都有相互区别的产品市场，企业应该为每个经营单位确定其活动方向。

该法主张，在确定每个经营单位的活动方向时，应综合考虑企业或该经营单位在市场上的相对竞争地位和业务增长情况。

相对竞争地位往往体现在企业的市场占有率上，它决定了企业获取现金的能力和速度，因为较高的市场占有率可以为企业带来较高的销售量和销售利润，从而给企业带来较多的现金流量。

业务增长率对活动方向的选择造成两方面的影响：

（1）有利于市场占有率的扩大，因为在稳定的行业中，企业产品销售量的增加往往是因为竞争对手市场份额的下降。

（2）决定了投资机会的大小，因为业务增长迅速可以使企业迅速收回投资，并取得可观的投资报酬。

根据上述两个标准——相对竞争地位和业务增长率，可把企业的经营单位分成四大类（如图062-1）。企业应根据各类经营单位的特征，选择合适的活动方向。

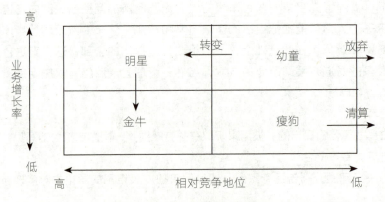

图062-1　企业经营单位组合

（1）"金牛"经营单位的特征是市场占有率较高，而业务增长率较低。较高的市场占有率为企业带来较多的利润和现金，而较低的业务增长率需要较少的投资。

（2）"明星"经营单位的市场占有率和业务增长率都较高，因此所需要的和所产生的现金都很多。"明星"经营单位代表着最高利润增长率和最佳投资机会。

（3）"幼童"经营单位的业务增长率较高，而目前的市场占有率较低，这可能是企业刚刚开发的很有前途的领域。由于高增长速度需要大量投资，而较低的市场占有率只能提供少量的现金，企业面临的选择是投入必要的资金，以提高市场份额，扩大销售量，使其转变为"明星"。如果认为刚刚开发的领域不能转变成"明星"，则应及时放弃该领域。

（4）"瘦狗"经营单位的特征是市场份额和业务增长率都较低。由于市场份额和销售量都较低，甚至出现负增长，对这种不景气的经营单位，企业应采取收缩或放弃的战略。

经营单位组合分析法的步骤通常如下：
①把企业分成不同的经营单位。
②计算各经营单位的市场占有率和业务增长率。
③根据其在企业中占有资产的比例来衡量各经营单位的相对规模。
④绘制企业的经营单位组合图。
⑤根据每个经营单位在图中的位置，确定应选择的活动方向。

经营单位组合分析法以"企业的目标是追求增长和利润"这一假设为前提。

理解贴士 也称为"波士顿矩阵"，主要应用于集团型企业，比如，某一个企业同时生产手机、电冰箱和电脑，这就是相互区别的产品，而且面临不同的市场，那么在这样的情况下，每个经营单位或者每个业务版块，都要确定各自的方向。这个模型就告诉我们该怎么取舍这些不同的业务模块，主要看两个方面：相对竞争地位和业务增长率。

相对竞争地位，主要是看企业在现有市场上的地位是什么样的，有没有实力。

业务增长率，主要是看未来情况，可能现在相对竞争地位比较弱，但是业务增长率有可能非常高，这说明这样的业务是非常有前景的，只不过现在还没发展起来。

联系拓展 波士顿矩阵确实给我们提供了一种作为大集团多业务模块如何处理、解决这样问题的思路、工具和方法，但是它存在的问题在于只从两个维度来判断一个业务模块的取舍过于单一，因为现实情况是复杂的，我们不能只从这两个维度去考虑问题。

命题趋势 这部分内容在考试中出现的概率较大，主要考查两个方面，一方面，是对于方法内容的知识复现；另一方面，是结合相关的材料或事例分析企业的业务以及给出建议。

答题技巧 这一内容由于要点比较多，答题需要注意内容的逻辑结构，先是对于方法的概括，然后是对两个分析维度的介绍，最后才是对划分的四个经营单位的分析，考试时最好是以图文结合的形式答题。如果有相关材料或事例需要结合分析的，在阐述经营单位时适当结合即可，需要提的建议也要根据这四个经营单位的分析给出，总的来说题目难度不会太大。

063：政策指导矩阵（名词解释、简答题☆）

该法由荷兰皇家壳牌公司创立。政策指导矩阵即用矩阵来指导决策。具体来说，从市场前景和相对竞争能力两个角度来分析企业各个经营单位的现状和特征，并把它们标示在矩阵上，据此指导企业活动方向的选择。

（1）市场前景取决于赢利能力、市场增长率、市场质量和法规限制等因素，分为吸引力强、中等、弱三种。

（2）相对竞争能力取决于经营单位在市场上的地位、生产能力、产品研究和开发等因素，分为强、中、弱三种。

根据上述对市场前景和相对竞争能力的划分，可把企业的经营单位分成九大类（图063-1）。

图063-1　政策指导矩阵

处于区域1和4的经营单位竞争能力较强，市场前景也较好。应优先发展这些经营单位，确保它们能获取足够的资源，以维持自身的有利市场地位。

处于区域2的经营单位虽然市场前景较好，但企业利用不够——这些经营单位的竞争能力不够强。应分配给这些经营单位更多的资源，以提高其竞争能力。

处于区域3的经营单位市场前景虽好，但竞争能力弱。要根据不同的情况来区别对待这些经营单位：最有前途的应得到迅速发展，其余的则需逐步淘汰，这是因为企业资源的有限性。

处于区域5的经营单位一般在市场上有2~4个强有力的竞争对手。应分配给这些经营单位足够的资源，以使它们随着市场的发展而发展。

处于区域6和8的经营单位市场吸引力不强且竞争能力较弱，或虽有一定的竞争能力（企业对这些经营单位进行投资并形成一定的生产能力）但市场吸引力较弱。应缓慢放弃这些经营单位，以便把收回的资金投入赢利能力更强的经营单位。

处于区域7的经营单位竞争能力较强但市场前景不容乐观。这些经营单位本身不应得到发展，但可利用它们的较强竞争能力为其他快速发展的经营单位提供资金支持。

处于区域9的经营单位市场前景暗淡且竞争能力较弱。应尽快放弃这些经营单位，把资金抽出来并转移到更有利的经营单位。

💧 **理解贴士**　这一内容和BCG矩阵的内容相似，很多方面的思想都是相通的，可以借鉴理解。该图横轴的市场前景相当于业务增长率，纵轴的经营单位的竞争力相当于相对竞争地位。

🔖 **命题趋势**　这一内容和BCG矩阵的内容相似性很高，而且对于经营单位的划分过于详细，所以在考试中相较于BCG矩阵，出题的概率比较小。

✏️ **答题技巧**　答题的时候需要注意的内容和BCG矩阵的答题注意事项是一样的，主要就是结构顺序的表述，要清晰完整，最好用图文结合的形式解题。

064：有关活动方案的决策方法（名词解释、简答题☆☆）

根据未来情况的可控程度，可把有关活动方案的决策方法分为三大类：确定型决策方法、风险型决策方法和不确定型决策方法。

1. 确定型决策方法

在比较和选择活动方案时，如果未来情况只有一种并为管理者所知，则须采用确定型决策方法。常用的确定型决策方法有：

①线性规划：是指在一些线性等式或不等式的约束条件下，求解线性目标函数的最大值或最小值的方法。

②量本利分析法：又称保本分析法或盈亏平衡分析法，是指通过考察产量（或销售量）、成本和利润的关系以及盈亏变化的规律来为决策提供依据的方法。

2. 风险型决策方法

在比较和选择活动方案时，管理者不知道哪种情况会发生，但知道每种情况发生的概率，则须采用风险型决策方法。常用的风险型决策方法是决策树法。

决策树法是指用树状图来描述各种方案在不同情况（或自然状态）下的收益，据此计算每种方案的期望收益从而做出决策的方法。

3. 不确定型决策方法

在比较和选择活动方案时，如果管理者不知道未来情况有多少种，或虽知道有多少种，但不知道每种情况发生的概率，则须采用不确定型决策方法。

常用的不确定型决策方法有小中取大法、大中取大法和最小最大后悔值法等。

①小中取大法。管理者对未来持悲观态度，认为未来会出现最差的自然状态。决策时，对各种方案都按它带来的最低收益考虑，然后比较哪种方案的最低收益最高，简称小中取大法。

②大中取大法。管理者对未来持乐观态度，认为未来会出现最好的自然状态。决策时，对各种方案都按它带来的最高收益考虑，然后比较哪种方案的最高收益最高，简称大中取大法。

③最小最大后悔值法。管理者在选择了某方案后，若事后发现客观情况并未按自己预想的发生，会为自己事前的决策而后悔。最小最大后悔值法是使后悔值最小的一种方法。

💡 **理解贴士** 决策的类型中有提到这三种决策，这里主要是具体介绍这三类决策的方法，由于都是计算类型的方法，考试难度更多体现在计算题的考查中。关于内容把握，一方面，需要注意别称的问题，如考试出现保本分析法要知道说的是量本利分析法，出现乐观的决策方法，要知道说的是大中取大法；另一方面，需要注意对最小最大后悔值的理解，考试中比较容易出错。

📌 **命题趋势** 这部分内容可能会单独就某一个具体的方法考查名词解释，如量本利分析法、决策树法。另外，也可能就不确定型决策方法考查简答题，这实则是对小中取大法、大中取大法和最小最大后悔值法的考查。

🔑 **答题技巧** 如果考查具体方法的名词解释，只要表述清楚核心内容即可；简答题其实就是名词解释的内容集合，注意答案的结构即可；有些学校会在这一部分考查计算题，这就需要掌握计算的具体方法步骤了。

本章小结

学完本章后，要进一步划分重点，比如，决策的定义中重点把握三个要点；决策的原则中最优的条件和满意的原因；决策的类型中需要重点关注集体决策相较于个体决策的优缺点、程序化决策和非程序化决策涉及的问题的性质；决策的影响因素中的环境和组织文化的分析；集体决策方法中三个方法的内容区别。对于这些细节性重点的进一步思考总结有利于更好地把握整章内容。

课后真题

一、选择题

管理者对某一情况进行分析，从而提出行动方案。因此，他需要做以下工作：（1）分析评价各方案；（2）确定决策目标；（3）选择满意方案并实施；（4）认识和分析问题；（5）拟定各选方案。正确的分析思路和程序应该是（　　）。

A.（5）—（3）—（4）—（1）—（2）
B.（4）—（5）—（1）—（2）—（3）
C.（5）—（4）—（2）—（1）—（3）
D.（4）—（2）—（5）—（1）—（3）

【关键要点】决策过程、问题、目标、方案、评价、选择与实施

【参考答案】决策的过程，首先要分析问题、确定决策目标，然后根据问题和目标拟定解决问题的可行方案，进而分析评价方案，最后选择满意方案并实施。因此，本题正确答案为 D 项。

二、名词解释

头脑风暴法

【关键要点】集体决策方法、头脑风暴法、不允许批评和评论、看重数量而非质量

【参考答案】是一种快速生成创造性解决方案的最著名的方法。运用面对面的交互影响小组来提出一系列广泛的决策方案。有效的头脑风暴法的关键在于：人们可以互相借助他人的理念来立论；所有理念都是可以接受的，不论看上去多么疯狂；批评和评论是不被允许的。

头脑风暴法的目标是提出尽可能多的理念。如果要为某一个问题寻找一系列广泛的备选解决方案，头脑风暴法被证明是非常有效的方法。

三、简答题

1. 哪些因素决定决策者的"有限理性"？

【关键要点】决策、有限理性、"足够好"、追求"满意"标准，而非最优标准

【参考答案】有限理性决策是把问题的本质特征抽象为简单的模型，而不是直接处理全部复杂性的决策行为，然后在组织的信息处理限制和约束下，管理者努力在简单的模型参数下采取理性行动，其结果是一个满意的决策而不是一个最优化决策，即一个解决方案"足够好"的决策。其主要观点包括：

（1）手段——目标链的内涵有一定矛盾，简单的手段——目标链分析会导致不准确的结论。

（2）决策者追求理性，但又不是最大限度地追求理性，只要求有限理性。

（3）决策者在决策中追求"满意"标准，而非最优标准。

影响因素：

（1）人类的决策能力受到认知局限的制约，智力水平制约了决策者对最佳决策做出确定的能力。

（2）信息不充分，即使管理者拥有对信息进行评估的无限能力，但由于他们难以拥有充分信息，决策备选方案是不可尽知的，已知方案的结果也是不确定的。

（3）管理者的能力有限，不能够掌握做出最优决策的所有信息。

2. 简述头脑风暴法的特点和原则。

【关键要点】不受约束、敞开思路、不做评价、天马行空、独立思考、可以补充

【参考答案】头脑风暴法的特点是将对解决某一问题有兴趣的人集合在一起，在完全不受约束的条件下，敞开思路，畅所欲言。运用面对面的相互影响，小组提出一系列广泛的决策方案。有效的头脑风暴法的关键在于：人们可以互相借助他人的理念来立论；所有理念都是可以接受的，不论看上去多么疯狂；批评和评论是不被允许的。头脑风暴法的目标是提出尽可能多的理念。

美国心理学家奥斯本为该决策方法的实施提出了四项原则：

（1）对别人的建议不做出任何评价，将相互讨论限制在最低限度内。

（2）建议越多越好，在此阶段，参与者不要考虑自己建议的质量，想到什么就应该说什么。

（3）鼓励每个人独立思考，广开思路，想法越新颖越好。

（4）可以补充和完善已有的建议以使得它更具有说服力。

四、论述题

有人说决策是面向未来解决问题的，有人说决策大多是追踪决策，这两种说法是否矛盾，解释为什么。

【关键要点】决策、追踪决策、非零起点

【参考答案】我认为这两种说法并不矛盾，原因如下：

（1）决策就是在一组备选方案中做出选择的过程，或者指在一组备选方案中所选定的方案。决策制定过程就是提出并分析备选方案，然后做出选择的过程。

（2）决策是人类社会确定方针、策略的大计活动，它涉及人生活的各个领域，人和集体的各种行为都受决策的支配，它有意识地指导人们的行动走向未来预定的目标。由此观之，决策的特征包括目的性、选择性、风险性、非零起点。

（3）非零起点是指无论是一种什么决策，即使是一种全新的决策，都是在实践基础上进行的，一些决策是对过去所执行的决策的延伸，而另一些决策则是对过去所执行的决策的修正。总之，决策不可能在与过去完全无关的状态下进行。

（4）任何方案都是要在未来实施的，所以决策肯定是面向解决未来问题的。

（5）决策可以分为初始决策和跟踪决策，跟踪决策即非零起点决策，而绝大多数决策都是非零起点的。

综上，这两种说法并不矛盾，决策是面向解决未来问题的，但它是建立在过去决策的基础上的，未来是不确定的，新的决策制定要综合分析过去和未来，这样才能使决策最优。

五、计算题

某公司计划生产一种新产品。该产品在市场上的需求量有四种可能：需求量较高、需求量一般、需求量较低、需求量很低。对每种情况出现的概率均无法预测。

现有三种方案：方案 A 是自己动手，改造原有设备；方案 B 是全部更新，购进新设备；方案 C 是购进关键设备，其余自己制造。

据测算，各方案在各种自然状态下 5 年内的预期损益如下表，试分别用小中取大法、大中取大法、最小最大后悔值法进行方案选择。

单位：万元

方案＼需求量	需求量较高	需求量一般	需求量较低	需求量很低
方案 A	70	50	30	20
方案 B	100	80	20	-20
方案 C	85	60	25	5

【参考答案】（1）小中取大法。先从每个方案中选择一个最小的收益值，即 A 方案 20 万元、B 方案 -20 万元、C 方案 5 万元，然后从这些最小收益值中选择数值最大的方案，即 A 方案 20 万元作为决策方案。

（2）大中取大法。先从每个方案中选择一个最大的收益值，即 A 方案 70 万元，B 方案 100 万元，C 方案 85 万元，然后再从这些方案的最大收益中选择一个最大值，即 B 方案的 100 万元作为决策方案。

（3）最小最大后悔值法。

单位：万元

	A 方案	B 方案	C 方案
需求量较高	30（100-70）	0（100-100）	15（100-85）
需求量一般	30（80-50）	0（80-80）	20（80-60）
需求量较低	10（30-20）	10（30-20）	5（30-25）
需求量很低	0（20-20）	40[20-（-20）]	15（20-5）
最大后悔值	30	40	20

因此，应选择 C 方案为决策方案。

第七章 计划与计划工作

📋 知识导图

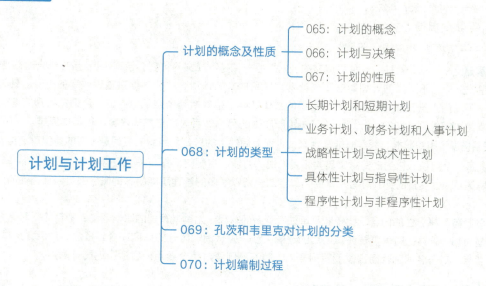

⏰ 学习提示

1. 结构体系方面

本章主要包括四个部分：计划的概念及性质（包含计划与决策）、计划的类型（五种分类方式）、计划编制过程（八个步骤）、孔茨和韦里克对计划的分类。

2. 重难点方面

计划的基本内涵是学习管理学要掌握的一个基本知识点，也是学习本章的基础，最重要的是计划编制过程，对于计划的类型，相对重要的是孔茨和韦里克对计划的分类。

3. 注意事项

有关计划的类型，要注意具体名词的定义，考试的时候可能会考查名词解释。

📷 知识切片

065：计划的概念（名词解释、简答题 ☆☆）

从名词意义上说，计划是指用文字和指标等形式所表述的，组织以及组织内不同部门和不同成员，在未来一定时期内，关于行动方向、内容和方式安排的管理文件。

从动词意义上说，计划是指为了实现决策所确定的目标，预先进行的行动安排。

无论在名词意义上还是在动词意义上，计划内容都包括"5W1H"，计划必须清楚地确定和描述这些内容：

What——做什么？目标与内容。
Why——为什么做？原因。
Who——谁去做？人员。
Where——何地做？地点。
When——何时做？时间。
How——怎样做？方式、手段。

🔵 **理解贴士**　计划分两种，一种是成文的计划，另一种是不成文的计划。管理中提到的计划一般指的是正式计划，就是成文的，不成文的计划叫非正式计划。只有成文的计划，才能够促进管理效率的提升。计划涉及不同的部门、不同的人员，意思就是说一个组织的整体计划，是囊括整个组织范围的。所谓的行动方向、内容和方式，其实是决策给到计划的，计划承接了决策所产生的目标然后对这些方式内容进行具体安排。

🔵 **联系拓展**　组织职能、领导职能在定义上也都有词性上的区分。组织的名词意义指的是组织结构，所谓的一个企业就是一个组织；它的动词意义其实和我们说的协调、资源的配置有关。领导的名词性质指的是领导者这个人，领导的动词性质指的是领导者从事领导活动，所以很多的管理职能的名词概念都可以从词性的角度来做区分。

🔵 **命题趋势**　概念性的内容，比较容易单独考查名词解释，尤其是管理的职能活动，考查的概率更大一些。

🔵 **答题技巧**　论述的时候需要注意前后的逻辑关系。先从词性区分的角度来介绍概念，然后介绍具体内容，包括6个要点。对于名词解释而言需要罗列要点，简答题则要对每个要点内容适当地展开阐述。

066：计划与决策（简答题、论述题☆☆☆）

决策与计划是两个既相互区别、又相互联系的概念：

（1）它们是相互区别的，因为这两项工作需要解决的问题不同。

决策是关于组织活动方向、内容以及方式的选择。计划则是对组织内部不同部门和不同成员在一定时期内行动任务的具体安排，它详细规定了不同部门和成员在该时期内从事活动的具体内容和要求。

（2）它们是相互联系的，因为：

①决策是计划的前提，计划是决策的逻辑延续。决策为计划的任务安排提供依据，计划则为决策所选择的目标活动的实施提供组织保证。

②在实际工作中，决策与计划相互渗透，有时甚至不可分割地交织在一起。在决策制定过程中，已经开始孕育着决策的实施计划了，计划的编制过程既是决策的组织落实过程，也是决策更为详细的检查和修订过程。

🔵 **理解贴士**　决策是要选择方向、内容和方式，计划是对方向、内容和方式做出的具体安排，这个具体安排是从决策的目标选择基础上来的，所以计划要比决策详细。在做计划进而落实决策的时候，需要因地制宜，动态调整，也就是所谓科学地落实决策。

🔵 **联系拓展**　管理学的概念之间的关系，都是既相互区别又相互联系的，如领导和管理的区别和联系。

🔵 **命题趋势**　决策与计划的关系是管理学考试中比较重要的内容，容易考查简答题和论述题。

🔵 **答题技巧**　回答简答题、论述题的时候要注意结构，整体就是"总—分—总"这样一个答题结构，先从总体上叙述问题情况，然后基于总的观点，把其中的要点分条展开，最后是回顾整体的论述，总结其中的要点。

067：计划的性质（简答题☆）

（1）计划工作是为实现组织目标服务的。决策活动为组织确立了存在的使命和目标并且进行了实现方式的选择。计划工作是对决策工作在时间和空间两个维度上的进一步的展开和细化。

（2）计划工作是管理活动的基础。计划工作的目的就是使所有的行动保持同一方向，促使组织目标实现。确保了组织目标实现的活动内容和活动路径，是实现组织目标的桥梁。

（3）计划工作具有普遍性和秩序性。普遍性指组织的所有管理人员都需要制订计划，最主要的秩序表现为计划工作的纵向层次性和横向协作性。

（4）计划工作要追求效率。在计划所要完成的目标确定的情况下，同样可以用制订和实施计划的成本及其他连带成本（如计划实施带来的损失、计划执行的风险等）来衡量效率。

💡 **理解贴士** 总体上来讲，计划的性质为"承上启下"。承接的"上"是指决策，决策为计划提供了目标，决策为计划提供了方向内容和方式；"下"指的是管理活动（或管理职能、管理工作），即组织、领导、控制等，没有计划就没有后续这些工作的开展，计划是后续这些工作开展的依据。具体是指①目的性；②首要性；③普遍性和秩序性；④降低冗余和浪费。

➤ **命题趋势** 这种性质、特点、作用的知识点，往往放在对概念了解之后，进一步深入理解内容的时候，要探讨的问题，通过进一步挖掘性质、特点，才能够对这个问题认识得更加深入。所以考试的时候即便单独考查简答题，其实也包含对定义的考查。

✎ **答题技巧** 答题内容可以采取"总—分"的结构形式，先总的概述计划的含义，提一下计划的性质，然后分条阐述具体的内容，当然简答题还是以要点为主，关键词为辅，补充论述。

068：计划的类型（名词解释☆☆）

1. 长期计划和短期计划

（1）长期计划。描述了组织在较长时期（通常为5年以上）的发展方向和方针，规定了组织的各个部门在较长时期内从事某种活动应达到的目标和要求，绘制了组织长期发展的蓝图。

（2）短期计划。具体地规定了组织的各个部门在从目前到未来的各个较短的时期阶段中，特别是在最近的时段中，应该从事何种活动，以及从事该种活动应达到何种要求。

2. 业务计划、财务计划和人事计划

（1）企业业务计划。包括产品开发、物资采购、仓储后勤、生产作业以及销售促进等。

（2）财务计划。研究如何从资本的提供和利用上促进业务活动的有效进行。

（3）人事计划。分析如何为业务规模的维持或扩大提供人力资源的保证。

3. 战略性计划与战术性计划

（1）战略性计划。指应用于整体组织的，为组织未来较长时期（通常为5年以上）设立总体目标和寻求组织在环境中的地位的计划。战略性计划的特点是长期性与整体性。

（2）战术性计划。指规定总体目标如何实现的细节的计划，其需要解决的是组织的具体部门或职能在未来各个较短时期内的行动方案。

战略性计划是战术性计划的依据，战术性计划是在战略性计划指导下制订的，是战略性计划的落实。

4. 具体性计划与指导性计划

（1）具体性计划。具有明确规定的目标，不存在模棱两可的可能性。

（2）指导性计划。只规定某些一般的方针和行动原则，给予行动者较大的自由处置权，它指出重点，但不把行动者限定在具体的目标上或特定的行动方案中。

相对于指导性计划而言，具体性计划虽然更易于计划的执行、考核及控制，但是缺少灵活性，而且它要求的明确性和可预见性条件往往很难得到满足。

5. 程序性计划与非程序性计划

（1）西蒙把组织活动分为两类。

①例行活动。指一些重复出现的工作，如订货、材料的出入库等。这类决策称为程序化决策，与此对应的计划是程序性计划。

②非例行活动。是一般不重复出现，如新产品的开发、生产规模的扩大、品种结构的调整、工资制度的改变等。解决这类问题的决策称为非程序化决策，与此对应的计划是非程序性计划。

（2）W. H. 纽曼指出，管理部门在指导完成既定目标的活动中基本使用两种计划：常规计划和专用计划。常规计划包括政策、标准方法和常规作业程序，用来处理常发性问题；专用计划包括为独特的情况专门设计的方案、进程表和一些特殊的方法等，用来处理一次性的而非重复性的问题。

💡 理解贴士 不管是什么内容、什么概念，学习分类的关键是掌握它的分类标准，掌握了标准，就能把控整个内容的主线。

①按照时间长短划分，一般5年以上的叫长期，1年以内的叫短期，介于二者之间的叫中期。

②按照职能领域不同进行划分，职能其实就是管理活动要做的事的抽象概念。如果按照管理活动的逻辑顺序先做什么后做什么进行抽象，就是计划、组织、领导、控制；如果把管理活动分领域进行抽象，就是财务、营销、人力资源、生产等，也就是企业里见到的那种职能部门的说法。这里主要讲三个职能计划：有关产供销的叫作业务计划，有关资本的提供和运营的叫作财务计划（注意，财务讲的是资本，会计讲的是记录核算），有关重要构成要素人的叫作人事计划。

③根据涉及时间长短及其范围广狭的综合性程度进行划分，时间跨度比较长的，往往涉及面比较广，而时间跨度比较短的，往往涉及面比较窄，二者是紧密地联系在一起的。

④根据计划内容的明确性进行划分，具体计划写得很详细，没有自由处置权，但不符合实际的具体计划是没有办法执行的，所以现实中的予以执行是指符合实际的具体计划。

⑤根据活动的性质进行划分，和程序化决策与非程序化决策类似，需要注意的是一个叫"化"，一个叫"性"。"化"是指过程，"性"是指有什么特点。

📌 命题趋势 管理学中每一个重要的概念，几乎都有这种分类的研究方式，涉及具体类别内容，比较容易单独考查名词解释。

📝 答题技巧 名词解释的作答主要是对名词定义的阐述，有些名词的定义内容太少，可以进行适当地扩充，比如，扩充分类的标准或者同类别下的另一个名词的内容。

069：孔茨和韦里克对计划的分类（简答题、论述题☆☆）

一个计划包含组织将来行动的目标和方式。哈罗德·孔茨和海因茨·韦里克从抽象到具体把计划分为一种层次体系。

（1）目的或使命。它指明一定的组织机构在社会上应起的作用和所处的地位。它不仅决定了组织的性质，也决定了此组织区别于彼组织的标志。

（2）目标。组织的目的或使命太抽象，需要进一步具体为组织一定时期的目标和各部门的目标。

（3）战略。是指为了达到组织总目标而采取的行动和利用资源的总计划，其目的是通过一系列的主要目标和政策去决定和传达想要成为什么样的组织的愿景。

（4）政策。指导或沟通决策思想的全面的陈述书或理解书。并非所有的政策都是陈述书，政策也常常会从主管人员的行动中含蓄地反映出来。

（5）程序。程序是制定处理未来活动的一种必需方法的计划。它详细列出了必须完成某类活动的切实方式，并按时间顺序对必要的活动进行排列。

（6）规则。没有酌情处理的余地，详细地阐明必需行动或非必需行动，其本质是反映了一种必须或无须采某种行动的管理决策。规则通常是最简单形式的计划。

①规则不同于程序。一方面，规则指导行动但不说明时间顺序；另一方面，可以把程序看作一系列的规则，但是一条规则可能是也可能不是程序的组成部分。

②规则不同于政策。政策的目的是要指导行动，并给执行人员留有酌情处理的余地；规则虽然也起指导行动的作用，但在运用规则时，执行人员没有自行处理之权。

（7）方案（或规划）。方案是一个综合性的计划，它包括目标、政策、程序、规则、任务分配、要采取的步骤、要使用的资源以及为完成既定行动方针所需的其他因素。

（8）预算。预算是一份用数字表示预期结果的报表。

理解贴士 ①目的和目标不一样，目的往往指的是方向，但是这个方向到哪为止，没有说明，比如，去西天取经，就是往西走，但是西天在哪并不知道。只是规定方向，使命也是这样，所以比较抽象，没有说明具体是什么。组织要有使命感，要发挥它的作用，其实就是一个组织得有用，要能给社会提供一定的价值。所谓使命，就是要明确这个企业是什么，要做什么。

②目标是基于使命的，有两个特点：一是具体性；二是时效性。

③战略也是计划的一种，也是指向目标的，战略指向的是总目标，要去实现总目标，战略要思考采取什么行动，利用什么样的资源。但是战略提出来的一些政策方针不详细，它只是一个愿景，这是战略的特点。

④政策，规定了一些原则性的东西，就是我们组织做决策处理事情时该依据什么样的原则，政策的特点也不具体。政策其实是有一定的自由处置权的，即把权力分散给具体的执行者，当然也要对分权进行一个控制，所以说政策既有分权又有控制，把自由限定在一定的范围内。

⑤程序的第一个特点就是很具体，不但规定详细，而且有先行后续的关系，但没有给执行者任何的自由处置权。

⑥规则指的是规定，必须要这样做，或者是必须不能这样做，没什么酌情处理的余地。规则和规则之间往往没有先后顺序，如果规则和规则之间有先后顺序，那就称之为程序了。

⑦方案是一个综合性的计划，是把前面的内容都综合起来，但是不够具体，而且实施时需要很多计划支撑。

⑧最具体的计划是预算，所以最后要形成预算。

命题趋势 该考点是计划类型中比较复杂的内容，考试中出现的概率也比较大，而且容易考查大题，所以单独列为一个知识点。

答题技巧 答题首先要对这部分内容有整体的概述，主要阐述这部分是计划的一种分类以及学者是谁，是从什么角度进行的划分，然后就是对具体内容的掌握，这里一共包含八个要点，要逐点展开，表述得当。

070：计划编制过程（简答题☆☆）

1. 确定目标

确定目标是决策工作的主要任务。目标为组织整体、各部门和各成员指明方向，并且作为标准用来衡量实际的绩效。

2. 认清现在

认识现在的目的在于寻求合理有效的通向对岸的路径，即实现目标的途径。认清现在需要有开放的精神，将组织、部门置于更大的系统中，而且要有动态的精神，考察环境、对手与组织自身随时间的变化与相互间的动态反映。

3. 研究过去

研究过去不仅是从过去发生的事件中得到启示和借鉴，更重要的是探讨过去通向现在的一些规律。其基本方法有两个：一是演绎法；二是归纳法。

4. 预测并有效地确定计划的重要前提条件

前提条件是关于实现计划的环境的假设条件，预测并有效地确定计划前提条件的重要性不仅在于对前提条件认识越清楚、越深刻，计划工作越有效，而且在于组织成员越彻底地理解和同意使用一致的计划前提条件，企业计划工作就越协调。最常见的重要前提预测方法是德尔菲法。

5. 拟定和选择可行性行动计划

拟定和选择行动计划包括三个内容：拟定可行性行动计划、评估计划和选定计划。评估行动计划时需要注意：

（1）认真考查每一个计划的制约因素和隐患。

（2）要用总体的效益观点来衡量计划。

（3）既要考虑每一个计划中许多有形的可以用数量表示的因素，又要考虑许多无形的不能用数量表示的因素。

（4）要动态地考察计划的效果，不仅要考虑计划执行带来的利益，还要考虑计划执行带来的损失。

（5）按一定原则选择一个或几个较优计划。

6. 制订主要计划

拟写计划要清楚地确定和描述"5W1H"的内容。

7. 制订派生计划

派生计划是指为了辅助和支持基本计划的完成，所需制订的相关计划。

8. 制订预算，用预算使计划数字化

编制预算，一方面，为了计划的指标体系更加明确；另一方面，是企业更易于对计划执行进行控制。定量的计划具有较硬的约束。

♦ **理解贴士** ①明确两点：第一点要知道什么叫目标；第二点是确定目标具体要干什么。a. 目标是指期望得到的结果，对未来的情况进行描述。b. 对决策所确立的目标进行分解，所以说我们计划的第一步，所谓的确定目标，其实它是承接前面决策所产生的目标，对其进行拆分分解，在时间和空间两个维度上展开。确定具体的不同的阶段，确定不同的部门的目标。

②目标其实是面向未来的，如果搞不清现在的状况，就无法实现未来的目标。认识现在需掌握两个方面：一是开放的精神；二是动态的精神。开放的精神，即开放的系统和大局观，是指能够站在更大的一个系统的角度来思考问题。更大的系统就是指环境，说到环境就紧跟着动态的精神，主要是指我们要对环境的这种机会和威胁的变化进行认识，这样我们才能进一步实现具体的目标。

③研究过去其实是认为事物的发展是具有连续性的，起码具有一定的连续性，才会这样去思考问题。

④前提条件是指如果按照这个计划去实施，它将来面临的环境条件会是什么，而且主要预测关键性的条件。

⑤包含三个小步骤：拟定、评估和选择。拟定，数量越多越好，这样可以从中选择，拟定计划可以采用头脑风暴法、名义小组技术等。评估，既要看这个方案背后的制约因素和它的隐患，又要看这个方案的总体的收益，还要做定性定量的分析，要动态地考虑它的效果、收益和损失。选择，即按一定的原则选出一个较优的计划，一定的原则即满意度原则，得出满意的计划或者制订的计划中最优的一个。

⑥主要计划，是把选定的计划的内容进一步写清楚。

⑦伴随着目标的细分，计划也要进行细分，通过派生计划来支撑主要计划的实现。

⑧即便是派生计划也不够详细，最详细的计划就是预算。预算有一个好处，就是对于不同部门的绩效情况，通过预算这种定量的指标可以进行一定程度的比较。

联系拓展 计划的编制过程和决策的过程的不同之处：

①决策的第一步是明确问题和机会，计划的第一步是确定目标。

②决策确定了方案之后进行选择，之后去实施。而计划选择完方案之后要制订主要计划，之后还要制订支撑计划。计划在这一块很详细，不断地细分，这一部分在决策里没有讲太多。

③决策有实施、评估和反馈环节，而计划在这里是指计划编制的过程，到编制预算就结束了，但实际也是要实施、评估和反馈的，后面讲到的计划的实施，以及组织职能、领导职能和控制能力，其实就是对于计划这一部分的实施、评估和反馈。

计划的编制过程和决策的过程的相同之处：二者都划分了一系列步骤和环节，都是从前往后的先行后续的关系，而且都要制定方案，但要制定多个方案，而且还要重新做选择、做决策，所以计划中其实也包含做选择的过程，也就是决策。

命题趋势 这部分内容在本章中称得上是主体部分了，从考试的角度来说，一般情况下都是考查简答题。

答题技巧 对于简答题来说，主要对应要点内容，按照顺序一条一条地展开论述就可以了。这里还是要提醒大家注意，答题时先阐述计划的内容会比较符合答题的完整性要求。

本章小结

学习本章时，对于计划的定义，要注意词性的区分；计划与决策的关系，理解时要注意联系二者的定义内涵；对于计划的类型，在学习具体内容的过程中不要忽略计划分类的依据标准；对于计划的编制过程，要从整体上把握具体的环节步骤。

课后真题

一、名词解释

计划

【关键要点】一定时期、目标、途径、文字和指标等形式、方向、内容和方式

【参考答案】计划具有两重含义：其一是计划工作，是指根据对组织外部环境与内部条件的分析，提出在未来一定时期内要达到的组织目标以及实现目标的方案途径；其二是计划形式，是指用文字和指标等形式所表述的组织以及组织内不同部门和不同成员，在未来一定时期内关于行动方向、内容和方式安排的管理事件。

二、选择题

1. 计划工作的效率性是指（　　）。

A. 编制计划要快

B. 时间和经济性

C. 投入与产出的比例高

D. 计划指标既先进又可行

【关键要点】计划、计划的性质、效率

【参考答案】计划的效率性主要是指时间和经济性两个方面。任何计划都有计划期的限制，也有实施计划时机的选择。计划的时效性表现在两个方面：一是计划工作必须在计划期开始之前完成计划的制订工作；二是任何计划必须慎重选择计划期的开始时间和截止时间。经济性是指组织计划应该以最小的资源投入获得尽可能多的产出。A、C 两项分别是时效性和经济性的一种表现形式。因此，本题正确答案是 B 项。

2. 某人在一个百货商店考察，随手翻阅了其规章制度手册，有三条特别引起他的注意："我们只售高贵、时髦的衣服和各种高级用具。货物售出超过 30 天，不再退还购货款。在退还顾客购货款前，营业员需注意检查退回的货物，然后取得楼层经理的批准。"试问这三条规定各属于常用计划的哪一种形式？（　　）

　　A. 都是规则
　　B. 都是政策
　　C. 分别是政策、程序、规则
　　D. 分别是政策、规则、程序

【关键要点】计划的分类、计划的层次体系、政策、程序、规则

【参考答案】根据计划的表现形式及所起作用的不同层次，可以分为宗旨、目标、战略、策略、政策、程序、规则、规划、预算。题中的第一条属于政策，政策的作用是为组织活动建立一般指南，政策指明组织的活动范围和方针、表明组织鼓励什么和限制什么，是保证行动同目标一致的计划的一系列导向性规则；第二条属于规则，规则通常是一种简单形式的计划，它为组织的具体工作做出一系列限制和规定，详细阐明哪些是必需的行动，哪些是非必需的行动，并且没有酌情处理的余地；第三条属于程序，程序是制订处理未来活动的必须方法的计划，它规定了处理问题的例行方法和步骤。因此，本题正确答案为 D 项。

三、简答题

1. 战略性计划具有哪些主要特点？并简要分析其与战术性计划的关系。

【关键要点】计划类型、战略性计划与战术性计划、局部性的与阶段性的、长期性与整体性

【参考答案】战略性计划是应用于整体组织的、为组织未来较长时期（通常为 5 年以上）设立总体目标和寻求组织在环境中的地位的计划。

战术性计划是局部性的、阶段性的计划，多用于指导组织内部某些部门的共同行动，以完成某些具体的任务，实现某些具体的阶段性目标。

战略性计划的两个显著特点：长期性与整体性。长期性是指战略性计划涉及未来较长时期，整体性是指战略性计划是基于组织整体制订的。战略性计划是战术性计划的依据，战术性计划是在战略性计划的指导下制订的，强调组织整体的协调，是战略性计划的落实。从作用和影响方面来看，战略性计划的实施是组织活动能力形成与创造的过程，战术性计划的实施则是对已经形成的能力的应用。

2. 简述计划与决策的区别与联系。

【关键要点】计划、决策、二者关系、含义、性质

【参考答案】计划：从动词意义上来说，应该称作计划工作，是一种预测未来、设立目标、决定政策、选择方案的连续程序，目的在于经济地使用现有的资源，获得最大的组织成效。从名词意义上来说，是计划工作的结果，是对未来行动方案的一种说明，告诉管理者和执行者未来的目标是什么，要

采取什么样的活动来达到目标，要在什么范围内，按什么进度来达到这种目标，以及由谁来进行这种活动，归纳为 What、Why、When、Where、Who、How。

决策就是组织或个人为了达成一定的目的而提出的若干方案，并对其进行选择的过程。

（1）计划与决策的区别。

这两项工作需要解决的问题不同，决策是关于组织活动方向、内容以及方式的选择。计划则是对组织内部不同成员在一定时期内行动任务的具体安排，详细规定了不同部门或成员从事的具体内容和要求。

（2）计划与决策的联系。

①决策是计划的前提，计划是决策的逻辑延续，决策为计划的任务安排提供了依据，计划为决策的实施提供了组织保证。

②计划与决策是相互渗透的，决策制定过程中孕育着决策的实施计划。反过来，计划的编制过程既是决策的组织落实过程，也是决策更为详细的检查和修订的过程。

第八章 计划的实施

知识导图

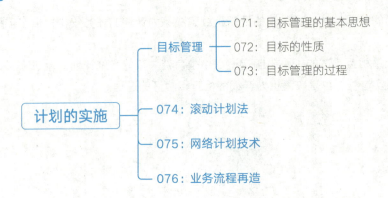

学习提示

1. 结构体系方面

上一章介绍了计划的基本内涵，主要是理论层面，本章主要涉及实践层面，即怎样落实计划，所以本章内容主要介绍了计划实施的一些方法。

2. 重难点方面

本章的四个计划实施的方法中，目标管理在考试中的考查概率最大，重要程度最高，其次是理解难度最大的业务流程再造，主要是对于其五个阶段的理解把握。

3. 注意事项

关于网络计划技术，个别学校会考查计算题，需要引起注意。

知识切片

071：目标管理的基本思想（名词解释、简答题☆☆☆）

目标管理是美国管理学家彼得·德鲁克于 1954 年提出的。

（1）企业的任务必须转化为目标，企业管理人员必须通过这些目标对下级进行领导，并以此来保证企业总目标的实现。

（2）目标管理是一种程序，是使一个组织中的上下各级管理人员会同起来制订共同的目标，确定彼此的成果责任，并以此项责任作为指导业务和衡量各自的贡献的准则。

（3）每个企业管理人员或职工的分目标就是企业总目标对他的要求，同时，也是这个企业管理人员或职工对企业总目标的贡献。

（4）管理人员和工人是靠目标来管理，以所要达到的目标为依据，进行自我指挥、自我控制，而不是由他的上级来指挥和控制。

（5）企业管理人员对下级进行考核和奖惩也是依据这些分目标。

🔔 **理解贴士** 一般来讲，完成一个目标需要做很多活动，需要对活动进行细分，每个人要做什么事，这就是任务，它是不可再分的单位的活动。也就是说事情要有人去做，是具体落实到个人的，那么把这个事转化成目标其实是指未来想要的结果。作为一个管理者，如果只告诉下属要做什么事，没说清楚想要什么结果，那么往往事情会做不好。所以说任务必须转化成目标，就是明确需要的结果。通过这样的方式对下属进行领导，也就是以目标为导向，才能保证总目标的实现。所以任务转化的目标，是个人层面的目标或者分目标，每个人的任务的目标都完成，才能保证总目标的实现，而且任务也是从总目标分化来的。

制订目标的时候，大家要一起制订，不能分开制订，因为要彼此协调。

🔗 **联系拓展** 思想评价：首先，目标管理具有一种契约精神。上下级人员共同制订目标，是指大家商量着一块来，一旦确定这个目标，确定这个责任之后，每个人都必须完成，因为任何一个人完不成都会影响别人，所以大家都要遵守。其次，指的是民主的、自我管理的一种思想，就是你可以不这样做，但是你如果不这样做，你就达不到目标，将来就会受到惩罚。自我的管理、监督、指挥要看职工个人的能力强弱，不是所有的情况都适用于目标管理。通常认为目标管理是以科学管理为前提的。

📌 **命题趋势** 这是一个非常重要的高频考点。经常考查名词解释、简答题，还会结合一些案例就在落实目标管理的过程中遇到的一些问题让我们进行分析。所以这部分内容大家要高度重视。

✏️ **答题技巧** 就名词解释的考查而言，只要把主要的内容表述清楚就可以了。就简答题的考查来说，则需要对具体涉及的关键要点内容做出适当的阐述。

072：目标的性质（简答题☆☆）

目标表示最后结果，总目标需要由子目标来支持。作为任务分配、自我管理、业绩考核和奖惩实施的目标具有如下特征：

（1）目标的层次性。

组织目标形成一个有层次的体系，范围从广泛的组织战略性目标到特定的个人目标。这个体系的顶层包含组织的远景和使命陈述。第二层次是组织的任务。在目标体系的基层，有分公司的目标、部门和单位的目标、个人目标等。

（2）目标网络。

目标网络是指从某一具体目标的实施规划的整体协调方面来进行工作。其内涵如下：

①目标和计划很少是线性的，目标和规划形成一个互相联系着的网络。

②主管人员必须确保目标网络中的每个组成部分要相互协调。

③组织中的各个部门在制订自己部门的目标时，必须要与其他部门相协调。

④组织制订各种目标时，必须要与许多约束因素相协调。

（3）目标的多样性。

企业任务的主要目标，通常是多种多样的。在考虑追求多个目标的同时，必须对各目标的相对重要程度进行区分。

（4）目标的可考核性。

目标考核的途径是将目标量化。目标可考核性表达的是这样的意思：人们必须能够回答这样一个问题——在期末，我如何知道目标已经完成了？

（5）目标的可接受性。

对一个目标完成者来说，如果目标超过其能力所及的范围，则该目标对其是没有激励作用的。

（6）目标的挑战性。

具有挑战性的目标更能激发职工的工作潜力和斗志。目标的可接受性和挑战性是对立统一的关系。

（7）目标的伴随信息反馈性。

信息反馈是在目标管理过程中，目标的设置、目标实施情况不断地反馈给目标设置和实施的参与者，让职工时时知道组织对自己的要求、自己的贡献情况。

综上所述，设置目标，一般要求目标的数量不宜太大，包括工作的主要特征，并尽可能地说明必须完成什么和何时完成，如有可能，也应明示所期望的质量和为实现目标的计划成本。此外，目标能促进个人和职业上的成长和发展，对员工具有挑战性，并适时地向员工反馈目标完成情况。

🔔 **理解贴士** 组织分层主要体现在管理者的职位高低上，在制订目标的时候，不同组织层次的管理者都要确定自己层次的目标，从这个角度来讲，这是一个组织在纵向上的目标体系。纵向的层次体系主要是指目标从战略性目标到具体目标到个人目标，层层分解的这样一个体系。具体来讲高层管理者确定使命；中层管理者贯彻落实高层的使命战略，即某个关键领域的目标或者分公司的目标；基层管理者要将上级目标落实到具体的部门或者要把这个目标分解到个人，即下级人员目标的制订。

这是纵向上的联系，横向上也有联系，称为网络性，是指目标和目标之间，规划和规划之间的协调。组织是一个系统，整体协调才能达到一个系统的良好运行的效果，所以目标之间是相互联系的。

📌 **命题趋势** 目标的性质（特点）的内容，涉及的要点比较多，这里就包含了七个特征，在考试中是简答题比较容易考查的一类内容。

✏️ **答题技巧** 答题的过程中需要注意，特征的内容和基本的定义是有联系的，要先回答基本的定义，然后再对具体的特点作答，这里的七个特征比较多，就简答题而言，具体的内容可以不用过于死记硬背，阐述清楚核心意思即可。

073：目标管理的过程（简答题、论述题、案例分析题☆☆）

孔茨认为，目标管理是一个全面的管理系统，目标管理的过程包括：

（1）制订目标。

制订目标包括确定组织的总体目标和各部门的分目标。

（2）明确组织的作用。

建立良好的组织结构，尽可能使每一特定的目标都成为某一个人的责任。

（3）执行目标。

为保证组织成员有条件组织目标活动的展开，必须授予其相应的权力，使之有能力调动和利用必要的资源。有了权力，员工们会产生强烈的与权力使用相适应的责任心，从而发挥判断能力和创造能力，使目标执行活动有效地进行。

（4）成果评价。

成果评价既包括上级对下级的评价，也包括下级对上级、同级关系部门相互之间以及各层次自我的评价。

（5）实行奖惩。

奖惩可以是物质的，也可以是精神的。公平合理的奖惩有利于维持和调动组织成员饱满的工作热情和积极性。

（6）制订新目标并开始新的目标管理循环。

在成果评价与成员行为奖惩的基础上，为组织成员及其各个层次、部门的活动制订新的目标并组织实施，便展开了目标管理的新一轮循环。

🔵 **理解贴士** ①目标管理的目标是基础，没有目标就没有办法把目标作为依据来进行管理。

②组织是要实现目标的，这就需要把目标落实到人，由具体的人负责去落实具体的目标，有人去落实了，组织就有保障了。

③下一步是真正地落实，即执行目标，执行的是分目标，每个部门每个人在执行自己的分目标时，需要通过活动来实现，而活动又需要一定的资源，资源的调动又需要权力，所以要授予相应的权力，对应的也就需要有责任，要责权对等。

④成果评价一方面是奖惩的依据，另一方面是沟通的机会。因为评价就是上下级左右、同级之间相互评价，所以其实是一个沟通的过程。

⑤奖惩也是以目标的实现程度为依据的。

⑥奖惩之后要总结，为下一个阶段提供参考和借鉴，所以目标管理过程也是首尾相连、不断呈螺旋式上升的过程。

🔵 **联系拓展** 通过奖惩调动组织成员的积极性，这叫强化理论。主要就是强化组织成员的行为，让其符合组织的要求。

🔵 **命题趋势** 关于过程性的内容，都会涉及一些步骤和环节的要点，所以考试的时候就比较容易出现在简答题、论述题这类题目中。另外，这一部分内容有时也可能在案例分析题中考查。

🔵 **答题技巧** 对于直接考查这部分内容的题目，答题的时候首先回答基本的概念，然后介绍具体的过程内容，表述的过程中，要根据题型的特点灵活应答，控制答题内容的篇幅。如果是案例分析题，要注意和材料内容相结合。

074：滚动计划法（名词解释、简答题☆☆）

1. 滚动计划法的基本思想

这种方法根据计划的执行情况和环境变化情况定期修订未来的计划，并逐期向前推移，使短期计划与中期计划有机地结合起来。

2. 滚动计划法的评价

滚动计划法虽然使得计划编制和实施工作的任务量加大，但其优点也十分明显。

（1）计划更加切合实际，并且使战略性计划的实施也更加切合实际。

（2）滚动计划方法使长期计划、中期计划与短期计划相互衔接，短期计划内部各阶段相互衔接。

（3）滚动计划方法大大加强了计划的弹性，这在环境剧烈变化的时代尤为重要，它可以提高组织的应变能力。

🔵 **理解贴士** 使用这一方法其实是为了避免由于计划往往赶不上变化，而出现一些突发情况带来的不确定性。这个部分提到了两点，一是执行情况，执行和计划可能会有出入，所以执行时计划可能会出问题，包括执行力，自己对于自身能力的误判，都会产生问题；二是环境的变化，虽然做计划时对环境会有预期，这是计划的前提条件，但实际执行时，环境往往会发生变化。基于这两点，需要定期修订计划。滚动计划法最突出、最明显的特点就是不止一期。

🔸 **命题趋势** 这部分内容考查概率较大，基本考查知识复现的题型，如名词解释和简答题。

📖 **答题技巧** 如果考查名词解释，则把主要内容阐述清楚即可；简答题就要相对多阐述一些细节内容，具体内容还是以关键词和关键要点为主展开。

075：网络计划技术（名词解释、简答题☆☆）

网络计划技术（PERT）是20世纪50年代后期在美国产生和发展起来的。

1. 网络计划技术的基本步骤

网络计划技术的原理：把一项工作或项目分成各种作业，然后根据作业顺序进行排列，通过网络图对整个工作或项目进行统筹规划和控制，以便用最少的人力、物力、财力资源和最高的速度完成工作。

2. 网络计划技术的评价

（1）该技术能清晰地表明整个工程的各个项目的时间顺序和相互关系，并指出完成任务的关键环节和路线。

（2）可对工程的时间进度与资源利用实施优化。

（3）可事先评价达到目标的可能性。

（4）便于组织与控制。

（5）易于操作，并具有广泛的应用范围，适用于各行各业以及各种任务。

🔔 **理解贴士** 项目管理用得最多的就是网络计划技术。它的原理很简单，就是化整为零，然后再统筹各个环节。把一项工作分成各种作业，将分完的作业进行排序并排列，安排好之后再对整个工作进行统筹，通过排列这些顺序，即小作业的顺序和相互关系，能够对整个的工作进行统筹和控制，所以它是化整为零。最后又化零为整，用最少的资源（人力、物力、财力）或成本，最高效地完成工作。

🔸 **命题趋势** 网络计划技术也是计划实施的一个重要的技术方法，在考试中出现的频率不低，考查题型基本上还是以名词解释和简答题为主，部分学校也会考查相关的计算题，求解其中的"关键路径"和"最短工期"。

📖 **答题技巧** 就名词解释而言，答题时把原理内容表述清楚即可。如果考查简答题，答题时就需要有一定的扩展，如评价的内容，具体表述的时候要注意内容的层次和结构。

076：业务流程再造（名词解释、简答题☆☆☆）

业务流程再造（BPR）又称业务流程重组、企业经营过程再造，最早是由美国的哈默和钱皮提出的，并将它引入了西方企业管理领域。

BPR强调以业务流程为改造对象和中心、以关心客户的需求和满意度为目标，对现有的业务流程进行根本地再思考和彻底地再设计，利用先进的制造技术、信息技术以及现代化的管理手段，最大限度地实现技术上的功能集成和管理上的职能集成，以打破传统的职能型组织结构建立全新的过程型组织结构，从而实现企业经营在成本、质量、服务和速度等方面的巨大改善。这种做法既适用于某个单独流程，也适用于整个组织。

整个BPR实施体系由五个关键阶段组成。

1. 观念再造

（1）组建BPR小组。

（2）制订计划和开展必要的培训和宣传。

（3）找出核心流程。

（4）设置合理目标。
（5）建立项目实施团队。

2. 流程再造

（1）培训团队。
（2）找出流程的结果和联系。
（3）分析并对现有流程进行量化。
（4）再造活动效益判断和标杆瞄准最佳实践。
（5）业务流程的再设计。
（6）新设计的业务流程的审评和实施。

3. 组织再造

在新流程实施之前，对组织基础结构进行评审和变革是非常必要的。
（1）审评组织的人力资源：结构、能力和动机。
（2）审评技术结构与技术能力。
（3）设计新的组织形式。
（4）建立新的技术基础结构和技术应用。

4. 试点和切换

（1）选定试点流程和组建试点流程团队。
（2）约定参加试点流程的顾客和供应商。
（3）启动试点，对试点监督并提供支持。
（4）审评试点和来自其他流程团队的反馈。
（5）安排切换次序，在整个组织范围内分段实施。

5. 实现远景目标

这一阶段包括评价流程再造的成效；获取改进业绩的效益及其信息；发展流程再造所得能力的新用途；不断改进，不断创新，创造持续竞争优势。

理解贴士 业务流程是改造的对象和中心，但是业务流程改了之后，整个组织结构都会跟着改变。以顾客的需求和满意度为导向，其实就是说顾客需求有可能会变，这种改造之后的流程，其实是有很大的柔性的。

联系拓展 BPR 经常和企业资源计划（ERP）结合在一起，ERP 的实施过程就体现了业务流程再造的思想，因为 ERP 是一个软件，其实施的过程要求组织的管理活动规范化，原来线下的这种管理不规范，所以当把线下的管理移到线上，就是搬到 ERP 软件里去的时候，整个流程要重新梳理，重新规范化，所以这个过程其实也伴随着业务流程的重组。

命题趋势 这个知识点包含的内容比较多，考试中出现的频率也是比较高的，考查形式基本上是以名词解释和简答题为主。

答题技巧 就名词解释而言，答题的时候重点阐述业务流程再造的思想，整体介绍该理论的主要观点即可；就简答题而言，需要对具体的五个关键阶段做一定的阐述，涉及的要点比较多，答题的时候要注意答案内容的篇幅。

本章小结

本章主要介绍了四个计划实施的方法，学习目标管理这部分内容，要注意对目标的性质的理解，考试的时候很有可能单独考查；滚动计划法相对来说比较简单，难度不大，能用自己的语言复述即可；网络计划技术的基本步骤必须掌握，涉及计算的部分，可在之后的做题过程中巩固；关于业务流程再造的内容，一定要记住英文缩写、别称、对应的学者名字。

课后真题

一、选择题

1. 下列内容中，不属于流程再造构想指导思想的是（　　）。

   A. 以组织流程为中心

   B. 以员工为中心

   C. 以效率和效益为中心

   D. 以顾客为中心

   【关键要点】计划的实施、业务流程再造、思想内容

   【参考答案】流程再造的指导思想是"三个中心"，即以员工为中心、以效率和效益为中心和以顾客为中心。因此，本题正确答案为 A 项。

2. 在网络计划编制过程中，关键路线是（　　）。

   A. 最长的路线

   B. 最短的路线

   C. 包含虚工序的路线

   D. 不包含虚工序的路线

   【关键要点】计划的实施、网络计划技术、计划编制过程、关键路线

   【参考答案】网络图中往往存在多条路线，比较各路线的路长，最长的路线称为关键路线，关键路线上的工序被称为关键工序。关键路线的路长决定了整个计划任务所需的时间。因此，本题正确答案为 A 项。

二、名词解释

滚动计划法

【关键要点】滚动计划法、制订多期计划、逐期向前推移、短期计划、中期计划有机结合、近细远粗

【参考答案】滚动计划法是一种定期修订未来计划的方法。这种方法根据计划的执行情况和环境变化情况定期修订未来的计划，并逐期向前推移，使短期计划、中期计划有机地结合起来。计划很难预测所有的变化，因而计划的实施存在不确定性，滚动计划法可以避免这种不确定性可能带来的不良后果。其具体做法是，用近细远粗的办法制订计划。

滚动计划方法虽然使得计划编制和实施工作的任务量加大，但其优点也十分明显。

（1）计划更加切合实际，并且使战略性计划的实施也更加切合实际。

（2）滚动计划方法使长期计划、中期计划与短期计划相互衔接，短期计划内部各阶段相互衔接。

（3）滚动计划方法大大加强了计划的弹性，这在环境剧烈变化的时代尤为重要，它可以提高组织的应变能力。

三、简答题

1. 目标管理能为组织带来哪些好处？

【关键要点】目标管理、沟通和理解、积极性和自律性、组织变革、付诸行动

【参考答案】目标管理是动员组织的全体成员参与制订组织和个人的目标，并保证这些目标的实现。目标管理除了能促进管理目标的实现外，还为组织的运作带来许多其他益处，有助于组织的自我改善。具体包括以下几个方面：

（1）增强沟通和理解。开展目标管理需要上下左右广泛的沟通，听取意见，使管理者和员工的认识和思想得到交流，从而增强大家对目标及目标管理的理解，这就有助于目标管理活动的有效开展。

（2）提高积极性和自律性。开展目标管理，有助于调动组织成员主动参与组织管理活动的积极性，增强他们按目标计划开展工作的责任感。

（3）推进组织变革和人力资源重新整合。目标管理活动有助于推动组织以支持管理目标为导向变革组织的结构，并带动资源分配的改善。

（4）督促按计划付诸行动。目标管理提出了实现目标的途径，并借助于目标的指导促进管理者及其部下的行动和纠正行动偏差。

2. 哈默提出的流程再造原则是什么？

【关键要点】业务流程再造、客户需求和满意度、根本地再思考和彻底地再设计、巨大改善

【参考答案】流程再造强调以业务流程为改造对象和中心，以关心客户需求和满意度为目标，对现有的业务流程进行根本地再思考和彻底地再设计，实现技术上的功能集成和管理上的职能集成，建立全新的过程型组织结构，从而实现企业经营在成本、质量、服务和速度等方面的巨大改善。其原则如下：

（1）围绕结果而不是任务进行组织。

（2）让使用流程最终产品的人参与流程的进行。

（3）将信息加工工作合并到真正产生信息的工作中。

（4）对于地理上分散的资源，按照集中在一起的情况来看待和处理。

（5）将并行的活动联系起来而不是将任务集成。

（6）在工作被完成的地方进行决策，将控制融入流程。

（7）在信息源及时掌握信息。

四、计算题

某一项目经过 A、B、C、D、E、F、G、H 八项作业完成，各项作业的顺序关系和作业时间如下表所示，试画出该项目作业过程中的计划网络图，找出关键作业和关键路线，并给出完成项目所需的最短工期。

工序	A	B	C	D	E	F	G	H
时间	2	3	5	2	4	6	3	4
紧后工序	C、D	E、F	G	E、F	G	G、H	—	—

【参考答案】该项目的计划网络图如下。

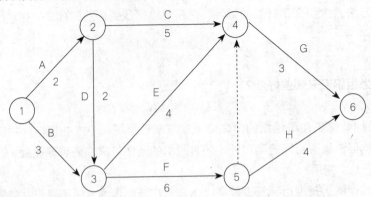

从开始到结尾的路线有：①A—C—G（10工时）；②A—D—E—G（11工时）；③A—D—F—H（14工时）；④B—E—G（10工时）；⑤B—F—H（13工时）。

比较各条路线所需要的时间，发现耗费工时最长的是路线③，所以关键路线是A—D—F—H，需要14工时，也是该项目的最短工期。

第九章 组织设计

知识导图

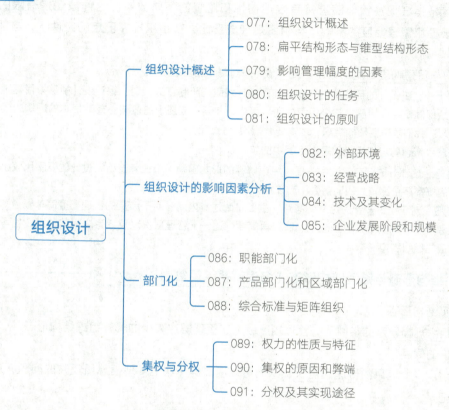

学习提示

1. 结构体系方面

本章主要包括四个部分：组织设计概述（五个知识点）、组织设计的影响因素分析（五个因素）、部门化（四种方式）、集权与分权（三个知识点）。

2. 重难点方面

总的来说本章知识点的理解难度不大，考试中的高频考点比较多，需要重点关注。比如，扁平结构形态与锥型结构形态、组织设计的五个影响因素、部门化的四种形式。

3. 注意事项

分权的内容中涉及了授权，谈及分权与授权的关系，可能会单独出题考查。

知识切片

077：组织设计概述（名词解释☆）

1. 问题的提出

组织设计的实质是对管理人员的管理劳动进行横向和纵向的分工。设计合理的组织机构与结构，必须确定合理的管理幅度，为此首先要分析管理幅度的主要影响因素。

2. 管理幅度、管理层次与组织结构的基本形态

管理幅度是指任何主管能够直接有效地指挥和监督的下属数量，这种数量是有限的。管理层次受到组织规模和管理幅度的影响，与组织规模成正比，在组织规模已定的条件下，与管理幅度成反比。

管理层次与管理幅度的反比关系决定了两种基本的管理组织结构形态。

🔖 **理解贴士** 组织设计的目的是进一步实施落实计划职能所制订的计划，组织设计能够为管理工作或者计划的实施提供组织保障。管理幅度是整个组织之所以要设计，要形成组织的最核心或最根本的逻辑的起点。正是由于管理幅度有限，我们才需要形成组织，才需要分层次、分部门。

🔖 **联系拓展** 所谓的组织规模就是指组织中的总人数。

🔖 **命题趋势** 这部分内容在考试中主要以名词解释的形式出题，单独考查组织设计的概率比较小，但是单独考查管理幅度的概率还是比较大的，需要引起注意。

🔖 **答题技巧** 对于组织设计的定义的考查，主要是阐述其内涵，对于涉及的管理幅度简单概括即可。但若是单独考查管理幅度，在说明定义的基础上，最好再简要阐述一下管理层次以及二者之间的关系，也可以适当地提及二者关系对应的组织结构形态。

078：扁平结构形态与锥型结构形态（名词解释、简答题☆☆☆）

（1）扁平结构形态。

是指在组织规模已定的条件下，管理幅度较大、管理层次较少的一种组织结构形态。

扁平结构的优点：

①由于层次少，信息的传递速度快，从而可以使高层尽快地发现信息所反映的问题，及时采取相应的纠偏措施。

②由于信息传递经过的层次少，传递过程中失真的可能性较小。

③较大的管理幅度，使主管人员对下属不可能控制得过多过严，从而有利于下属主动性和首创精神的发挥。

扁平结构的局限性：

①主管不能对每位下属进行充分、有效地指导和监督。

②每个主管从较多的下属那获取信息，众多的信息可能淹没了其中最重要、最有价值者，从而可能影响信息的及时利用。

（2）锥型结构形态。

是指管理幅度较小，从而管理层次较多的高、尖、细的金字塔形态。

锥型结构的优点：较小的管理幅度可以使每位主管仔细地研究从每个下属那得到的有限信息，并对每个下属进行详尽指导。

锥型结构的局限性：

①不仅影响信息从基层传递到高层的速度，而且由于经过的层次太多，每次传递都被各层主管加进了许多自己的理解和认识，从而可能使信息在传递过程中失真。

②可能使各层主管感到自己在组织中的地位相对渺小，从而影响积极性的发挥。

③往往容易使计划的控制工作更加复杂。

💡 **理解贴士** 要注意关键词"组织规模"，管理幅度和管理层次的反比关系是建立在组织规模一定的前提之下的，而后确定了这两种组织结构形态。两种类型的结构各有其优缺点，而且这两种结构的优缺点之间恰好相反，前者的优点是后者的缺点。对于这两种结构的选择，自然要遵循权变的思想要点，视情况而定，现今时代比较推崇的是扁平结构。当真正设计组织结构时，需要综合考虑这两种组织结构的形态的优缺点，然后把它们综合到一起来适应当前的环境，才能够让组织发挥它的作用。

📌 **命题趋势** 这部分内容是一个高频考点，经常会考名词解释或者简答题，要求阐述这两种典型的组织结构及其各自的优缺点。

🔑 **答题技巧** 如果是考查名词解释，简要概括组织结构形态的特征和优缺点即可。如果是考查简答题，则需要适当地对优缺点的内容要点展开论述。需要注意的是，在简答题中谈及二者的选择的问题时，不能绝对地说哪种结构好，关键是看哪种组织结构更加适应当前的环境。

079：影响管理幅度的因素（简答题、案例分析题☆）

（1）主管和下属的工作能力。

（2）工作的内容和性质。

①主管所处的管理层次；②下属工作的相似性；③计划的完善程度；④非管理事务的多少。

（3）工作条件。

①助手的配备情况；②信息手段的配备情况；③工作地点的相近性。

（4）工作环境。组织环境稳定与否会影响组织活动内容和政策的调整频度与幅度。

💡 **理解贴士** 管理幅度是有限的，但也是会发生变化的。

对于主管和下属的工作能力，若能力强管理幅度就可以宽一些，若能力弱，管理幅度就窄一些。

对于主管所处的管理层次，高层管理者处理的日常事务和基层管理者处理的日常事务是不一样的，前者的决策内容更倾向于非程序化决策，后者管理的内容更倾向于程序化决策。所以高层管理者的决策更难，基层管理者做决策相对来说就比较简单一些，所以高层的管理幅度窄一点，基层的管理幅度宽一些，这个时候组织才能有效运行。

计划完善程度比较高的时候，大家按照计划去做就可以了，管理幅度可以宽一些，如果计划不完善，这时候有可能还要临时制订很多计划，甚至进行调整，这个时候管理幅度最好窄一些。

📌 **命题趋势** 这部分内容可能直接考查简答题，也可能考查案例分析题，需要根据给定的情景做出相关的分析。

🔑 **答题技巧** 如果考查简答题，则先回答管理幅度的定义，然后对于这些因素逐一的作答就可以了。如果考查案例分析题，对于管理幅度是宽还是窄的问题的分析，还需要有依据。分析依据不仅要有材料的复述，还要有知识点和材料的融合分析。

080：组织设计的任务（简答题☆）

组织设计的任务是提供组织结构系统图和编制职务说明书。组织设计者要完成以下三个步骤的工作：

（1）职务设计与分析。

组织设计是自下而上的，而组织系统图是自上而下绘制的。

（2）部门划分。

根据各个职务所从事的工作内容的性质以及职务间的相互关系，依照一定的原则，可以将各个职务组合成被称为"部门"的管理单位。

（3）结构的形成。

要根据组织内外能够获取的现有人力资源，对初步设计的部门和职务进行调整，并平衡各部门、各职务的工作量，以使组织机构合理。然后根据各自工作的性质和内容，规定各管理机构之间的职责、权限以及义务关系，使各管理部门和职务形成一个严密的网络。

理解贴士　组织设计的任务一个是组织结构图，另一个是职务说明书。

进行组织设计，是一个涉及多个步骤的过程。自下而上就是先从小的地方分析，逐个分析完之后再形成整个的组织体系，也就是说如果画组织系统图，是在职务分析的基础上去画的，画图时是自上而下进行，但画图之前的分析过程，应该是自下而上的。

所谓的结构形成其实是平衡部门职务的工作量，规定各个部门之间的权限和责任。所以结构是在部门形成的基础上，进一步联系各个部门、各个职务之间的关系所形成的。

命题趋势　从整体来讲，考查概率相对要小一些，由于组织设计其实是一个涉及多个步骤的过程，所以就容易考查简答题。

答题技巧　由于单独出题的概率不大，所以把握好关键词和关键要点即可。比如，具体的三个步骤，考试的时候可以自己组织语言，进一步阐述具体内容。

081：组织设计的原则（简答题、论述题☆☆）

1. 因事设职与因人设职相结合的原则

（1）组织设计往往面对的是组织再设计的问题，目的是要保证"有能力的人有机会去做他们真正胜任的工作"。

（2）组织中各部门各岗位的工作最终是要人去完成的，并不总能在社会上招聘到每个职务所需的理想人员。

（3）任何组织，首先是人的集合，而不是事和物的集合。

2. 权责对等的原则

不仅要明确各个部门的任务和责任，而且在组织设计中，还要规定相应的取得和利用人力、物力、财力以及信息等工作条件的权力。

3. 命令统一的原则

组织中的任何成员只能接受一个上司的领导。

理解贴士　原则的内容是大的方面的一个规范，或者指约定俗成的一些观点。

因事设职是因为有事需要做，所以设置了一个职位和岗位，然后招人做这个事。对于组织中强调的每项工作都要落实到具体的部门和岗位，其实就是指事都要有人做。这个过程还要考虑人的因素，具备相应条件的人才能完成对应的事。比如，最早市场上缺乏既懂计算机又懂管理的人，所以就产生了一个专业叫管理信息系统。这个时候组织如果想招这样的人，会发现市场上招不到，最后就可能把计算机和管理拆解成两个岗位。

联系拓展　组织首先是人的集合，其次才是事的集合，意思就是说人最重要。这句话其实在说人是组织中最活跃的因素，人通过在组织中工作去实现自己的价值。所以组织应该考虑人的因素，这个就是人本主义的观点。人本主义就是要实现人的发展。作为组织的管理者，要考虑到怎样让组织里的人发展得更好的问题，如果让组织里的人发展得更好，组织就能发展得更好。

第九章　组织设计

🔸 **命题趋势**　这部分内容在管理学考试中是高频考点，经常会出现在简答题中，在论述题中出现的可能性比较小。

🔹 **答题技巧**　这部分内容答题的关键是要注意答题的完整性以及对于重点的把握。在正式展开论述之前，要先简单阐述组织设计的定义，对于原则内容，针对要点适当地展开论述，在论述的过程中可以采用一定的技巧，如正反论证，使答题的内容更丰富。

082：外部环境（名词解释、论述题、案例分析题☆☆☆）

（1）企业组织的外部环境可以分为**两个层次**：任务环境与一般环境。

①<u>任务环境</u>。主要作用于对组织实现其目标的能力具有直接影响的部门。

②<u>一般环境</u>。指对企业的日常经营没有直接影响，但对企业和企业的任务环境产生影响的要素。

（2）<u>不确定性</u>是企业外部环境的主要特点。环境的不确定性取决于环境的<u>复杂性</u>和环境的<u>变动性</u>。

（3）环境的特点及其变化对企业组织的影响主要表现为：

①<u>对职务和部门设计的影响</u>。社会分工方式的不同决定了组织内部工作的内容，从而所需完成的任务、所须设立的职务和部门也不一样。

②<u>对各部门关系的影响</u>。环境不同，使组织中各项工作完成的难易程度以及对组织目标实现的影响程度亦不相同。

③<u>对组织结构总体特征的影响</u>。外部环境是否稳定，对组织结构的要求也是不一样的，是采用机械式的管理系统还是柔性的管理系统，与组织的外部环境密不可分。

💡 **理解贴士**　任务环境包括顾客、供应商、竞争对手、投资机构，如工会组织、行业协会等，可统称为利益相关者。所以任务环境的层面，主要是在讲利益相关者直接和组织有关联的主体对这个环境的影响。不同的企业面临的利益相关者可能不一样，所以其任务环境是有区别的。

一般环境就是宏观环境，是对所有的企业同样产生影响的，如政治、经济、社会、文化和技术。复杂性指的是环境构成的要素是多还是少。变动性是指环境的变化情况，就是外界环境的这种变化快不快，以及是不是可预见。

🔸 **命题趋势**　这部分内容在考试中出现的频率是非常高的，容易考查简答题或者论述题。对于涉及的名词如任务环境、一般环境和环境的不确定性有可能单独考查名词解释。

🔹 **答题技巧**　对于一些可能会单独考查名词解释的名词，要理解其主要含义。对整个外部环境的认识的考查，按照具体的要点展开论述即可，尤其在论述题中尽可能多阐述一些内容，增加答案的丰富度。此外需要注意的是，对于案例分析题，要结合具体的材料去阐述对问题的分析。

083：经营战略（简答题、论述题、案例分析题☆☆☆）

1. 组织结构必须服从组织所选择的战略要求。

"组织结构服从战略要求，还是战略选择服从组织结构"这一问题在学术界和管理实践领域一直存在争论。显然，本书支持的观点是"组织结构服从战略要求"，换句话说，应该先有战略，然后根据战略要求进行组织结构的设计。这也说明经营战略是企业组织结构设计的重要影响因素。

2. 战略类型不同，组织结构的选择有异。

按企业经营领域的宽窄来分，企业经营战略可分为单一经营战略及多种经营战略。前者适合集权的组织结构，后者适合分权的组织结构。

按企业对竞争的方式和态度划分，其经营战略可分为保守型战略、风险型战略及分析型战略。

（1）保守型战略。

选择保守型战略的企业领导可能认为，企业面临的环境是较为稳定的，需求不再有大的增长和变化。在组织设计上强调提高生产和管理的规范化程度，以及用严密的控制来保证生产和工作的效率。

具体表现：①实行以严格分工为特征的组织结构；②高度的集权控制；③规范化的规章和程序；④以成本和效率为中心的严格的计划体制；⑤生产专家和成本控制专家在管理中，特别是在高层管理中占重要地位；⑥信息沟通以纵向为主。

（2）风险型战略。

选择风险型战略的领导可能认为环境复杂多变，需求高速增长，市场变化很快，机遇和挑战并存。在组织设计上，应以保证企业的创新需要和部门间的协调为目标。

因而，实行柔性结构便成为这类组织的基本特征：①规范化程度较低的组织结构；②分权的控制；③计划较粗泛而灵活；④高层管理主要由市场营销专家和产品开发研究专家支配；⑤信息沟通以横向为主。

（3）分析型战略。

在以上二者之间保持适当的平衡，其组织结构的设计兼具刚性和柔性的特征。

①既强调纵向的职能控制，也重视横向的项目协调。

②对生产部门和市场营销部门实行详细而严格的计划管理，而对产品的研究开发部门则实行较为粗泛的计划管理。

③高层管理层由老产品的生产管理、技术管理等职能部门的领导及新产品的事业部领导联合组成，前者代表企业的原有阵地，后者代表企业进攻的方向。

④信息沟通在传统部门间主要为纵向沟通，在新兴部门间及其与传统部门间主要为横向沟通。

⑤权力的配置是集权与分权的适当结合。

💡**理解贴士**　战略指的是方针、方向、方案，也就是整体的计划。单一经营战略和多种经营战略，其实就是专业化和多元化，前者的组织往往倾向于集权的结构，后者往往采用分权的结构。

保守型战略，适用于环境稳定的情况，采用的组织结构是刚性结构，或者叫机械式的结构。

风险型战略，对应的组织结构是柔性结构，能够应对风险，适应多变的环境。

分析型战略是这两种战略的一种平衡。

🔗**联系拓展**　事业部结构就是一种分权结构，后面谈及部门化的时候，有产品部门化和地区部门化，其最后的结果都是事业部结构，对应的都是多元化战略。

📌**命题趋势**　这部分内容是管理学考试的高频考点，经常会出现在简答题中，在论述题中出现的可能性比较小，案例分析题中可能会涉及组织结构和战略的对应问题。

✏️**答题技巧**　这部分实际上讲的是如果战略类型不同，那么组织结构的类型也不一样，所以可能会考查"对于不同类型的战略，采取什么样的组织结构合适"，这就需要对三种不同的战略进行对比分析形成整体性的认识，所以答题的时候既要注意内容的整体性，又要注意结构的逻辑性。

084：技术及其变化（简答题、论述题、案例分析题☆☆☆）

技术是指企业在将原材料加工成产品并销售出去这一转换过程中所运用的知识、工具和技艺的转化过程。

（1）生产技术对企业组织的影响。

研究表明，工业企业的生产技术同组织结构及管理特征有着系统的联系。

①经营成功的企业的组织结构，与其所属的技术类型有着相互对应的关系。

②成功的单件小批生产和连续生产的组织具有柔性结构，而成功的大批量生产的组织具有刚性结构。

（2）信息技术对企业组织的影响。

①使组织结构呈现扁平化的趋势，新的技术提高了管理的能力。

②对集权化和分权化可能带来双重影响。

③加强或改善了企业内部各部门之间以及各部门内工作人员间的协调，加强了沟通。

④要求给下属以较大的工作自主权。

⑤提高专业人员比例。

理解贴士 如果对技术进行分类，那么可以分为两类，一类叫作生产技术，另一类叫作管理技术。生产技术是指工厂中的机器设备如何操作，生产设备坏了如何修理，设备生产什么样的产品，如何调整这些设备，这都需要生产技术。管理技术是指如何协调，例如，排班一天是三班倒，还是四班倒，每班几个人，这些人之间如何配合，先做什么后做什么，这都需要管理技术。信息技术其实是除生产技术之外，或者说与管理技术相关的比较重要的技术方法。信息时代的信息技术高度发达，对企业管理甚至组织设计都产生了重要的影响。

命题趋势 关于技术的因素可能会单独考查简答题，也可能在开放性的论述题或相关的案例分析题中出现。

答题技巧 对于简答题来说，只要阐明要点和关键词，内容完整、结构顺畅即可。对于一些大题，如开放性的论述题、案例分析题，就需要强化总结、要点突出，要融合相关的事例或材料，充分地展开详细的论述。

085：企业发展阶段和规模（简答题、论述题、案例分析题☆☆☆）

1. 发展阶段

美国学者提出了组织发展五阶段的理论，并指出在发展的不同阶段，要求有与之相适应的组织结构形态。

（1）创业阶段。

决策主要由高层管理者个人做出，组织结构相当不正规，对协调只有最低限度的要求，组织内部的信息沟通主要建立在非正式的基础上。

（2）职能发展阶段。

此阶段决策越来越多地由其他管理者做出，最高管理者亲自决策的数量越来越少，组织结构建立在职能专业化的基础上，各职能间的协调需要增加，信息沟通变得更重要，也更困难。

（3）分权阶段。

组织采用分权的方法来应对职能结构引起的种种问题，组织结构以产品或地区事业部为基础来建立，目的是在企业内建立"小企业"，使后者按创业阶段的特点来管理。

（4）参谋激增阶段。

为加强对各"小企业"的控制，公司一级的行政主管增加了许多参谋助手，而参谋助手的增加又会导致他们与直线的矛盾，影响组织中的命令统一。

（5）再集权阶段。

分权与参谋激增阶段所产生的问题，可能诱使公司高层主管再度高度集中决策权力，同时，信息处理的计算机化也使再集权成为可能。

2. 规模

（1）规范化。

规范化是指规章、程序和书面文件。大型组织具有更高的规范化程度。因为大型组织更依靠规章、程序和书面工作去实现标准化和对大量的雇员与部门进行控制。

（2）分权化。

集权化与分权化主要与组织中决策权力的集中或分散有关。在集权化的组织中，决策是由高层做出的，而在分权化的组织中，类似的决策在较低的层次上做出。组织规模的研究表明，组织规模越大就越需要分权化。

（3）复杂性。

大型组织显示了复杂性的明显特征。

（4）专职管理人员的数量。

随着企业活动规模的扩大，必然增加对直接生产以及直接生产者的需要，进而必然产生对管理者以及对管理者的管理劳动进行管理的必要。

理解贴士 企业的发展阶段和企业的规模，这两个影响因素往往是相互联系的，企业在早期的发展阶段可能规模比较小，然后随着不断地发展，组织规模也会不断地成长壮大，所以一般来说组织发展阶段越往后组织规模越大，这是一般的规律。虽然有反例，但是大部分企业的成长路径或者组织设计的特点符合阶段和规模相匹配的特点。

复杂性指的是大企业的层级数目和部门的数目以及企业中的那些成员的类型足够多。

命题趋势 阶段和规模在学习的时候可联系着理解，在考试的时候可能单独考查企业发展阶段、企业规模的影响，在案例分析题中可能都会涉及。

答题技巧 对于简答题这种知识复现的题型，只要按照要点的内容，适当展开论述即可。一些开放性的论述题，则往往需要结合实际事例阐述，相关的案例分析题需要结合案例材料的内容进行一定程度地分析，这两种情况有些相似，都需要一定的融合能力和总结能力，这就需要在日常做题的时候多积累。

086：职能部门化（简答题、论述题☆☆☆）

管理劳动的分工，包括横向和纵向两个方面。

一是横向的分工，是指根据不同的标准，将对组织活动的管理劳动分解成不同岗位和部门的任务，横向分工的结果是部门的设置或"组织的部门化"。

二是纵向的分工，是指根据管理幅度的限制，确定管理系统的层次，并根据管理层次在管理系统中的位置，规定各层次管理人员的职责和权限。

部门化是将整个管理系统分解，并再分解成若干个相互依存的基本管理单位，它是在管理劳动横向分工的基础上进行的。组织设计中经常运用的部门划分标准是职能、产品以及地区。

职能部门化是根据业务活动的相似性来设立管理部门，是一种传统的、普遍的组织形式。

（1）优点。

①职能是通过划分活动类型，从而设立部门的最自然、最方便、最符合逻辑的标准。

②有利于维护最高行政指挥的权威，有利于维护组织的统一性。

③有利于工作人员的培训、相互交流，从而提高技术水平。

（2）局限性。

①由于各种产品的原料采购、生产制造、产品销售都集中在相同的部门进行，各种产品给企业带来的贡献不易区别，因此不利于指导企业产品结构的调整。

②由于各部门的负责人长期只从事某种专门业务的管理，缺乏总体眼光，因此不利于高级管理人才的培养。

③由于活动和业务的性质不同，各职能部门可能只注重依据自己的准则来行动，因此可能使本来相互依存的部门之间的活动不协调，影响组织整体目标的实现。

🔷 **理解贴士**　部门是基本的管理单位，是横向分工的结果，而且部门之间相互联系、相互依存。

根据业务性质和业务技能来判断活动是不是相似。基本的职能部门包括产品开发部门、生产部门、营销部门、财务部门等；辅助性的部门包括人事部门、公关部门、法务部门等。

职能部门化主要适合的是一些初期的企业，产品的品种比较少，不用区分产品的贡献。

🔷 **联系拓展**　关于机构和结构这两个词，在管理学领域，机构指的是横向分工的结果，也就是部门；结构往往指纵向分工的结果，也就是组织的层次。

🔷 **命题趋势**　这部分内容考查概率较大，因为每一个方式都有其优缺点，这就容易考查简答题。需要注意的是，名词解释可能会考查部门（化）。

🔷 **答题技巧**　这部分首先要掌握部门、部门化的定义，可能考查名词解释，其次要掌握职能部门化的定义，虽然关于优缺点的内容容易考查简答题，但简答题的答题也是要结合对应的名词的定义作答的，最后就是对涉及的优缺点的掌握，各个要点都要明确。

087：产品部门化和区域部门化（简答题、论述题☆☆☆）

1. 产品部门化

产品部门化是指根据产品来设立管理部门、划分管理单位，把同一产品的生产或销售工作集中在相同的部门组织进行。

（1）优势。

①能使企业将多元化经营和专业化经营结合起来。

②有利于企业及时调整生产方向。企业能及时限制甚至淘汰或扩大和发展某种产品的生产，使整个企业的产品结构更加合理。

③有利于促进企业的内部竞争。由于各个产品部门对企业的贡献容易辨认，因此可能导致部门间进行竞争。

④有利于高层管理人才的培养。每个部门的经理都须独当一面，完成同一产品制造的各种职能活动。

（2）局限性。

①需要较多的具有像总经理那样能力的人去管理各个产品部。

②各个部门的主管可能过分强调本单位利益，从而影响企业的统一指挥。

③产品部门某些职能管理机构与企业总部的重叠会导致管理费用的增加，从而提高了待摊成本，影响企业竞争能力。

2. 区域部门化

区域部门化是根据地理因素来设立管理部门，把不同地区的经营业务和职责划分给不同部门的经理。组织活动在地理上的分散带来的交通和信息沟通困难曾经是区域部门化的主要理由。随着通信条件的改善，这个理由已不再那么重要。取而代之的是社会文化环境方面的理由。按区域划分管理部门的贡献和弊端，类似产品部门化。

🔔 **理解贴士** 这两种部门化的出现是为了克服职能部门的局限性，因为都能区分不同的产品或者不同地区的贡献性有多大，并且都是独立核算、自负盈亏的。每个产品部门化或者区域部门化的部门负责人都是具有总经理才能的人，所以它有利于高级管理人才的培养。虽然产品部门和产品部门之间的沟通比较困难，但是产品部门内部的那些职能部门沟通起来是比较顺畅的。一个产品部门往往就是一个事业部，即使事业部和事业部之间沟通是有问题的，但是事业部内部的沟通是比较顺畅的。

采用产品部门化的方式，等于将一个大企业划分成了很多小企业，每个小企业都是专业化的，但是整个大集团是多元化的。这既解决了专业化的问题，又解决了整个企业发展的问题。

📌 **命题趋势** 这一内容在考试中的出题概率较大，而且比较容易考简答题和论述题这种知识复现的题型，因为涉及的要点内容比较多。

🖊 **答题技巧** 答题的时候，首先，要阐述清楚两种部门化的基本概念；其次，要明确各自的优点和局限性的要点都有哪些；最后，如果是论述题，还要对每一个要点展开一定程度的论述。特别需要注意的是，两种部门化的方式的优缺点是相似的，学习的时候要联系在一起，思考具体的相似内容。

088：综合标准与矩阵组织（名词解释、简答题、论述题☆☆☆）

矩阵组织是综合利用各种标准的一个范例。这是一种由纵横两套系统交叉形成的复合结构组织。纵向的是职能系统；横向的是为完成某项专门任务而组成的项目系统。

矩阵式组织主要适用于那些工作内容变动频繁，每项工作的完成需要众多技术知识的组织，或者作为一般组织中安排临时性工作任务的补充结构形式。

（1）优势。

①具有很大的弹性和适应性，可以根据工作需要，集中专门的知识和技能，短期内迅速完成重要任务。

②由于在项目小组中集中了各种人才，便于知识和意见的交流，能促进新的观点和设想的产生。

③由于成员来自各个不同的职能部门，项目小组的活动可促进各个部门间的协调和沟通。

（2）局限性。

①由于项目组织的成员是根据工作的进展情况临时从各职能部门抽调的，其隶属关系不变，从而可能使他们产生临时观念，影响工作责任心。

②由于要接受并不总是保持一致的双重领导，在工作中可能有时会感到无所适从。

🔔 **理解贴士** 鉴于之前的每一种部门化的方式都有其优点和缺点，所以要综合起来考虑，让组织的部门化的设计更符合实际。综合标准就是指在实际中，不可能只按照单一的产品部门化、职能部门化或者区域部门化来划分，很可能是两个或两个以上的部门化的方式的结合。矩阵组织是一种特殊的利用综合标准来划分部门的方式，所以矩阵组织是综合标准的一种具体的应用。

职能部门在矩阵组织里是相对稳定的部门。

所谓项目是有一定的时间界限的，然后规定好了需要达到一个什么目标，做什么样的事，由谁来做规定。组建这种项目小组的原因，一方面，方便交流，促进创新；另一方面，部门之间能更加地协调。

需要注意的是，矩阵结构并不是完美的，而是面对这种复杂和众多技术的环境时，矩阵结构更适用。

🔗 **联系拓展** 组织结构的形式——项目制，项目完成之后人员不回原来的职能部门，或者说没有职能部门，就跟着项目走，然后不停地组团，而且可能这个项目小组中的人，还有其他项目的工作。

📌 **命题趋势** 这部分内容在考试中考查简答题和论述题的概率比较大。当然，有时也会出关于矩阵组织的名词解释。

🖊 **答题技巧** 这部分内容的答题，需要注意内容的完整性、要点的明确性、结构的逻辑性，简答题罗列要点即可,论述题需要对要点内容展开论述。特别需要注意的是,对每种结构形式的适用情况要能够很好地把握,要认识到没有最好的结构形式,只有最合适的,这也可能会作为出题的方向。

089:权力的性质与特征(名词解释、简答题☆☆)

1. 权力

通常被描述为组织中人与人之间的一种关系,是指处在某个管理岗位上的人对整个组织或所辖单位与人员的一种影响力,或简称管理者影响别人的能力。

2. 定义为影响力的权力主要包括三种类型

(1)专长权。是指管理者因具备某种专门知识或技能而产生的影响能力。

(2)个人影响权。是指因个人品质、社会背景等因素而赢得别人的尊重与服从的能力。

(3)制度权。是指与管理职务有关、由管理者在组织的地位所决定的影响力。制度权的实质是决策的权力,即决定干什么的权力、决定如何干的权力,以及决定何时干的权力。制度权力与组织中的管理职位有关,而与占据这个职位的人无关。制度权力只赋予某个职位的管理人员向直接下属发布命令的权力。

💡 **理解贴士** 权力的本质是影响力,但必须是人与人之间的作用关系,而且是指管理者管理别人的能力和对别人的影响力;制度权包含决策权,管理者能下命令,但只能给直接下属下命令,是不能越级下命令的;个人影响权,又被称为感召权;奖赏权和惩罚权来自制度权。

🔗 **联系拓展** 关于"类型",任何概念,如果想做深入研究,就根据不同的情况划分类别,这种研究方式叫"研究途径"。

➤ **命题趋势** 在考试的时候,这部分内容容易考名词解释,比如,要求解释名词"权力"的定义,分析权力的类型则有可能考简答题。

🔑 **答题技巧** 这部分的内容比较特别,其实不管是考查名词解释还是简答题,答题的内容要点都差不多,对于名词解释来说,只怕定义不够丰富,需要补充扩展类型的内容,答题简要概括即可。就简答题而言,也是需要先对名词的定义进行阐述,然后对具体的类型要点展开论述。

090:集权的原因和弊端(名词解释、简答题☆☆)

集权是指决策权在组织系统中较高层次的一定程度的集中;与此相对应的分权是指决策权在组织系统中较低管理层次的程度上的分散。集权和分权是一个相对的概念,在现实社会中的组织,可能是集权的成分多一点,也可能是分权的成分多一点。

1. 集权倾向产生的原因

(1)组织的历史。

(2)领导的个性。

(3)政策的统一与行政的效率。

2. 过分集权的弊端

(1)降低决策的质量。

(2)降低组织的适应能力。

(3)降低组织成员的工作热情。

💡 **理解贴士** 决策权的这种集中和分散的程度,是从整个组织层级上考虑的。集权和分权是相对的,其实是组织中的动态的过程,根据外部的环境和组织内部的环境,对权力的集中和分散程度会进行调整。我们需要找到二者之间的均衡点，但是均衡点有可能是变动的，因为环境在变化，所以集权和分权的程度也是一直在变的。

📌 **命题趋势** 这部分内容是高频考点，有可能会单独就集权和分权的定义考查名词解释，也有可能考简答题，考查集权的原因和弊端。

✏️ **答题技巧** 关于名词解释的考查，集权和分权的概念都比较简单，作为答题内容有些单薄，答题时可以适当扩展。关于简答题的考查，只要阐述清楚集权的原因和弊端的几个要点即可。需要注意的是，要辩证地看待集权，不能因为其有弊端就否定集权的优点。

091：分权及其实现途径（简答题、论述题、案例分析题☆☆）

1. 分权的标志
（1）决策的频度。
（2）决策的幅度。
（3）决策的重要性。
（4）对决策的控制程度。

2. 分权的影响因素
（1）组织中促进分权的因素。
①组织的规模。
②活动的分散性。
③培训管理人员的需要。
（2）不利于分权的因素。
①政策的统一性。
②缺乏受过良好训练的管理人员。

3. 分权的途径
（1）组织设计中的权力分配（制度分权）。
制度分权是在组织设计时，考虑到组织规模和组织活动的特征，在工作分析、职务和部门设计的基础上，根据各管理岗位工作任务的要求，规定必要的职责和权限。
（2）主管人员在工作中的授权。
授权是担任一定管理职务的领导者在实际工作中，为充分利用专门人才的知识和技能，或在出现新增业务的情况下，将部分解决问题、处理新增业务的权力委任给某个或某些下属。
（3）制度分权与授权的区别。
①制度分权是在详细分析、认真论证的基础上进行的，因此具有一定的必然性；而工作中的授权则往往与管理者个人的能力和精力、下属的特长、业务发展情况相关，因此具有很大的随机性。
②制度分权是将权力分配给某个职位；而授权是将权力委任给某个下属。
③制度分权是相对稳定的；授权可以是长期的，也可以是临时的。
④制度分权主要是一条组织工作的原则以及在此原则指导下的组织设计中的纵向分工；而授权则主要是领导者在管理工作中的一种领导艺术。

💡 **理解贴士** 标志：①决策的频度是指决策数量的多少，管得多不多，如果是组织中较高层次的管理者管得比较多，这就是集权，反之，更多的决策是较低层次的管理者做出的，就是分权。②决策的幅度指的是管得宽不宽，如果较低层次的管理者决策的范围比较广，那可能是分权程度比较高。③决策的重要性，如果很多很重要的决策都是由较低层次的管理者做出的，那么这肯定是分权。④控制程度如果很高的话，那么组织是集权的，反之就是分权的。

影响因素：促进和阻碍两个方面，对这部分的学习要联系集权的原因。

途径：所谓分权的途径，是指怎样实现分权，包括两个途径，即制度分权和授权。

✒ **命题趋势** 分权的标志，在考试中有可能会考简答题，如"简述分权的标志"，也有可能结合案例考查，如判断分析是集权还是分权。分权的影响因素、途径也是高频考点，容易考查简答题和论述题，甚至一些案例分析题也可能以此作为理论依据进行考查。此外，还需要注意分权和授权的区别，有时也会单独出题考查。

✒ **答题技巧** 这一部分内容的知识点比较多，可以出题的角度也比较多，不过题型是比较相似的，主要是简答题和论述题这种知识复现的题目，答的时候只要在定义的基础上，对相关要点逐个展开论述即可。需要注意的是，一些知识点会涉及案例分析题的考查，这就需要在做题的过程中总结出题角度和答题规律。

本章小结

本章介绍的是组织设计，在学习的过程中，不仅要关注具体的高频考点，还要重视考点间的内在联系。对于涉及的名词，诸如组织设计、管理幅度、部门化等，要掌握其含义，即便不考查名词解释，在简答题和论述题的答题中也需要作为答案的一部分。对于组织的影响因素以及部门化的内容，本章划分成一个个的知识点，考试的时候也有可能直接以论述题的形式考查整体的内容。

课后真题

一、名词解释

制度分权

【关键要点】分权、制度分权、工作分析、职务和部门设计

【参考答案】是组织设计中的权力分配（制度分权）。制度分权是在组织设计上考虑组织规模和组织活动的特征，并在工作分析、职务和部门设计的基础上实行的。制度分权的特点：制度分权是在详细分析、认真论证的基础上进行的，因此具有一定的必然性；制度分权是将权力分配给某个职位，因此权力的性质、应用范围和程度的确定，需要根据整个结构的要求；分配给某个管理职位的权力，如果进行了调整，不仅影响该职位或部门，而且也会影响其与组织其他部门的关系。因此，制度分权是相对稳定的。制度分权主要是一条组织工作的原则，以及在此原则指导下的组织设计中的纵向分工。

二、概念辨析题

产品部门化和职能部门化

【关键要点】部门化、产品部门化、职能部门化

【参考答案】产品部门化是把生产一种产品或产品系列的所有必需的活动组织在一起。在多品种、大规模的企业中，按产品系列给企业活动分组的现象日益普遍，把那些战略上一致、竞争对象相同、市场重点类似的同类业务或产品大类归在同一个部门，称为产品部门化。

职能部门化是按职能对生产经营活动进行分组，是一种最普通的划分部门的方法，即概括企业活动的类型，将相同的或类似的活动归并在一起作为一个职能部门，如企业中的生产、销售、财务、采购、运输等活动。这是组织活动中最广泛采用的基本方法，几乎所有企业组织中都存在这种形式。

三、选择题

支持组织集权的正当理由是（　　）。

A. 提高组织的适应能力

B. 提高组织成员的工作热情

C. 维护政策的统一性与提高行政效率

D. 提高组织决策质量

【关键要点】集权、分权、集权的优点

【参考答案】集权式组织结构设置简单、权责分明、信息沟通方便，便于统一指挥、集中管理。它的主要缺点是缺乏横向的协调关系，没有职能机构当领导的助手，容易产生忙乱现象。因此，本题正确答案为 C 项。

四、论述题

为什么说战略是组织设计的依据？

【关键要点】组设设计、组织战略、分工、总目标、业务活动、战略重点、保守型战略、风险型战略、分析型战略

【参考答案】（1）组织设计和组织战略的含义。

①组织设计是指以组织结构安排为核心的组织系统的整体设计工作，它的实质是对管理人员的管理劳动进行横向和纵向的分工。其任务是提供组织结构系统图和编制职务说明书。组织设计的目的是发挥整体大于部分之和的优势，使有限的人力资源形成综合效果。组织设计因组织的战略、环境、技术水准、发展阶段和组织规模而异。

②战略是指决定和影响组织活动性质及根本方向的总目标，以及实现这一总目标的路径和方法，是对组织全部活动所做的战略安排，通常具有长远性、单值性和较大的弹性，需要通盘考虑各种确定性与不确定性的情况，谨慎制定以指导组织的全面活动。

（2）组织战略是影响组织设计的重要因素，是组织设计的依据。

组织战略是影响组织设计的重要因素，组织结构必须服从组织所选择的战略的要求。适应战略要求的组织结构，为战略的实施和组织目标的实现，提供了必要的前提。

战略选择在两个层次上影响组织结构：①不同的战略要求不同的业务活动，从而影响管理职务的设计；②战略重点的改变，会引起组织的工作重点的改变，从而引起各部门与职务在组织中重要程度的改变，因此要求各管理职务以及部门之间的关系做相应的调整。

战略的类型不同，企业活动的重点不同，组织结构的选择有异。

①从经营领域的宽窄来分，企业经营战略可分为单一经营战略及多种经营战略。

a. 采用单一经营战略的组织，只向有限的市场提供一种或少数几种产品或服务，通常可能采用倾向集权的组织结构。因为这类企业的组织目标强调内部效率和技术质量，控制和协调主要通过纵向层级来实现，不太需要横向协调。

b. 采用多种经营战略的组织，提供多种产品并扩展到新的市场，企业相对集权的层级组织也会随之发展为分权的结构，因为此时企业的目标更强调灵活性和快速决策，以此来适应外部环境。

②按企业对竞争的方式和态度分，其经营战略可分为保守型战略、风险型战略及分析型战略。

a. 保守型战略。企业面临的环境是较为稳定的，需求不再有大的增长和变化。战略目标为致力保

持该产品已取得的市场份额，集中精力改善企业内部生产条件，提高效率，降低成本。在这种战略下，组织设计强调提高生产和管理的规范化程度，以及用严密的控制来保证生产和工作的效率。基本特征：实行以严格分工为特征的组织结构；高度的集权控制；规范化的规章和程序；以成本和效率为中心的严格的计划体制；生产专家和成本控制专家在管理中，特别是在高层管理中占重要地位；信息沟通以纵向为主。

　　b. 风险型战略。企业面临的环境复杂多变，需求高速增长，市场变化很快，机遇和挑战并存。企业必须不断开发新产品，开拓新市场，实行新的经营管理方法。这种战略下，组织结构设计应以保证企业的创新需要和部门间的协调为目标。基本特征：规范化程度较低的组织结构；分权的控制；计划较粗泛而灵活；高层管理主要由市场营销专家和产品开发研究专家支配；信息沟通以横向为主。

　　c. 分析型战略。介于风险型和保守型之间，力求在二者之间保持适当的平衡，所以其组织结构的设计兼具刚性和柔性的特征。既强调纵向的职能控制，也重视横向的项目协调；对生产部门和市场营销部门实行详细而严格的计划管理，而对产品的研究开发部门则实行较为粗泛的计划管理；高层管理层由老产品的生产管理、技术管理等职能部门的领导及新产品的事业部领导联合组成，前者代表企业的原有阵地，后者代表企业进攻的方向；信息沟通在传统部门间主要为纵向沟通，在新兴部门间及其与传统部门间主要为横向沟通；权力的配置是集权与分权的适当结合。

五、案例分析题

适当的组织结构

　　制订好的计划，常常因为管理人员没有适当的组织结构予以支持而落空。在某一时期是合适的组织结构，可能过一两年就不再合适了。选择合适的结构在组织演进过程中起着至关重要的作用。格里·利兹和莉洛·利兹是经营 CMP 出版公司的一对夫妇，他们对此有着清楚的认识。

　　利兹夫妇在 1971 年建立了 CMP 出版公司。到 1987 年，该公司出版的 10 种商业报纸和杂志都在各自的市场上占据了领先地位。更令人兴奋的是，它们所服务的市场（计算机、通信技术、商务旅行和健康保健）为公司成长提供了充足的机会。但是，假如利兹夫妇继续使用他们所采用的组织机构，这种成长的潜力就不会得到充分的利用。

　　他们最初将 CMP 排版公司所有的重大决策权都集中在自己手中。这样的安排在早些年运作得相当好，但是 1987 年时它已经不再生效。利兹夫妇越来越难照看好公司。比如，要约见格里的人得早上 8 点就在他办公室外排队等候。职工们越来越难得到对日常问题的答复，而要求快速反应的重要决策经常被耽误。对于当初设计的组织结构来说，CMP 出版公司已经成长得太大了。

　　利兹夫妇认识到了这个问题，着手重组组织。第一，他们将公司分解为可管理的单位（实质上是在公司内建立半自主的公司），并分别配备一名独立的经理掌管各个单位。这些经理都被授予足够的权力去经营和扩展他们各自的分部。第二，利兹夫妇设立了一个出版委员会负责监督这些分部，利兹夫妇和每个分部的经理都是该委员会的成员。分部经理向出版委员会汇报工作，出版委员会负责确保所有分部都能按 CMP 出版公司的总战略运作。

　　这些结构上的变革带来了明显的效果。CMP 出版公司现在总共出版刊物 14 种，年销售额达到近 2 亿美元。该公司的收益持续地按管理当局设定的 30% 的年增长率目标不断增加。

　　问题：

　　（1）CMP 出版公司最初的组织结构为何不再适应公司的发展？

（2）CMP 出版公司进行组织重组后，新的组织结构是什么类型？其利弊是什么？

（3）企业应该如何选择适当的组织结构？

【关键要点】组织设计、设置机构简单、权责分明、信息传递便捷、决策迅速、便于统一指挥和集中管理、缺乏横向的协调

【参考答案】（1）CMP 出版公司最初的组织结构简单，是一种部门化程度低、管理跨度大、权力主要集中于个人、正规化程度低的组织设计。其优点是设置机构简单、权责分明、信息传递便捷、决策迅速、便于统一指挥和集中管理。其缺点是缺乏横向的协调关系；各层领导机构无专业分工，不利于提高专业管理水平；没有职能机构当领导的助手，当企业规模扩大后，领导者势必因经验、精力问题而难以进行有效管理。因此，这种组织结构只适合于企业规模较小、生产过程不复杂、生产技术比较简单的阶段。

随着 CMP 出版公司的发展，组织的机构越来越庞大，经营的事项越来越多，每一项事情都需要利兹夫妇做决定，在这种情况下，利兹夫妇有限的精力已经无法应付如此复杂的局面了，原来的组织结构不再适应公司的发展。

（2）CMP 出版公司进行组织重组后，新的组织结构是事业部制。

①事业部制的优点。

a. 各事业部管理者积极为实现本事业部利益目标而努力。

b. 各事业部不仅注重短期利益，而且对长期发展计划更加关心。

c. 各事业部积极推动产品创新，开拓市场，促进长期发展。

d. 事业部权限分明，权力较大，有益于发挥事业部的创造性和自主性，有益于培养事业部管理者总揽全面工作的能力。

e. 对每个人的工作成绩有了评价的客观依据，使升迁、晋级、奖金的决定有依据，能调动每个人的积极性。

f. 各事业部的利益与整个企业的利益之间能协调一致。最高管理层总揽整个企业的协调与管理，各事业部之间也能得到适当的协调。

②事业部制的缺点。

a. 事业部容易产生较强的本位主义观念，独立性较强，导致组织最高管理者控制力下降，可能造成组织的整体性下降。

b. 管理部门增多。

c. 机构设置重复。

d. 管理成本上升。

（3）组织设计是指组织结构的设计。组织结构的设计是指管理人员有意识地事先确定组织中各部分之间的关系和职工的工作方式。组织的设计与改善必须遵循一定的程序。

为选择适当的组织结构，企业应实施以下 7 个步骤：

①收集有关资料，并加以分析。

在组织设计之前，必须搜集有关资料，并加以分析。资料包括组织外部环境条件的资料、先进组织的资料及本组织内职工的建议和意见，这些都可以作为组织设计时的参考。

②进行工作划分。

a. 组织的工作一般可分为"作业工作"和"管理工作"两大类。在搜集和分析有关资料后，就可

对组织进行工作划分。

　　b. 对工作的划分，从形式上看有自上而下、自下而上和按生产流程划分三种形式。

　　c. 管理工作的划分目的是做到管理工作的分工与落实。由于工作种类繁多、门类齐全，要在工作分析的基础上根据不同情况采取不同的划分方法。

　　③管理层次及部门结构的确定。

　　组织内部部门及层级的多少，主要取决于组织规模及管理幅度的大小。层次结构的设计主要包括部门及单位的划分和层级的划分。部门及单位的划分主要根据组织业务性质、规模大小进行。层级主要根据组织规模、经营环境和工作需要划分。

　　④确定分权和集权的程度。

　　在确定了组织内部单位及层级后，须进一步确定集权和分权的程度，然后才能确定组织结构。集权管理方式，就是组织的一切决策权掌握在高级管理层中。在实际的管理工作中，我国的许多组织应根据需要逐步由集权方式为主改为分权管理，一般应给中、下级一定的决策权。

　　⑤确定组织结构及人事配备。

　　根据组织的规模、经营战略、经营多样化、组织环境的特性等因素建立合适的组织结构，按照因事设职的原则进行人员的配备。

　　⑥组织的运用。

　　组织运用的具体方法，概括来说有 4 种：制定各种工作制度、规定严格的各种作业方法、周密制定监控方法和建立表册记录。

　　⑦检查并控制组织的运行结果。

　　企业应随时检查组织的运行结果，看其是否适应环境的变化，并进行必要的修正。

第十章 人员配备

知识导图

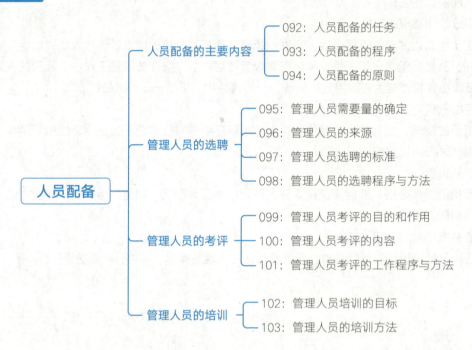

- 人员配备
  - 人员配备的主要内容
    - 092：人员配备的任务
    - 093：人员配备的程序
    - 094：人员配备的原则
  - 管理人员的选聘
    - 095：管理人员需要量的确定
    - 096：管理人员的来源
    - 097：管理人员选聘的标准
    - 098：管理人员的选聘程序与方法
  - 管理人员的考评
    - 099：管理人员考评的目的和作用
    - 100：管理人员考评的内容
    - 101：管理人员考评的工作程序与方法
  - 管理人员的培训
    - 102：管理人员培训的目标
    - 103：管理人员的培训方法

学习提示

1. 结构体系方面

本章主要包括四个部分：人员配备的主要内容（任务、程序和原则）、管理人员的选聘（需要量的确定、来源、标准、程序与方法）、管理人员的考评（目的和作用、内容、工作程序与方法）、管理人员的培训（目标、方法）。

2. 重难点方面

本章的知识点相对来说比较容易掌握，考试中的高频考点相对集中，人员配备的原则、管理人员的来源这两个知识点的出题概率是最大的，同时，也不要忽略管理人员的选聘与考评的工作程序与方法这两个知识点。

3. 注意事项

管理人员的培训方法比较容易单独考查名词解释。

知识切片

092：人员配备的任务（名词解释、简答题 ☆☆）

人员配备是为每个岗位配备适当的人，也就是说，首先要满足组织的需要；同时，人员配备也是为每个人安排适当的工作，因此，要考虑满足组织成员个人的特点、爱好和需要。

（1）从组织需要的角度考查。
①要通过人员配备使组织系统开动运转。
②为组织发展准备干部力量。
③维持成员对组织的忠诚。

（2）从组织成员配备的角度考查。
①通过人员配备，每个人的知识和能力得到了公正的评价、承认和运用。
②通过人员配备，每个人的知识和能力得到了发展，素质也得了提高。

🔔 **理解贴士** 在组织设计好之后，我们需要把人员配备到相应的岗位上，这样组织才能够运转，其实是在组织设计的基础上进一步展开组织工作。人员配备根本的概念要从双向的角度出发，一方面是组织的需要，指组织对人员的素质的要求等；另一方面就是人的特点是不是适合组织，是不是适合这个岗位的工作。

📌 **命题趋势** 在考试的时候，人员配备概念是比较容易考名词解释的。关于概念，涉及两个角度的分析，可能会考查简答题。

💧 **答题技巧** 若考查名词解释，简单说明人员配备的含义即可，若定义内容太少，可适当地扩充概念包含的两个角度。考查简答题的时候，答题内容需要有一定的篇幅，因此要对两个角度的具体要点进行相对详细地阐述。

093：人员配备的程序（简答题 ☆）

（1）确定人员需要量。
人员配备是在组织设计的基础上进行的，人员需要量的确定主要以设计出的职务数量和类型为依据。

（2）选配人员。
职务设计和分析指出了组织中的人员需要具备哪些素质。为了保证担任职务的人员具备职务要求的知识和技能，必须对组织内外的候选人进行筛选，做出最恰当的选择。

（3）制订和实施人员培训计划。
培训是为了适应组织技术变革、规模扩大的需要，也是为了实现成员个人的充分发展。因此，要根据组织的成员、技术、活动、环境等的特点，有计划、有组织、有重点地进行全员培训，特别是对有发展潜力的未来管理人员的培训。

🔔 **理解贴士** 做人员配备，首先要知道组织需要多少人，其次还要注意在设计的时候要确定好组织需要什么类型的人，各类型又分别需要多少人。确定后，就要开始选人了，要看这个人的素质和能力是不是符合岗位说明书或者职位说明书的要求。最后还需要对配备的人员要进行培训，通过培训来进一步提升相应的素质和能力。

📌 **命题趋势** 这部分内容一般考查简答题，但是考查概率相对较小。

💧 **答题技巧** 答题的时候，要注意结合人员配备的概念，在定义的基础上介绍程序涉及的三个环节步骤，对于每个环节的内容，适当结合自己的理解进行阐述。

094：人员配备的原则（简答题、论述题☆☆☆）

1. 因事择人的原则
选人的目的在于使其担当一定的职务，要求其从事与该职务相应的工作。

2. 因材器使的原则
不同的工作要求不同的人去做，而不同的人也具有不同的能力和素质，能够从事不同的工作。

3. 人事动态平衡的原则
处在动态环境中的组织是在不断发展的，处于工作中的人的能力和知识是在不断提高和丰富的，同时，组织对其成员的素质认识也是不断全面、完善的。因此，人与事的配合需要进行不断地调整，实现人与工作的动态平衡。

💡 **理解贴士** 原则就是做事情的依据、方向指导，或者是做事情需要考虑的方面，相较于原理的科学性，它的主观性更强一些。

📎 **联系拓展** 管理学中关于原则的内容还有很多，如管理的原则、组织设计的原则。

📌 **命题趋势** 这部分内容是高频考点，比较容易考简答题。

🖊 **答题技巧** 这部分内容相对来说比较容易理解，关键是要把握其背后的思想和理念，要有辩证地看待和分析问题的意识，具体内容要梳理好，答题的时候要结合基本的定义，在罗列三个原则要点的基础上，对核心内涵展开论述。

095：管理人员需要量的确定（简答题☆）

1. 组织现有的规模、机构和岗位
管理人员的配备首先是为了指导和协调组织活动的展开，因此需要参照组织结构系统图，根据管理职位的数量和种类，确定企业每年平均需要的管理人员数量。

2. 管理人员的流动率
确定未来的管理人员需要量，要求计划对自然或非自然的管理干部减员进行补充。

3. 组织发展的需要
随着组织规模的不断发展、活动内容的日益复杂，管理工作量将会不断增加，从而对管理人员的需要也会不断增加。因此，计划组织未来的管理干部队伍，还须预测和评估组织发展与业务扩充的要求。

💡 **理解贴士** 管理人员的选聘就是指把管理者招到组织里的方法。而选聘前首先需要了解的一个问题是管理人员到底需要招多少，这就是管理人员的需要量。

📌 **命题趋势** 这个知识点相对来说较简单，考试时单独考查的概率较小，很有可能和其他知识点联合出题，如分析管理人员的需要量及其来源。

🖊 **答题技巧** 这部分内容包含三个要点，每个要点都要能基于理解用自己的话阐述清楚。另外需要注意的是，在答题的时候，可以适当结合管理人员的选聘的含义，即什么是管理人员的选聘，然后再谈管理人员的需要数量以及来源。

096：管理人员的来源（简答题、论述题、案例分析题☆☆☆）

组织可从外部招聘或从内部提拔所需的管理人员。

1. 外部招聘
外部招聘是指根据一定的标准和程序，从组织外部的众多候选人中选拔符合空缺职位工作要求的

管理人员。

（1）外部招聘的优点。

①被聘干部具有"外来优势"。

②有利于平息和缓和内部竞争者之间的紧张关系。

③能够为组织带来新鲜空气。

（2）外部招聘的局限性。

①外聘干部不熟悉组织的内部情况，同时，也缺乏一定的人事基础，因此需要一段时期的适应才能进行有效的工作。

②组织对应聘者的情况不能深入了解。

③外部招聘的最大局限性莫过于对内部员工的打击。

2. 内部提升

内部提升是指组织成员的能力增强并得到充分的证实后，被委以需要承担更大责任的更高职务。

（1）内部提升的优点。

①有利于鼓舞士气，提高工作热情，调动组织成员的积极性。

②有利于吸引外部人才。

③有利于保证选聘工作的正确性。

④有利于使被聘者迅速展开工作。

（2）内部提升的局限性。

①引起同事的不满。

②可能造成"近亲繁殖"的现象。

🔹 **理解贴士**　外部招聘的外来优势其实指的是"外来的和尚好念经"，对于其之前做过的事情不清楚，看到的只有他的成就。就好比实际中换工作的时候一般都会对自己的简历做一些"修饰"。所以外来优势容易让人信服。新鲜的空气或者新鲜的血液，其实就是新的做事方式，他的方法可能更新颖一些，不像原来组织里的人都是一些老套路。

内部提升要注意，当高层职位有空缺的时候才能提升，所以这里虽然强调的是组织成员能力提升之后，要给予他更高的职位，但也得看实际中有没有这个职位的空缺，如果没有职位的空缺，整个组织运行得还可以，不断地提升也不是特别合适。员工看到只要能力提高了，职位待遇就会提升，员工会更有干劲，更有积极性，那外部的人才也都会愿意加入这样的组织。而对于选聘工作的正确性的保证，相较于外部招聘对于面试人员的了解程度不够，内部提升对内部员工的了解程度比较高，比较熟悉，这样就能够更加正确、合理地衡量人员，选用人员。

🔹 **命题趋势**　这个知识点是一个高频考点，经常考论述题、案例分析题。这个知识点经常考查两种途径的对比。

🔹 **答题技巧**　如果考查简答题如"外（内）部招聘的优点和缺点"，要先回答什么叫外（内）部招聘，这就是"破题"，抓住题干的关键词，首先把这个问题的关键点阐述清楚。然后再继续答题，论述具体的内容，涉及二者的对比问题时，要知道二者之间对应的逻辑关系，论述的时候要有一个非常清晰的逻辑框架。如果考案例分析题，对于具体的要点内容需要结合案例材料去论述。

097：管理人员选聘的标准（简答题☆）

1. 在具体讨论管理干部的标准以前，有必要做两点说明：

（1）组织中不同层次不同职能机构的管理职务，需要完成不同的工作，要求职务担任者具备不同的知识技能。

（2）选聘管理干部的主要依据是能力，而不是贡献。

2. 不同管理人员的具体要求中可以辨别出一些相同的方面：

（1）管理的欲望。

（2）正直、诚信的品质。

（3）冒险的精神。

（4）决策的能力。

（5）沟通的技能。

💧 理解贴士　要选一个优秀的管理人员，首先得有标准，要明确什么样的管理人员才是优秀的管理人员。对于这个标准，其实没有统一的划分，因为不同的层次，不同的职能，需要不同的知识和技能。

💧 联系拓展　领导特性理论，就是探讨好的领导的特点，具备什么样的素质、品质、能力的领导是一个好的领导。

✏ 命题趋势　这个知识点单独出题考查的概率不大。如果考查，一般是以简答题的形式。

✏ 答题技巧　作答简答题时要注意"总—分"的结构形态，罗列要点内容并适当地展开即可。

098：管理人员的选聘程序与方法（简答题☆）

1. 公开招聘

2. 粗选

3. 对粗选合格者进行知识与能力的考核

（1）智力与知识测验。

测验是要通过考试的方法测评候选人的基本素质，包括智力测验和知识测验两种基本形式。

（2）竞聘演讲与答辩。

发表竞聘演讲，可以为候选人提供充分展示才华、自我表现的机会。

（3）案例分析与候选人实际能力考核。

情景模拟的方法有处理公文测验和无领导小组讨论两种。

（4）民意测验。

（5）选定管理人员。

💧 理解贴士　选聘的程序其实就是几个环节和几个步骤。第一步公开招聘就是当职位出现空缺时，要发布招聘信息，这往往是一个企业的人力资源部门的招聘专员们做的事。但这里其实不够具体，招聘时还需要具体的岗位的名称、岗位的要求、薪资待遇等信息。第二步就是展开招聘之后，对于投递的简历进行初步筛选，主要看简历信息和岗位要求的匹配度。第三步就是初选之后做具体细致的考察（涉及多个方面），最后择优录用。

✏ 命题趋势　在考试中，这一内容单独出题考查的概率也比较小，考查的题型一般都是简答题。

✏ 答题技巧　这部分内容主要考查简答题，要注意题目的问法，比如，问管理人员的选聘过程，其实就是问管理人员的选聘程序和方法，所以知识点的学习和运用要灵活。答题方面，按照简答题的结构和涉及的要点作答即可。

099：管理人员考评的目的和作用（简答题、论述题☆☆）

1. 为确定管理人员的工作报酬提供依据

（1）这是许多企业进行人事评估的主要目的。

（2）管理人员的工作特点。

①管理人员的工作往往具有较大的特性。

②管理人员的工作效果通常难以精确地量化处理。

③这种结果往往受到存在于管理人员之外的许多难以界定的因素的影响。

（3）管理人员报酬确定：不仅要根据担任这项职务所必需的素质来确定能力工资或职务工资，而且还应根据管理人员在工作中的态度、努力程度、实际表现等因素来确定绩效工资。

2. 为人事调整提供依据

3. 为管理人员的培训提供依据

4. 有利于促进组织内部的沟通

💡 **理解贴士**　第一个作用是为报酬提供依据，注意这里说的是对管理人员的考评，不是对普通员工，普通员工如流水线的工人，根据计件的数量等数据标准就可以确定报酬，比较客观，但管理人员的考评本质上来讲没有客观的标准，因为对于不同职能如人力、财务、营销、研发等对应的管理人员的考核，标准难以精确、凝聚的量化，而且工作的效果往往还会受到一些外界因素的影响。第二个作用是为人事调整提供依据，就是指对于人员评定、升职降职等要以考评的结果为依据。第三个作用是考评中的结果可以给培训提供参考依据。第四个作用是促进沟通。沟通主要指的是信息的传递和理解，考评的结果就是下属工作的结果信息传递给了上级，上级更加了解下属的工作。当然如果考评的过程中出现了问题，也会进一步针对问题进行讨论。

📌 **命题趋势**　这部分内容还是比较容易单独出题考查的，考查的形式主要是简答题和论述题，需要注意的是，具体的问法，比如考管理人员考评的重要性、意义其实也是在问目的和作用。

🔑 **答题技巧**　这一知识点主要包含了四个要点，答题的时候首先就是在对基本定义阐述的基础上，直接明了地罗列这四个要点，然后针对每个要点的内容适当展开论述，内容表达清楚即可。

100：管理人员考评的内容（简答题、论述题☆☆）

1. 关于贡献考评

贡献考评是指考核和评估管理人员在一定时期内担任某个职务的过程中对实现企业目标的贡献程度。

贡献评估需要注意以下两个问题：

（1）应尽可能把管理人员的个人努力和部门的成就区别开来，即力求在所辖部门的贡献或问题中辨识出有多大比重应归因于主管人员的努力。

（2）贡献考评既是对下属的考评，也是对上级的考评。

2. 关于能力考评

能力考评是指通过考查管理人员在一定时间内的管理工作，评估他们的现实能力和发展潜力，即分析他们是否符合现任职务所具备的要求，任现职后的素质和能力是否有所提高，以此来推测其能否担任更重要的工作。

（1）计划能力考评。

（2）组织能力考评。

（3）为了尽可能地得到客观的评价意见，问题应设计成是非判断题的形式。

（4）考评中的"明确"和"具体"的要求不应与"复杂"和"烦琐"相混同。

💡 **理解贴士**　对于管理者的评价，第一看贡献，第二看能力。如果仅看贡献或者仅看能力，就会显得不够全面，所以要两方面结合起来看。关于贡献考评涉及两个问题，一个是要把管理人员的个人努力和部门的成就区分开，以防虽然管理人员不作为，但是由于下级的高绩效表现，致使整个部门的绩效提升；另一个是贡献既是对下级的考评，也是对上级的考评，即考评贡献的程度就是对组织目标的贡献程度，所以要注意对下级进行考评的同时，也是在考评作为上级对下级的目标定得好不好。关于能力考评，注意一个观点，就是能力和贡献往往不存在严格的一一对应的关系。换句话说，努力不一定成功。

📌 **命题趋势**　这部分内容直接考查的可能性并不是很高，主要还是以简答题和论述题这种对要点内容做知识复现的题型进行考查。

✏️ **答题技巧**　对于涉及多个要点的知识点，在答题方面的结构和内容注意事项都差不多，都需要注意结合相关名词的含义，对于具体的内容要注意结构的层次性，要点要鲜明，要点内容的详细阐述可以结合自己的理解。

101：管理人员考评的工作程序与方法（简答题☆）

公平的考评要求：
（1）确定考评内容。
（2）选择考评者。
（3）分析考评结果，辨识误差。
（4）传达考评结果。
（5）根据考评结论，建立企业的人才档案。

有规律地定期考评管理干部，可以使企业了解管理干部的成长过程和特点，可以使企业建立人力资本档案，可以帮助企业根据不同的标准将管理人员分类管理，如根据每个人的发展潜力可以分成：①目前即可提升的；②经过适当培训后便可提升的；③基本胜任工作、但有缺陷需要改善的；④基本不符合要求、需要更换的等类型。

🔔 **理解贴士**　可以把程序等同地理解为过程，因为程序的标准的定义，讲得很详细，而且没有模棱两可的情况可以具体执行，这样的内容称为程序，其实它就是详细说明了过程是先做什么后做什么。

如果要做考评，第一步要确定考评的内容，前面讲了考评内容，主要是考评能力和贡献这两个方面。第二步要选择考评者，这个往往被视为人事部门的任务，一般来讲都是由人力资源部门相关的同事来负责考评的工作，但是也会出现由直接上司来考评各级管理者的情况。第三步就是拿到结果之后要进行分析，看有没有出现偏离实际的情况。第四步就是传达结果，这个结果传递给上级，当然是上级要了解考评结果的情况，还要反馈给被考评者，使其根据结果调整改进工作。最后考评的结果要进入人才档案，鉴于组织的发展，强调人事动态平衡，就是说人在成长，组织也在发展，那么要把这个人调整到适合他的岗位上，有可能他的能力提高了，要给他安排更高的职务。这个依据就是来自考评，建立正规的材料档案，可以作为他阶段性工作的评价和依据。

📌 **命题趋势**　从往年的考试情况来看，这部分考查频率不是很高，知识点的整体框架也比较简单，考查的题型以简答题的形式为主。

✏️ **答题技巧**　这部分考查的主要是简答题，由于这里涉及的要点内容是过程性的，有先后顺序，所以需要梳理清楚要点之间的关联，构建好答题的结构，然后按照简答题的注意事项答题即可。

102：管理人员培训的目标（简答题☆☆）

培训不仅可以直接丰富个人的知识、增强个人的素质、提高个人的技能，而且可以辨识个人的发展潜力，管理队伍的稳定和组织人员的培训工作是相互促进的。
（1）培训提供了个人发展的机会，能够<u>降低管理人员的离职率</u>。
（2）管理干部的稳定性，又能<u>促进企业放心地进行人力投资</u>，使企业舍得花钱培训，而不用担心"为他人做嫁衣"。

旨在提高管理队伍素质，促进个人发展的培训工作，必须实现以下 4 方面的具体目标：

（1）传递信息。

这是培训管理人员的基本要求。培训可以管理人员可以了解企业在一定时期内的生产特点、产品性能、工艺流程、营销政策、市场状况等方面的情况，熟悉公司的生产经营业务。

（2）改变态度。

通过培训，新聘管理人员可以逐步了解组织文化，接受组织的价值观念，按照组织中普遍的行动准则从事管理工作，与组织同化。

（3）更新知识。

为了使企业的活动跟上技术进步的速度，为了使管理人员能有效地管理具有专门知识的生产技术人员的劳动，必须通过培训，及时补充和更新他们的科学、文化、技术知识。

（4）发展能力。

培训管理人员的一个主要目的，便是根据管理工作的要求，努力提高他们在决策、用人、激励、沟通、创新等方面的管理能力。

🔹**理解贴士** 培训对管理人员是有好处的，管理人员通过培训可以获得一笔无形的财富，所以培训是能够促进管理队伍的稳定的。如果管理人员很稳定，企业就会放心大胆地花成本培训这些管理人员。所以其实是相互促进的，是一个正向循环。

🔹**联系拓展** 培训是泰罗最先提出的，在泰罗之前一般是师徒制，二者有本质的区别，区别的根源在于分工，社会的分工是越来越细的，这叫作社会分工理论。越来越细的分工就导致每个人从事的工作越来越简单，只要通过短期的培训就能够掌握技能，上岗工作。如果要做一个很复杂的工作，则必须是师徒制，这个培训周期是很长的。

🔸**命题趋势** 培训内容是比较重要的知识点。这部分的考查概率还是比较大的，所以，要引起足够的重视。

🔸**答题技巧** 要注意管理人员的培训和队伍的稳定之间的关系，有可能会单独考查这个要点。然后，关于四个目标的内容，其实也是在讲目的，考试时出题的方式和角度可能会出现变化。具体的内容要能够适当地展开，掌握关键点，表述清楚。

103：管理人员的培训方法（名词解释、简答题、论述题☆☆）

（1）工作轮换。

包括管理工作轮换与非管理工作轮换。非管理工作轮换是根据受培训者的个人经历，让他们轮流在公司生产经营的不同环节工作，以帮助他们取得各种工作的知识，熟悉公司的各种业务。管理工作轮换是在提拔某个管理人员担任较高层次的职务以前，让他先在一些较低层次的部门工作，以积累不同部门的管理经验，了解各管理部门在整个公司中的地位、作用及其相互关系。

（2）设置助理职务。

在一些较高的管理层次设立助理职务，不仅可以减轻主要负责人的负担，使之从繁忙的日常管理中脱出身来，专心致力于重要问题的考虑和处理，而且具有培训待提拔管理人员的作用。

（3）临时职务与彼得原理。

①临时职务。

安排临时性的代理工作具有和设立助理职务相类似的作用，可以使受培训者进一步体验高层管理工作，并在代理期内充分展示其具有的管理能力，或迅速弥补他所缺乏的管理能力。

②彼得原理。

彼得原理是指在实行等级制度的组织里，每个人都崇尚于上升到其能力所不及的层次。由于组织中经常有些管理人员，在被提升后不能保持原来的成绩，可能给组织带来效率的大滑坡。因此，检查某个管理人员是否具备担任较高职务的条件的一种可行方法，就是安排其担任某个临时性的"代理"职务，并进行相应的考察。

🔵 **理解贴士** 工作轮换在现实中有的地方称为轮岗，包括管理岗位的轮换和非管理岗位的轮换。非管理岗位工作的轮换，其实是要了解整个公司不同的生产运作环节的业务过程。管理工作的轮换，是从一个管理的职务岗位调到另外一个职务岗位，但是由于调动的这些岗位都是管理岗，因此作为管理者，只有了解岗位全貌之后，才能抓好全面工作。

担任助理职务的人员将来是要升职的，高层管理者的助理，在日常的工作中了解高层管理者的各项内容和对问题的思考方式，通过这种耳濡目染，助理既得到了一种锻炼，也学到了高层管理者的工作方法，其实也相当于培训，当其可以独当一面的时候就能担任正式的管理岗位了。

临时职务，实际上是一种代理，是临时的、非正式的。员工担任临时职务，是因为这个职务出现了空缺之后，如果直接任命，员工可能不太胜任，所以先让其代理一段时间，如果代理的这段时间干得挺好，可以再正式任命。

彼得现象产生的一个重要的原因是，提拔是根据过去的成绩决定的，为什么会选错？为什么干不了还会提拔他？是因为我们在判断的时候往往是看过去的成绩和能力，未来的无法预测。这个时候就出现了彼得现象，即每个人都在自己不擅长的岗位上工作，整个组织效率就会很低，所以应该先尝试一下。

➤ **命题趋势** 这部分内容的考查概率是非常大的，而且每个方法都可能考名词解释。当然，对于整体内容的考查主要是以简答题和论述题的形式。

✏️ **答题技巧** 工作轮换、临时职务和彼得原理，这三个名词在考试中很有可能会出名词解释，要把握好其内涵。需要注意的是，工作轮换中又包括了管理工作轮换与非管理工作轮换，也可能考查名词解释。如果考简答题和论述题，就是对这几个方法的整体考查，答题时要根据这两种题型，灵活地把握答题内容的篇幅。

📋 本章小结

> 本章介绍的内容是人员配备，在学习的过程中，不要忽略对人员配备内涵的把握，这有利于联系前后内容，比如，人员配备是在组织设计确定了具体的结构和岗位之后进行的，具体的原则和组织设计的原则也有一定的联系。此外，一些细节性的内容也需要注意，比如，管理人员的培训和队伍的稳定之间的关系，可能单独考查。

课后真题

一、选择题

1. 外部招聘最大的局限性在于（　　）。

A. 招聘成本高昂

B. 外聘人员不熟悉组织内部情况

C. 组织对应聘者的情况不能深入了解

D. 对内部员工士气的打击

【关键要点】人员选聘、内部招聘、外部招聘、外部招聘的优点、外部招聘的缺点

【参考答案】外部招聘的最大局限性莫过于挫伤组织现有员工的工作积极性，影响他们的士气。因

此，本题正确答案为 D 项。

2."我们所需要的是培养与明日的任务相匹配的管理人员。"管理学大师彼得·德鲁克的这一观点符合人员配备中的哪项原则？（　　）

A. 因事择人

B. 因才使用

C. 人事动态平衡

D. 彼得原理

【关键要点】人员配备、原则、因事择人的原则、因材器使的原则、人事动态平衡的原则

【参考答案】工作中人的能力是不断提高和丰富的，培养员工属于"人事动态平衡"。人事动态平衡的原则指的是处在动态环境中的组织是在不断发展的，工作中的人的能力和知识是在不断提高和丰富的，同时，组织对其成员素质的认识也是不断扩充和完善的。因此，人与事的配合需要不断地调整，使能力有所发展并得到充分证实的人担任更高层次的、责任更多的工作，使能力平平、不符合职务需要的人有机会开展力所能及的活动，从而把每一个人都能得到最合理的岗位，实现人与工作的动态平衡。因此，本题正确答案为 C 项。

二、名词解释

彼得原理

【关键要点】等级制度、能力所不及的层次、效率的大滑坡、临时性的"代理"职务

【参考答案】彼得原理是指在实行等级制度的组织里，每个人都崇尚于上升到其能力所不及的层次。由于组织中经常有些管理人员，在被提升后不能保持原来的成绩，可能给组织带来效率大滑坡。因此，检查某个管理人员是否具备担任较高职务的条件的一种可行方法，就是安排其担任某个临时性的"代理"职务，并进行相应的考察。

三、简答题

简述外部招聘的内容。

【关键要点】外来优势、缓和内部竞争、新鲜空气、人事基础、错误的选聘、对内部员工的打击

【参考答案】外部招聘是指根据一定的标准和程序，从组织外部的众多候选人中选拔符合空缺职位工作要求的管理人员。

（1）外部招聘的优点。

①被聘干部具有"外来优势"。

"外来优势"主要是指被聘者没有"历史包袱"，组织内部成员（部下）只知其目前的工作能力和实绩，而对其历史，特别是职业生涯中的失败记录知之甚少。因此，如果他确有工作能力，那么便可迅速地打开局面。相反，如果从内部提升，下属可能对新上级在成长过程中的失败教训有着非常深刻的印象，从而可能使后者不敢大胆放手工作。

②有利于平息和缓和内部竞争者之间的紧张关系。

外部招聘有利于消除各种内部竞争，有利于缓和内部成员之间因为晋升所形成的紧张关系。

③能够为组织带来新的变化。

来自外部的候选人可以为组织带来新的管理方法与经验。他们没有太多的条条框框的束缚，工作

起来可以放开手脚，从而给组织带来较多的创新机会。此外，由于他们刚加入组织，没有与上级或下级历史上的个人恩怨关系，从而在工作中可以很少顾忌复杂的人情网络。

（2）外部招聘的局限性。

①外聘干部不熟悉组织的内部情况，同时，也缺乏一定的人事基础，因此需要一段时期的适应才能进行有效的工作。

②组织对应聘者的情况不能深入了解。被聘者的实际工作能力与选聘时的评估能力可能存在很大差距，因此组织可能聘用到一些不符合要求的管理人员。这种错误的选聘可能给组织造成极大的危害。

③外聘干部的最大局限性莫过于对内部员工的打击。如果组织经常从外部招聘管理人员，且形成制度和习惯，则会堵死内部员工的升迁之路，从而会挫伤他们的工作积极性，影响他们的士气。

四、论述题

简述管理人员考评的内容。

【关键要点】个人努力和部门的成就、下属的考评、上级的考评、计划能力、组织能力、客观的评价、"明确"与"具体"

【参考答案】一般来说，为确定工作报酬提供依据的考评着重于管理人员的现时表现，为人事调整或组织培训而进行的考评则偏向技能和潜力的分析，然而，组织中具体进行的人事考评，往往不是与一种目的有关，而是为一系列目的服务。

（1）关于贡献考评。

贡献考评是指考核和评估管理人员在一定时期内担任某个职务的过程中对实现企业目标的贡献程度，即评价和对比组织要求某个管理职务及其所辖部门提供的贡献与该部门的实际贡献。贡献考评往往是努力程度和能力强度的函数。

贡献评估需要注意以下两个问题：

①应尽可能把管理人员的个人努力和部门的成就区别开来，力求在所辖部门的贡献或问题中辨识出有多大比重应归因于主管人员的努力。

②贡献考评既是对下属的考评，也是对上级的考评。贡献考评是考核和评价具体管理人员及其部门对组织目标实现的贡献程度。

（2）关于能力考评。

能力考评是指通过考查管理人员在一定时间内的管理工作，评估他们的现实能力和发展潜力，即分析他们是否符合现任职务所具备的要求，任现职后其素质和能力是否有所提高，从而能否担任更重要的工作。

①计划能力考评。

a. 是否为本部门制订与公司目标有明确关系的可考核的长期和短期目标。

b. 是否理解公司政策在其他决策中的指导作用，并确保下属也这样做。

c. 是否定期检查计划的执行情况，以确保部门的实际工作与计划要求相一致。

②组织能力考评。

a. 对下属的工作职责和任务是否有明确的要求，并确保下属能理解自己的任务。

b. 是否对下属在进行工作、承担责任的过程中授予相应的职权。

c. 在授权后是否能控制自己不再利用这些职权进行决策，从而干预下属工作。

d. 是否建立了必要的信息反馈制度，并明确职权系统与信息反馈系统在管理中的地位、区别等。

③为了尽可能地得到客观的评价意见，问题应设计成是非判断题的形式。

④考评中的"明确"和"具体"的要求不应与"复杂"和"烦琐"相混同。只有经过专门训练的专家才能看懂、填写的考评表，在实际操作中会遇到与简单抽象概念打分类似的困难。

第十一章 组织力量的整合

知识导图

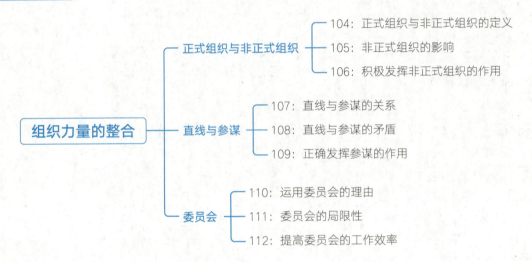

学习提示

1. 结构体系方面

本章主要包括三个部分：正式组织与非正式组织（二者的定义、非正式组织的影响、积极发挥非正式组织的作用）、直线与参谋（二者的关系、矛盾以及怎样正确发挥参谋的作用）、委员会（运用委员会的理由、委员会的局限性、提高委员会的工作效率）。

2. 重难点方面

本章第一部分中，非正式组织的影响以及如何发挥其作用在考试中出现的概率比较大，而且很多时候是结合在一起考查。第二部分中，直线与参谋的矛盾单独考查的概率最大，其次就是参谋作用的发挥，可能单独考查，也可能结合其他知识点考查。第三部分中，最常考的是委员会的运用原因和局限性。

3. 注意事项

要注意对一些知识点的问法，比如，关于运用委员会的理由，可能会问为什么要用委员会的形式。

知识切片

104：正式组织与非正式组织的定义（名词解释、简答题、论述题☆☆☆）

（1）正式组织。指有明确的目标、任务、结构、职能以及由此而决定的成员间的责权关系，对个人具有某种程度的强制性的组织。

（2）非正式组织。频繁的非正式联系促进了成员间的相互了解，一些无形的、与正式组织有联系、但又独立于正式组织的小群体会慢慢地形成。这些小群体形成以后，其成员由于工作性质相近、社会地位相当，对一些具体问题的认识基本一致、观点基本相同，或者在性格、业余爱好以及感情相投的基础上，产生了一些被大家所接受并遵守的行为规则，从而使原来松散、随机性的群体渐渐成为趋向固定的非正式组织。

（3）正式组织与非正式组织的区别。
①正式组织的活动以成本和效率为主要标准，要求组织成员为了提高活动效率和降低成本而确保形式上的合作，并通过对他们在活动过程中的表现予以正式的物质与精神的奖励或惩罚来引导他们的行为。因此，维系正式组织的主要原则是理性原则。
②非正式组织主要以感情和融洽的关系为标准。它要求其成员遵守共同的、不成文的行为规则。对于那些自觉遵守和维护规范的成员，非正式组织会予以赞许、欢迎和鼓励，而对于那些不愿就范或犯规的成员，非正式组织则会通过嘲笑、讥讽、孤立等手段予以惩罚。因此，维系非正式组织的主要方式是接受与欢迎或孤立与排斥等感情上的因素。

🔔 **理解贴士** 正式组织，其实就是一直提到的组织，前面提到的组织的诸多内容，都没有明确正式或非正式这个概念，所以在没有提到正式或非正式的情况下，都是在讲正式组织。正式组织是设计出来的，是设计的结果，管理者进行组织设计，设计的是正式组织。非正式组织不是设计出来的，非正式组织是伴随着正式组织产生的，如果没有正式组织，就不会存在非正式组织。

📖 **联系拓展** 梅奥通过霍桑实验得出结论，正式组织里还存在非正式组织。

✈ **命题趋势** 在考试的时候，非正式组织的名词解释是一个高频考点，也有可能考正式组织与非正式组织这种成对名词的对比分析，比如"谈一下正式组织和非正式组织的联系和区别"。

✏ **答题技巧** 对于名词解释来说，非正式组织的定义内容还是比较多的，所以回答概念就可以了。如果出简答题考查二者的区别，就需要在阐述二者的基本定义的基础上阐述对应区别的要点，整体的答题结构还是比较清晰的，关键是对内容的把握。

105：非正式组织的影响（简答题、论述题、案例分析题☆☆）

（1）非正式组织的积极作用。
①可以满足职工的需要。
②易于产生和加强合作的精神。
③促进正式组织中的工作开展。
④帮助维护正式组织的秩序。

（2）非正式组织可能造成的危害。
①非正式组织的目标如果与正式组织冲突，则可能对正式组织的工作产生极为不利的影响。
②非正式组织要求成员一致性的压力，往往也会束缚成员的个人发展。

③非正式组织的压力还会影响正式组织的变革，发展组织的惰性。

💡 **理解贴士** 不管是非正式组织的影响还是其他的影响，都是分两个方面来讲的，好的是积极影响，坏的是消极影响，进一步考虑，好的和坏的是有可能相互转化的。非正式组织满足的是职工的社会交往感情和归属的需要，它能促进成员之间关系的融洽，有利于在工作中开展合作。如果没有正式组织，非正式组织就不存在，所以管理者会特别维护正常的这种组织的活动和秩序。而一致性的压力，其实就是一种已知性压力，尽管不愿意跟别人不一样，但为了融入这个集体只能被迫同其他人做的一样。

🔗 **联系拓展** 关于人的需要，学者马斯洛总结了五种：生理需要、安全需要、社会交往的需要、尊重的需要和自我实现的需要。

✍ **命题趋势** 这个知识点一般会考查简答题，有时也会结合其他知识点一起考查论述题，也可能在案例分析题中考查。

✏ **答题技巧** 答题方面，这部分的结构相对来说还是比较清晰的，主要是两类影响，积极的和消极的，每一类都包含几个要点，分类阐述就可以了，需要注意的是要先阐述基本的定义，然后再具体论述两类影响。

106：积极发挥非正式组织的作用（简答题、论述题☆☆）

不管我们承认与否、允许与否、愿意与否，上述影响总是客观存在的。正式组织的目标的有效实现，要求积极利用非正式组织的贡献，努力克服和消除它的不利影响。

（1）利用非正式组织，首先要认识到非正式组织存在的客观必然性和必要性，允许乃至鼓励非正式组织的存在，为非正式组织的形成提供条件，并努力使之与正式组织吻合。

（2）建立和宣传正确的组织文化来影响非正式组织的行为规范，可以引导非正式组织提供积极的贡献。正确的组织文化是企业协调和引导非正式组织成员行为的重要手段。

💡 **理解贴士** 首先作为管理者要认识到非正式组织是不可能彻底消除的，是客观存在的，然后联系其对组织的影响是有好有坏的，所以就要克服不利影响，发挥积极影响。

✍ **命题趋势** 这一知识点的内容比较容易单独考查简答题，有时候也会和上一个知识点，即非正式组织的影响联系在一起考查论述题，设问如何对待非正式组织，也就是基于对非正式组织的了解采取发挥其作用的措施。

✏ **答题技巧** 积极发挥非正式组织的作用，也就是发挥非正式组织的积极影响，也是对非正式组织的管理。答题思路：首先要端正态度，认识到其存在的客观必然性，其次要认识到其积极的影响和消极的影响，最后就是要"扬长避短"，发挥积极作用。

107：直线与参谋的关系（名词解释、简答题☆☆）

1. 直线关系

（1）由管理幅度的限制而产生的管理层次之间的关系便是直线关系。
（2）直线关系是一种命令关系，是指上级指挥下级。
（3）直线关系是组织中管理人员的主要关系，组织设计的重要内容是规定和规范这种关系。

2. 参谋人员

（1）由于企业很难找到精通各种业务的"全才"，直线主管也很难使自己拥有组织本部门活动所需的各种知识。人们常借助设置一些助手，利用不同助手的专门知识来补偿直线主管知识的不足，协助他们的工作。这些具有不同专门知识的助手通常被称为参谋人员。
（2）参谋人员的主要任务是提供某些专门服务，进行某些专项研究，以提供某些对策建议。

3. 直线与参谋的区别

直线与参谋是两类不同的职权关系。直线关系是一种指挥和命令的关系，授予直线人员的是决策和行动的权力；而参谋关系则是一种服务和协助的关系，授予参谋人员的是思考、筹划和建议的权力。

💧 **理解贴士**　由于管理幅度有限，产生了管理层次，管理层次上级管下级，上级对下级下命令，逐级往下传，这就是直线关系，本质是一种命令关系，而且下级要服从上级，那么这种一级管一级，就会贯穿整个组织，从最高层到最基层一直延伸，这就形成了法约尔所讲的等级链。

直线部门的主要任务做决策，参谋部门的主要任务是提建议。谁做决策，谁提建议，两个部门的分工是很明确的。

💧 **联系拓展**　波特的价值链对企业的活动做了区分，一个是基础活动，另一个是辅助活动。

✒ **命题趋势**　这部分内容如果考查最根本的概念，主要还是考查名词解释。

✒ **答题技巧**　考名词解释相对来说答题比较容易一些，主要就是把名词的内涵阐述清楚，这里的直线关系和参谋人员，其内涵都涉及几个要点，答题的时候不可有遗漏。

108：直线与参谋的矛盾（简答题、案例分析题 ☆☆）

直线与参谋之间常常存在的<u>两种矛盾</u>：一是虽然保持了命令的统一性，但参谋作用不能充分发挥；二是参谋作用发挥失当，破坏了统一指挥的原则。

（1）<u>从直线经理的角度</u>。

从直线经理的角度来看，他们需要对自己所辖部门的工作结果负责。因此，当参谋人员和部门对与自己有关的工作发表议论和评论甚至指手画脚时，就有可能被认为是干预了上级的工作，从而可能对他们产生不满。直线经理对参谋作用的敌视和忽视，使得后者的专业知识不能得到充分利用。

（2）<u>从参谋人员的角度</u>。

从参谋人员的角度来看，会因为直线经理的轻视而产生不满。若告诉他们，决策是直线管理的职能，他们的作用只是支持性的、辅助性的，处于第二位时，他们自然会感觉受到了挫折甚至侮辱，从而产生对直线经理的不满。

💧 **理解贴士**　直线关系和参谋关系相互掣肘、相互影响，以至于如果直线关系发挥不好，参谋关系的作用也发挥不好。这里指的是两种倾向，一种情况是过于看重命令统一，参谋人员发挥不了作用，参谋人员提建议不听，全是直线经理在下命令，当然不管他下的命令的好与不好了；另一种情况就是参谋人员的作用发挥过度破坏了统一指挥，提建议和出主意的这些人，他不仅提建议，而且管得太多了，他的权力比较大甚至威胁到了统一指挥。

✒ **命题趋势**　这部分内容经常考查简答题，个别也会在一些案例分析题中考查。

✒ **答题技巧**　在回答直线和参谋的矛盾的简答题时，首先阐述什么是直线关系以及什么是参谋人员，然后再阐述二者之间的矛盾是什么，将两种矛盾分类阐述清楚即可。

109：正确发挥参谋的作用（简答题 ☆☆）

1. 明确职权关系

（1）对直线经理来说，只有了解参谋工作，才有可能自觉地发挥参谋的作用，利用参谋的知识，认真对待参谋的建议，充分吸收其中合理的内容，并勇于对这种吸收以及据此采取的行动的结果负责。

（2）对参谋人员来说，只有明确了自己工作的特点，认识到参谋存在的价值在于协助和改善直线的工作，而不是去削弱他们的职权，才有可能在工作中不越权、不争权，而是努力地提供好的建议。

2. 授予必要的职能权力

（1）授予职能权力是指直线主管把原本属于自己的指挥和命令直线下属的某些权力授予给有关的参谋部门或参谋人员行使，从而使这些参谋部门不仅具有研究、咨询和服务的责任，而且在某种职能范围内（如人事、财务等）具有一定的决策、监督和控制权。

（2）组织中参谋人员发挥作用的4种方式。

①参谋专家向他们的直线上司提出意见或建议，由后者把建议或意见作为指示传达到下级直线机构。

②直线上司授权参谋直接向自己的下级传达建议和意见，取消自己的中介作用。

③参谋不仅向直线下属传达信息、提出建议，而且告诉后者如何利用这些信息，应采取何种活动。

④上级直线主管把某些方面的决策权和命令权直接授予参谋部门。

3. 向参谋人员提供必要的条件

要取得参谋人员的帮助，必须首先帮助参谋人员的工作，向参谋人员提供必要的工作条件，特别是相关信息情报，使他们能及时地了解直线部门的活动进展情况，从而能够提出有用的建议。

🔷 **理解贴士** 虽然直线和参谋之间有很多的矛盾，但是参谋是有着重要作用的，那就是对于直线的辅助和监督。而且直线部门的经理可能知识不全面，不是全才，必须有人给他提建议，所以不能把参谋完全去掉。既然参谋职位应该存在，那就要让其发挥好自己的作用，这是作为管理者应该思考的问题。

🔷 **命题趋势** 这部分内容，考试中比较容易单独考简答题。当然，有时一些案例分析题也可能会结合这几个要点进行考查。

🔷 **答题技巧** 对于简答题来说，主要就是对考查内容涉及的要点的罗列和简要的论述，关键在于对要点的把握要准确，对于要点的内容，掌握关键词，答题时组织语言表述清楚即可。

110：运用委员会的理由（简答题☆☆☆）

由于委员会的性质和形式多种多样，它们存在的理由往往也各自相异。

（1）综合各种意见，提高决策的正确性。

①集体讨论可以产生数量更多的方案。

②委员会工作可以综合各种不同的专门知识。

③集体讨论，可以互相启发，从而完善各种设想以及决策的质量。

（2）协调各种职能，加强部门间的合作。

各职能部门的活动相互影响、相互依存，企业目标的实现有赖于这些不同职能部门的共同努力。

（3）代表各方利益，诱导成员的贡献。

组织是由不同成员构成的，他们分属于不同的利益集团。委员会的运用，是为了使组织内的不同利益集团能够派出自己的代表，发出自己的呼声。

（4）组织参与管理，调动执行者的积极性。

委员会研究和决定解决某个问题的方案，不仅可以使更多的人（包括计划执行者的代表）参与整个决策过程，使他们了解信息、增加知识，从而为执行计划提供更好的条件，而且能够推动人们在执行过程中更好地合作。

🔷 **理解贴士** 委员会其实就是集体决策的一种形式。运用委员会的理由，就是指为什么要采用委员会的形式来进行决策，但是其实也是在整合组织内部力量之间的关系。

提高正确性的第一个方面讲的是方案数量更多。第二个方面就是指综合运用各方面的专业知识，其实也提醒了一点，选委员会成员的时候，最好专业知识要多元化，这样能够综合他们不同的专业知识，能够做出更合理的决策。第三个方面就是委员会的成员之间可以相互启发，相互讨论也会激发人的灵感，使一些之前可能不是很完善的方案，在讨论之后变得更加完善，这也提高了决策的质量。

协调各种职能，是指委员会的这些成员，来自不同的部门，这就打破了部门的界限，形成了有机的配合，所以委员会这种方式其实有利于各职能部门之间的相互影响、相互依存，有利于大家共同努力。

🔖 **命题趋势**　这个知识点主要有四个要点，考查简答题的可能性比较大。需要注意题目的问法，比如"使用委员会的理由"，也就是"为什么要采用委员会的形式"。

🔑 **答题技巧**　答题的关键就是把四个要点罗列清楚，这是主要的结构框架，然后对每一个要点做一定的论述，内容涉及多个要点的，要注意符号和结构的分类和统一。

111：委员会的局限性（简答题、论述题☆☆☆）

（1）时间上的延误。

为了取得大体一致的意见，制定出各方面基本上都能接受的决策，委员会需要召开多次会议。这些会议通常要消耗大量的时间。

（2）决策的折中性。

委员会的工作方式降低决策质量的可能性几乎与促进决策完善的机会一样多。委员会也许最终能得到全体一致的决策，那么这种决策与其说是集体的意见，不如说是各种利益冲突的结果，是各种势力妥协、折中的产物，决策的质量是有限的，甚至没有实质性的内容。

（3）权力和责任的分离。

由于委员会的集体意见只代表每个人的部分利益，没有人会为只代表自己部分利益的决策负全部责任。因此，职权与责任的分离是委员会的主要缺陷之一，它可能导致没有任何委员会成员关心委员会的工作效率。

💡 **理解贴士**　时间上的延误主要是因为开会，而且延误是相比较个体决策而言的。个体决策往往是比较快的，因为只需一个人拍板，不用跟别人商量。

决策折中跟前面运用委员会的理由其实是紧密相关的，运用委员会是希望各方利益主体都表达自己的利益诉求，最终的决策方案尽可能照顾各方的利益诉求，也是各方利益相互妥协、相互折中的结果。

责权对等是法约尔讲的一个重要的原则，但这里集体决策集体负责就等于没人负责。

🔖 **命题趋势**　这一知识点的考查概率较大，单独出题的情况比较可能考查简答题，如果是论述题就会和其他知识点结合在一起出题。

🔑 **答题技巧**　委员会的局限性，也就是委员会的问题、缺点，考试的时候要注意题目的问法，如果是单独考查，答题的时候需要阐释清楚其包含的三个要点。

112：提高委员会的工作效率（简答题、论述题☆☆）

（1）审慎使用委员会工作的形式。

处理那些对组织的全局影响更重要、更长远，从而对时间要求往往不是很严格，组织进行详细论证的问题，则可利用作为提供咨询的参谋机构，甚至作为制定政策的决策机构的委员会的工作方式。

（2）选择合适的委员会成员。

①应具有问题所涉及的不同专业的理论和实际知识。

②应是相关职能部门的负责人或利益群体的代表。

③应具备相当的综合、分析能力和合作精神。

（3）确定适当的委员会规模。

在确定委员会的规模时，要努力在追求"沟通效果"与"代表性"之间取得适当的平衡。

（4）发挥委员会主席的作用。

委员会主席应在每次会议之前制订详细的工作计划，选择恰当的会议主题，安排好议事日程，为与会者准备必要的、能够帮助他们熟悉情况的有关议题的背景材料；在讨论过程中，要善于组织和引导，既能公正地对待每一种意见，不偏袒任何一种观点，同时，也能从总体的角度出发，综合各种意见，提出易于被大部分成员所接受的新观点。

（5）考核委员会的工作。

委员会召开会议的直接成本的计算公式：$C=A \times B \times T$。式中，C 表示会议的直接成本，A 表示与会者平均小时工资率，B 表示与会人数，T 表示会议延续的时间。显然，在委员会成员数量与工资水平不变的情况下，减少为取得特定结果而所需的会议时间，是减少会议直接成本，从而提高委员会工作效率的重要途径。

🎙 **理解贴士**　委员会既有优点也有缺点，作为管理者到底应该怎么办，这是实践层面的问题，也是这部分知识的落脚点。

第一条是要审慎地使用委员会的形式，不要随意使用委员会进行决策，协调组织的力量整合。对于那种比较零散的、琐碎的事物，委员会有的时候不适用，而且比较着急的决策，时间紧迫，这种情况也不适合采用委员会。

第二条是在讲我们在选择委员会成员的时候也要注意，不是任何人都能担任委员会成员。首先，应该是专家，应具备委员会决策所需的专业知识。其次，应该是这个部门的负责人或者是利益代表才行。再次，要有合作精神，委员会成员需要具备相互妥协的艺术。最后，要有比较强的沟通能力，因为委员会是需要唇枪舌剑、你来我往地表达自己的利益观点的场合，需要具备一定的表达能力和沟通能力。

第三条是确定适当的委员会规模，管理学上谈到的规模往往都是指人数，意思是说委员会的人数不能过多，也不能过少，要取得一个平衡，也就是要适度。

第四条是要发挥委员会主席的作用，主席的很多工作是一种服务和引导，会议开始之前，主席需要制订会议的计划，安排好会议的日程，这些都是由主席来设置的，虽然会有一些人帮主席做，但必须由主席来规划。当争执不下的时候，主席要善于引导，而不是偏袒某一方，还要能够综合大家的意见，顾全大局，可以接受新的观点，这样才能够充分的发挥主席的作用。

第五条是考核委员会的工作，就是委员会天天开会，到底有没有实质性的效果，要考核工作效率，而且要考核会议的决策方式，支出的费用和决策的收益要平衡，这里只讲了直接成本，其实还有间接成本，潜在的一些支出也很重要，笼统地说，这就叫决策的收益。

🚩 **命题趋势**　委员会是管理学考研的高频考点，这三个部分都有可能会考，甚至有可能结合在一块考一道大题，如果考小题，基本上就是单独考一道简答题或者名词解释。

✒ **答题技巧**　这部分内容包括五个要点，答题的时候要对每个要点的核心要把握准确，做明确的阐述，具体阐述的内容还要结合题型特点，适当控制答题篇幅。

📋 本章小结

本章介绍了组织力量的整合，有三种力量：非正式组织、参谋、委员会。这三种力量对于正式组织而言，都有一定的影响和作用，当然影响也是分积极影响和消极影响的，或者称其为关系和矛盾、理由和局限性，这些都是一个意思。作为管理者，面对这三种力量，首先，要正视其存在的客观性和必要性；然后，要认识到其影响和作用；最后，尽可能扬长避短，发挥其优势，这是本章关于组织力量的整合要明确的观点和立场。

课后真题

一、名词解释

直线关系

【关键要点】上级指挥下级的关系、最高主管、精力的限制、委托若干副手、直接安排和控制员工

【参考答案】直线关系是一种命令关系，是上级指挥下级的关系。企业中的最高主管，由于时间和精力的限制，不可能直接地、面对面地安排和协调每一个成员的活动，需要委托若干副手来分担管理的职能，各个副手又需委托若干部门经理或车间主任，后者再委托若干科长或工段长来分担自己受托担任的管理工作。依此类推，直至组织中的基层管理人员能直接安排和控制员工的具体活动。这种由管理幅度的限制而产生的管理层次之间的关系便是直线关系。直线关系是组织中管理人员的主要关系，组织设计的重要内容便是规定和规范这种关系。

二、选择题

1. 在组织中，直线人员与参谋人员工作不协调的直接原因可能是（　　）。

A. 参谋人员设置过多，工作效率低

B. 参谋人员越权，破坏了统一指挥原则

C. 直线人员不注意发挥参谋人员的作用，使其形同虚设

D. B 或 C

【关键要点】组织力量、直线人员、参谋人员、直线与参谋的矛盾

【参考答案】在实践中，直线与参谋的矛盾冲突，往往成为造成组织运行缺乏效率的重要原因之一。考察这些低效率的组织活动，通常可以发现两种不同的倾向：要么保持了命令的统一性，但参谋作用不能充分发挥；要么参谋作用发挥失当，破坏了统一指挥的原则。这使二者常常在实际中相互产生一种不满、对立的情绪。因此，本题正确答案为 D 项。

2. 在组织中存在着正式组织和非正式组织，正式组织和非正式组织之间的一个重大的区别就是，正式组织以（　　）为重要标准。

A. 感情的逻辑　　　　　　　　　　　　B. 正规的程序

C. 科学的理念　　　　　　　　　　　　D. 效率的逻辑

【关键要点】组织力量、正式组织、非正式组织、正式组织与非正式组织的区别

【参考答案】正式组织是在组织内部有正规的程序和严格的规章制度的，非正式组织主要是以非正式沟通进行。因此，本题正确答案为 B 项。

三、简答题

简述参谋的作用。

【关键要点】随着直线关系产生；规模越大，作用越重要；协助关系；专门服务；必要的信息条件

【参考答案】参谋关系是伴随着直线关系产生的，组织的规模越大，活动越复杂，参谋人员的作用就越重要。参谋关系是一种服务和协助的关系，授予参谋人员思考、筹划和建议的权力。其主要任务仍然是提供某些专门服务，进行某些专项研究，以提供某些对策、建议。要正确发挥参谋的作用，要求明确直线与参谋的关系，授予参谋机构必要的职能权力，同时，直线经理也必须向参谋人员提供必要的信息。

想要发挥好参谋人员的作用需要做到：①明确职权关系。②授予必要的职能权力。③向参谋人员提供必要的条件，使他们能够及时了解直线部门活动的进展情况，从而提出建议。

四、案例分析题

大学生小李毕业后，被分配到一个里面有五个人的办公室工作，其他人都比他资历深。小李到办公室以后工作很积极，为这些老同志帮了不少忙，减轻了他们的负担，也为办公室赢得了先进集体的称号。领导多次在公共场合表扬他，这引起了老同志的嫉妒。同时，办公室的工作任务也增多了，很多老同志感到力不从心，都抱怨小李，有什么公共活动也不愿意叫他，小李感到自己被排挤孤立了。后来，经过其他科室同志的指导，小李主动降低了工作效率，积极性也没以前高了，领导也很少当众表扬他了，但是老同志出去集体活动也愿意叫上他了。办公室又恢复了往日的平静。

问题：

（1）说明小李变化的原因。

（2）谈谈获得的管理方面的启示。

【关键要点】非正式组织、一致性的压力、组织惰性、正确引导、组织文化

【参考答案】（1）小李工作积极，做了不少工作为老同事减轻了负担，领导多次在公共场合表扬他，引起老同志的嫉妒。之后小李为了迎合同事，降低了自己的工作积极性，"慢慢学乖"。小李之所以发生这样的变化，是因为非正式组织的存在。非正式组织是企业成员在共同工作的过程中，相互之间产生的具有共同的感情、态度和倾向，形成共同的行为准则和惯例的群体。非正式组织运用不当会给组织造成一些消极的影响：①非正式组织的目标如果与正式组织冲突，则可能对正式组织的工作产生极为不利的影响；②非正式组织要求成员一致性的压力，往往也会束缚成员的个人发展；③非正式组织的压力还会影响正式组织的变革，发展组织的惰性。

所以，非正式组织中的成员会自行限制产量，这也不难解释为什么最后小李会降低工作效率。

（2）作为管理者，要积极引导非正式组织，如不加以正确引导，就会发生与案例中的小李类似的情况，进而打击新员工的积极性。

管理者应当做到：

①利用非正式组织，首先要认识到非正式组织存在的客观必然性和必要性，允许乃至鼓励非正式组织的存在，为非正式组织的形成提供条件，并努力使之与正式组织吻合。②通过建立和宣传正确的组织文化来影响非正式组织的行为规范，引导非正式组织提供积极的贡献。正确的组织文化是企业协调和引导非正式组织成员行为的重要手段。

第十二章 组织变革与组织文化

知识导图

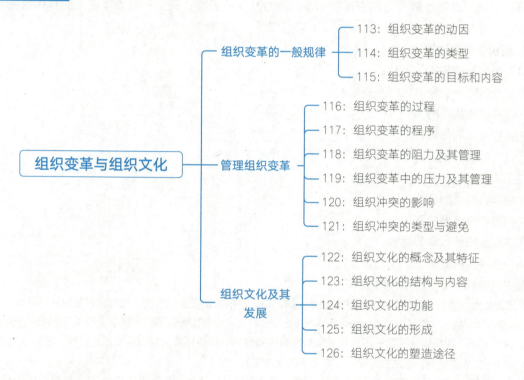

学习提示

1. 结构体系方面

本章主要包括三个部分：组织变革的一般规律（动因、类型、目标和内容）、管理组织变革（过程、程序、阻力及其管理、压力及其管理、组织冲突的影响、组织冲突的类型与避免）、组织文化及其发展（概念及特征、结构与内容、功能、形成、塑造途径）。

2. 重难点方面

总的来说，本章知识点的理解难度不大，高频考点不少，需要重点关注，比如组织变革的动因、组织变革的阻力及其管理、组织文化的概念及特征等。

3. 注意事项

组织变革的因素有时会在案例分析题中考查，需要结合案例材料和知识点内容分析。组织文化的内容有时也会出现在案例分析题中，一般比较隐晦，需要细心分析。

知识切片

113：组织变革的动因（简答题、论述题、案例分析题 ☆☆☆）

1. 组织变革

组织变革是指组织根据内外环境的变化，及时对组织中的要素进行结构性变革，以适应未来组织发展的要求。

组织变革的根本目的是提高组织的效能，特别是在动荡不定的环境条件下，要使组织顺利地成长和发展，就必须自觉地研究组织变革的内容、阻力及一般规律，研究有效管理变革的具体措施和方法。

2. 组织变革的动因

（1）外部环境因素。
①整个宏观社会经济环境的变化。
②科技进步的影响。
③资源变化的影响。
④竞争观念的改变。

（2）内部环境因素。
①组织机构适时调整的要求。
②保障信息畅通的要求。
③克服组织低效率的要求。
④快速决策的要求。
⑤提高组织整体管理水平的要求。

🔔 **理解贴士** 动因分为外部因素和内部因素，这是根据组织的边界来划分的，外部因素是指外部环境，内部因素则是指内部环境。也就是说如果一个企业要发生变革，那么一定是因为外部的环境变了或者内部的环境变了。

📖 **联系拓展** 组织设计的因素和组织变革的影响因素很像，包括环境、战略、技术、规模、阶段五大因素，学习的时候注意不要混淆，考试的时候一定要分清楚问的是哪一个。

📌 **命题趋势** 这个部分考查的概率很大，可能直接考，比如"简述组织变革的动因"，也有可能拐个弯，问"如果组织设计得很完美了，是不是就不需要变革了？"这样改成论述题，答题要明确观点，即使组织设计得很完美，随着时间的推移，也需要进行变革。

✍️ **答题技巧** 这部分内容的要点比较多，答题时在阐述组织变革的概念之后，对动因的论述就从两大类的结构基础入手，结合具体要点分条阐述，特别要注意有些题需要结合一定的事例或材料内容进行论述。

114：组织变革的类型（简答题 ☆☆）

按照变革的不同侧重，将其分为以下 4 类：

（1）战略性变革。指组织对其长期发展战略或使命所做的变革。如果组织决定进行业务收缩，就必须考虑如何剥离非关联业务；如果组织决定进行战略扩张，就必须考虑购并的对象和方式，以及组织文化重构等问题。

（2）结构性变革。指组织需要根据环境的变化适时对组织的结构进行变革，并重新在组织中进行权力和责任的分配，使组织变得更为柔性、灵活、易于合作。

（3）流程主导性变革。指组织紧密围绕其关键目标和核心能力，充分应用现代信息技术对业务流程进行重新构造。这种变革会对组织结构、组织文化、用户服务、质量、成本等各个方面产生重大的改变。

（4）以人为中心的变革。指组织必须通过对员工的培训、教育等引导，使他们能够在观念、态度和行为方面与组织保持一致。

💡 **理解贴士** 组织变革的类型，其实就是分类，这也是事物的一个重要的研究途径。学分类其实就是在学标准，把标准理解了，那么不同类型的区别也就理解了。这里把组织变革划分成了4种类型，根据变革的类型不同，变革的重点也不同，从某种角度看这也是从变革的内容出发。

战略性变革就是改变战略，背后是以波士顿矩阵作为理论支撑的。

结构性变革就是改变组织结构，主要为高耸和扁平的组织结构形态。

以人为中心的变革，就是要改变人，只要谈到人就有两个层面，即思想层面和实践层面。

🔗 **联系拓展** 创新什么就是改变什么，创新就是改变，变革也是改变，本质上是一回事。创新和变革是紧密联系在一起的。

✒ **命题趋势** 关于类型的内容在考试的时候，如果直接考查会出一道简答题，但有的时候也会有一些具体类型地分类内容单独考名词解释，需要引起重视。

✏ **答题技巧** 答题的时候首先要明确分类的标准依据是什么，然后具体分为几类，最后再具体阐述每一类的主要内容。如果考查单个分类的名词解释，也可以联系分类依据标准作答。

115：组织变革的目标和内容（简答题☆☆）

（1）组织变革的目标。

①使组织更具环境适应性。

②使管理者更具环境适应性。

③使职工更具环境适应性。

（2）组织变革的内容。

①对人员的变革。

人员的变革是指职工在态度、技能、期望、认知和行为上的改变。变革的主要任务是组织成员之间在权力和利益等资源方面的重新分配。若要顺利实现这种分配，组织必须注重职工的参与，注重改善人际关系并提高实际沟通的质量。

②对技术与任务的变革。

技术与任务的变革包括对作业流程与方法的重新设计、修正和组合，包括更换机器设备，采用新工艺、新技术和新方法等。随着产业竞争的加剧和科技的不断创新，管理者应能与当今的信息革命相联系，注重在流程再造中利用最先进的计算机技术进行一系列的技术改造，同时，管理者还需要对组织中各个部门或各个层级的工作任务进行重新组合，比如工作任务的丰富化、工作范围的扩大化等。

③对结构的变革。

结构的变革包括权力关系、协调机制、集权程度、职务与工作再设计等其他结构参数的变化。管理者的任务就是要对如何选择组织设计模式、如何制订工作计划、如何授予权力以及授权程度等一系列行动做出决策。

💡 **理解贴士** 组织变革的目标，总的来说可以用4个字概括：适应环境。所有的变革都是为了适应环境。组织的第一要义是生存，第二要义是发展和壮大。要发展得先生存下去，所有组织都是这样，而组织要想生存下去就得适应环境，环境需要组织是什么样的，组织就是什么样的，需要组织干什么，组织就要干什么，这也叫满足社会需求，实现社会价值。对社会有用的就是有价值的，同时组织也就是适应了环境。

关于人员的变革，只要一谈到人，就要谈到人的思想和实践两个层面，也叫意愿和素质，其实都是指怎么想和怎么干。

关于技术的变革，谈到技术或者任务，要想到两个比较重要的词——流程和设备。流程可以联系业务流程再造的内容，设备是技术的载体。

关于结构的变革，结构和纵向的层级相关，叫权力关系、等级链，是指从上到下的这种指挥的系统。

📌 **联系拓展**　组织变革的内容和变革的类型有点像，因为变革的类型是根据变革的侧重点不同来进行划分的，变革的侧重点来自变革的内容了，你针对什么进行改变，这就是你的重点，所以前后是有联系的。

📌 **命题趋势**　如果对这部分内容进行考查，针对目标或者内容有可能单独考简答题。此外，这部分知识点比较散，考试的时候比较容易将各个部分结合起来考，考查目标和内容，或是考查动因和内容，这样结合起来考，内容就比较多了，所以这一部分的知识都要掌握好。

📌 **答题技巧**　不管是否结合其他知识点一起考查，题型基本上都是简答题。所以，还是以要点为主，要点的就是主要的答题框架。多个知识点相结合的考查，需要就相关内容以分条目的形式阐述具体要点，保证答题内容的整体结构一定要清晰。

116：组织变革的过程（简答题、论述题☆☆）

组织变革的过程包括解冻、变革、再冻结三个阶段。

（1）<u>解冻阶段</u>。这是变革前的心理准备阶段。组织在解冻期间的中心任务是改变员工原有的观念和态度，组织必须通过积极的引导，激励员工更新观念、接受变革并参与其中。

（2）<u>变革阶段</u>。这是变革过程中的行为转换阶段。组织要把激发起来的变革热情转化为变革的行为，关键是要能运用一些策略和技巧减少对变革的抵制，进一步调动员工参与变革的积极性，使变革成为全体员工的共同事业。

（3）<u>再冻结阶段</u>。这是变革后的行为强化阶段，其目的是要能通过对变革驱动力和约束力的平衡，使新的组织状态保持相对的稳定。

💡 **理解贴士**　这三个阶段也被称为组织变革的三部曲，是学者勒温提出来的。第一个阶段叫解冻，其实有比喻的意思在，整个组织原来是一个稳固的状态，好像冻结了起来。要想变革，就要先解冻这种稳固的状态，把这种稳固的状态打破。这个阶段主要是进行舆论宣传，做好心理准备，鼓舞人心。第二个阶段是真正热火朝天干事业的阶段，但是光埋头干活是不行的，还要做阶段性总结。第三个阶段叫再冻结，要阶段性地总结经验教训，把一些在变革中成熟的、成功的经验固定下来。再冻结也叫行为强化，是指原来的情况比较落后，经过第二个阶段的改变，到了一个新的状态，新的状态其实是效率比较高的，那么就要在这种状态下稳定下来，这叫作再冻结。

📌 **命题趋势**　从考试角度来讲，虽然这部分的内容比程序的内容粗略一些，只有三个阶段，但是考查概率更大。而且特别容易考简答题。

📌 **答题技巧**　以简答题的题型考查，答题内容相对来说还是比较简单的，涉及的要点比较少，逻辑框架清晰，关键是对于每个阶段做干什么，它的本质是什么要理解清楚，具体阐述的时候才能表达准确。

117：组织变革的程序（简答题、论述题☆☆）

（1）通过组织诊断，发现变革征兆。

组织变革的第一步就是要对现有的组织进行全面的诊断。通过搜集资料的方式，对组织的职能系统、工作流程系统、决策系统以及内在关系等进行全面的诊断。

（2）分析变革因素，制定变革方案。

组织诊断任务完成之后，就要对组织变革的具体因素进行分析，比如职能设置是否合理、决策中的分权程度如何、员工参与变革的积极性如何、流程中的业务衔接是否紧密、各管理层级间或职能机构间的关系是否易于协调等。

（3）选择正确方案，实施变革计划。

制定变革方案的任务完成之后，组织需要选择正确的实施方案，然后制订具体的变革计划并贯彻实施。

（4）评价变革效果，及时进行反馈。

变革结束之后，管理者必须对变革的结果进行总结和评价，及时反馈新的信息。对于没有取得理想效果的变革措施，应给予必要的分析和评价，然后再做取舍。

🔵 **理解贴士** 注意过程和程序的区别，程序要比过程更细致、更具体。第一步叫组织诊断，发现征兆。意思就是这个组织得时刻观察着，看它有什么样的变化，是不是到了要变革的阶段，这是一个需要去诊断观察的过程。当诊断后发现了征兆，第二步就是准备进行变革，需要进行前期的分析和方案的制定。第三步叫选择和实施方案，选择实施正确的方案。第四步是实施方案后的总结，对评价效果进行反馈，确定将来如何调整、如何改善。

✏️ **命题趋势** 这部分内容一般考简答题，如整体上包含几个步骤，有时候也会考查论述题，这就需要详细的论述具体的内容。

🖊️ **答题技巧** 这一部分内容如果是单独出题考查，答题的结构还是比较清晰的，需要注意的是内容的表达，答简答题要简洁明了地阐述核心的内容。如果是论述题，则需要详细地论述内容，答题思路要清晰，答题内容要准确、完整。

118：组织变革的阻力及其管理（简答题、论述题、案例分析题☆☆☆）

1. 组织变革的阻力

（1）个人阻力。
①利益上的影响。
②心理上的影响。
（2）团体阻力。
①组织结构变动的影响。
②人际关系调整的影响。

2. 消除组织变革阻力的管理对策

（1）客观分析变革的推力和阻力的强弱。

勒温曾提出运用力场分析的方法研究变革的阻力。其要点是把组织中支持变革和反对变革的所有因素分为推力和阻力两种，前者发动并维持变革，后者反对和阻碍变革。管理层应当分析推力和阻力的强弱，采取有效措施，增强支持因素，削弱反对因素，进而推动变革的深入进行。

（2）创新组织文化。

只有创新组织文化并将其渗入每个成员的行为中，才能使露出水面的变革行为变得更为坚定，也才能够使变革具有稳固的发展基础。

（3）创新策略方法和手段。

采用比较周密可行的变革方案，并从小范围逐渐延伸扩大。注意调动管理层变革的积极性，尽可能地削减团体对组织变革的抵触情绪，尽量使变革的目标与团体的目标相一致，提高员工的参与程度。

🔹 **理解贴士** 变革的阻力来源（或者类型），既可以理解为阻力从哪来的，又可以理解为组织阻力分哪几类。这里分为两种，第一种叫个人阻力，第二种叫团体阻力。是指要进行变革时，或是单个人反对，或是大家组团反对，可以说阻力是必然存在的。从个人角度出发，一个原因是动了人家的利益，挡了人家的财路，所以这是利益上的问题；还有一个原因就是心理上的不习惯。而团体阻力，一个是由于组织结构发生了变动，打破了原来固有的管理层级，触及了某些团体的利益；另一个就是一旦组织发生了变革，所有之前经营的那些组织内部的人际关系全都被打乱了。人际关系发生了变化，又需要进行很长时间的磨合，甚至可能磨合失败。所以阻力几乎是变革的一个必然存在。

作为管理者，怎样应对这个阻力，就是指怎样消除阻力。第一是知己知彼，首先要进行客观分析，研究组织里哪些是推力，哪些是阻力，如果推力大于阻力，变革就能够推动起来。第二是创新组织文化。一个组织要进行变革，最大的阻力其实是人的思想的转变。如果大家都能够转变思想，紧跟上变革的方向和步伐，变革就会很顺利。创新组织文化就是让大家在思想价值观层面，建立一种有利于创新的文化，将这种价值观体系或者态度体系，渗入人的行为中，只有所有的人在价值观层面都认可这个变革，这个变革才有基础。第三个就是方法和手段，在推动变革的时候方法和手段也要创新。

🔹 **命题趋势** 消除阻力的对策和阻力的内容，有时候各自单独考查一道简答题，有的时候结合考查论述题，这是比较高频的考点，考查的概率较大，而且分值也很高，所以要多注意。此外，有时案例分析题也会结合这部分的内容进行考查。

🔹 **答题技巧** 对于简答题和论述题的题型考查，答题的时候要注意"总—分—总"的结构安排，然后按照其涉及的要点，相应地阐述核心内容。对于案例分析题，要挖掘案例材料，把知识点和材料内容结合起来分析具体的案例内容。

119：组织变革中的压力及其管理（简答题☆）

1. 压力的定义

压力是在动态的环境条件下，个人面对种种机遇、规定以及追求的不确定性所造成的一种心理负担。压力既可以带来正面激励效果也可能造成负面影响。

2. 压力的起因及其特征

（1）压力的起因。

①组织因素。组织中的结构变动和员工的工作变动是产生压力的主要因素。

②个人因素。经验表明，员工的人格类型划分有助于组织对个人压力进行识别和调节。

（2）压力的特征。

①生理上的反应。压力会造成一系列的生理反应，比如新陈代谢的改变、心跳和呼吸频率加快、血压升高等。

②心理上的反应。心理现象，如紧张、易怒等。

③行为上的反应。由于受到压力，表现在行为上有工作效率减低、增加吸烟和酗酒、睡眠不规律等。

3. 压力的释解

并非所有压力都是不良的。对于员工而言，如何对待因工作要求和组织结构变革而产生的压力是重要的，如何减轻和消除不适的压力则是更为重要的。

（1）对于组织因素而言，必须从录用员工时就要确定员工的潜力大小，看其能否适应工作的要求。显然，当员工能力不足时，就会产生很大的压力。另外，改善组织沟通也会使因沟通不畅所产生的压力减至最小。组织应当建立规范的绩效考核方案，清楚地划分工作责任并提供清晰的考核标准和反馈路径，以减少各种不确定性。如果压力来自枯燥的工作或过重的工作负荷，可以考虑重新设计工作内容或降低工作量。

（2）对于个人因素而言，减轻个人的压力会存在两个问题。

①管理者很难直接控制和把握某些因素，比如团队建设往往需要人们有更多的自觉意识，而这种意识又很难取得观念上的一致。

②必须考虑组织文化和道德伦理等因素，员工如果是因缺乏计划和组织观念而产生压力，组织可以提供帮助并予以合理安排；如果是涉及个人隐私方面的问题，组织就很难插手了。

组织可以通过建构强势文化使员工的目标和组织的目标尽可能趋于一致，也可以采用一些比较适宜的、能够有效减轻压力的放松技术，比如深呼吸、改善营养平衡、做形体操等方法，引导员工减少压力。

理解贴士 压力主要是由于一种不确定性产生的心理负担。压力会产生什么样的影响，这是需要关心的一个问题。当然任何事物的影响都有两面性，有好的和坏的。对于压力，我们首先要了解它为什么会产生，如果是因为不确定性，那么具体是哪些方面的不确定性，这个部分讲了两个方面，一方面是组织因素；另一方面是个人因素。组织因素比如结构的变动其实就是变革，这个就会产生压力。比如原来在工作的范围内，已经做得很好了，突然让这个员工做别的工作，跳出了舒适区，工作可能应付不了，这时候就会有压力。还会有个人因素，比如个人的经济状况。压力的特征就是对压力的反应，有生理上、心理上和行为上的一些体现。当然压力有好有坏，好的压力能产生动力，坏的压力就要消除、减轻。当然，组织成员自己要减轻自己的压力，管理者也要减轻组织成员的压力，这其实是有困难的。

命题趋势 由于压力算是比较负面的，所以单独出题考查的概率是比较小的，需要注意的是关于压力的名词解释，以及关于压力特征表现和释解的简答题。

答题技巧 这一部分从整体上来说是要点式的内容，对于简答题的考查，答题的框架还是比较清晰的，需要注意的是对要点内容的阐述，这部分内容可以适当地举一些例子，比如压力的特征表现方面，举例时文字要简洁，毕竟答题的重点还是知识点。

120：组织冲突的影响（简答题、论述题☆☆）

冲突是指组织内部成员之间、不同部门之间、个人与组织之间由于在工作方式、利益、性格、文化价值观等方面的不一致性所导致的彼此相抵触、争执甚至攻击等行为。

（1）竞争胜利对组织的影响。

①组织内部更加团结，成员对团体更加忠诚，这有利于加强和保持团体的凝聚力。

②组织内部气氛更为轻松，紧张的情绪有所消除，同时也容易使成员失去继续奋斗的意志，容易滋生骄傲和得意忘形的情绪。

③强化了组织内部的协作，组织更为关心成员的心理需求，但对于完成工作及任务的关心则有减少的趋势。

④组织成员容易感到满足和舒畅，认为竞争胜利证实了自己的长处和对方的弱点。

（2）竞争失败对组织的影响。

①如果胜败的界限不是很分明，团体会以种种借口和理由来掩饰自身的失败，团体之间也容易产生偏见。

②团体发现失败是无可置疑的事实时，一种情况是团体内部可能发生混乱与斗争，彼此攻击，最终将趋于瓦解；另一种情况是全体成员可能会知耻而奋起，通过努力探寻失败的原因，大胆改进，勤

奋工作。

③当竞争失败后的团体往往不太关心成员的心理需求，而只集中精力于自己的本职工作，组织中的组织性和纪律性明显增强，组织有集权化的倾向。

④成员以往的自信心会受到极大的打击，过去的固执和偏见在失败之后不得不重新进行检讨和反思，实际上，这正给了组织一个检讨、改革的机会。

（3）建设性冲突和破坏性冲突。

无论是竞争胜利还是竞争失败，组织冲突都会存在两种截然不同的结果，即建设性冲突和破坏性冲突。

①<u>建设性冲突</u>。是指组织成员从<u>组织利益</u>角度出发，对组织中存在的不合理之处所提出的意见等。建设性冲突可以使组织中存在的不良功能和问题充分暴露，防止事态的进一步演化，同时，可以促进不同意见的交流和对自身弱点的检讨，有利于促进良性竞争。

②<u>破坏性冲突</u>。指由于<u>认识</u>上的<u>不一致</u>，<u>组织资源和利益分配</u>方面的<u>矛盾</u>，员工发生相互抵触、争执甚至攻击等行为，从而导致组织效率下降，并最终影响到组织发展的冲突。破坏性冲突会造成组织资源的极大浪费和破坏，各种内耗会影响员工的工作热情，导致组织凝聚力的严重降低，从根本上妨碍了组织任务的顺利完成。

💡 **理解贴士**　这部分其实和组织力量的整合是有关系的，没整合好就会出现冲突。或者说冲突在组织中几乎是必然存在的。组织冲突是指双方的，成员之间、部门之间或者是个人与组织之间都会产生。产生冲突的原因，是工作方式的不同和性格文化价值观的不同。冲突是不可避免的、客观存在的，不能完全消除，特别是非正式组织，非正式组织经常搞一些小团体，拉帮结派，管理者也非常的不喜欢，但也没法完全消除。所以冲突有好有坏，要客观的认识。

需要注意的是，要把建设性冲突和破坏性冲突区分开来。为了促进和保护有益的建设性冲突，首先，应当创造一种组织气氛，使成员敢于发表不同意见。其次，要保持信息的完整性和畅通性，把组织冲突控制在一定的范围之内。最后，要减少和改正组织中压制民主、束缚成员创新的机械式的规章制度，以保持组织旺盛的活力。

✒️ **命题趋势**　在考试中，这一部分相对来讲是比较高频的考点，涉及三个方面的影响，竞争胜利和竞争失败的影响其实考得不多，建设性冲突和破坏性冲突考得相对多一些。

📝 **答题技巧**　答题时首先需要注意对冲突的概念的阐述，其次就是关于如何对待冲突，要正视其存在的客观性，如何认识到其对组织的好的和坏的影响，最后当然是要规避坏的影响，发挥好的作用。

121：组织冲突的类型与避免（简答题、论述题☆☆）

1. 组织冲突的类型

（1）<u>正式组织与非正式组织</u>之间的冲突。

一旦非正式组织的<u>目标</u>与正式组织的目标相冲突，则可能对正式组织的工作产生负面影响。

（2）<u>直线与参谋</u>之间的冲突。

直线关系是一种指挥和命令的关系，具有决策和行动的<u>权力</u>，而参谋关系则是一种服务和协调的关系，具有思考、筹划和建议的<u>权力</u>。实践中为了保证命令的统一性往往会忽视参谋作用的发挥，参谋作用发挥失当，又会破坏统一指挥的原则。这将有可能使直线和参谋相互指责、相互推诿。

（3）<u>委员会成员</u>之间的冲突。

委员会是集体工作的一种形式，具有汇聚各种信息、加强人员交流、协调部门关系等重要作用。

委员会的成员既代表了不同的利益集团、利益部门，也代表了个人的行为目标。在资源一定的条件下，成员之间的利益很难达到一致。

2. 组织冲突的避免

（1）正式组织与非正式组织之间冲突的避免。

对于非正式组织来讲，首先要认识到非正式组织存在的必要性和客观性，积极引导非正式组织的积极贡献，使其目标与正式组织目标相一致，同时要建立良好的组织文化，规范非正式组织的行为。

（2）直线与参谋之间冲突的避免。

直线与参谋应该明确必要的职权关系，既要充分认识到参谋的积极作用，也要认识到协作和改善直线工作的重要性。为了确保参谋人员的作用的发挥，应当授予他们必要的职能权力，同时，给予参谋人员必要的工作条件，使其能够及时了解直线部门的活动进展情况。

（3）委员会成员之间冲突的避免。

应该选择勇于承担责任的合格成员加入委员会，并注意委员会人选的理论和实践背景，力争使之成为一个有效的决策机构和专家智囊团，同时，要对委员会的规模提出限制，委员会主席应发挥积极作用，善于引导和把握每种意见，去粗取精，从总体上把握组织利益的方向。

💡 **理解贴士**　第一种冲突的类型是正式组织与非正式组织之间的冲突，非正式组织有可能起到积极作用，也有可能起到消极作用，发挥积极作用的时候，其实和正式组织之间没有冲突，如果发挥非正式组织的消极作用，就会和正式组织之间产生冲突，这个根本原因就是非正式组织的目标与正式组织的目标不一致。第二种冲突类型叫作直线与参谋之间的冲突，这种冲突的本质是权力不均衡。第三种冲突的类型叫作委员会成员之间的冲突，本质上是利益冲突。

作为管理者，仅认识到冲突的类型问题还不行，还要想办法解决问题。其实冲突本质上是无法避免的，管理者应该考虑如何管理好冲突，把冲突控制在一定的范围内，或者引导它，总的来说就是面对冲突时该怎么办。

✒️ **命题趋势**　这一部分的内容在考试的时候可能会出简答题，直接单独考查冲突的类型或者冲突的避免，也有可能把这些内容结合在一起出论述题。

🖋️ **答题技巧**　不管是冲突的类型还是冲突的避免，其实涉及的都是非正式组织、参谋、委员会这三个方面，从这三方面答题即可，具体论述的时候需要注意关键词。此外，这三个方面的内容都涉及名词的定义，在论述题中可以适当添加名词概念扩充答题的内容。

122：组织文化的概念及其特征（名词解释、简答题☆☆☆）

（1）组织文化的基本概念。

组织文化是指组织在长期的实践活动中所形成的并且为组织成员普遍认可和遵循的具有本组织特色的价值观念、团体意识、工作作风、行为规范和思维方式的总和。

（2）组织文化的主要特征。

①超个体的独特性。每个组织都有其独特的组织文化，这是由不同的国家和民族、不同的地域、不同的时代背景以及不同的行业特点所形成的。

②相对稳定性。组织文化是组织在长期的发展中逐渐积累而成的，具有较强的稳定性，不会因组织结构的改变、战略的转移或产品与服务的调整而变化。

③融合继承性。每个组织都是在特定的文化背景下形成的，必然会接受和继承这个国家、民族的文化传统以及价值体系。

④发展性。组织文化随着历史的积累、社会的进步、环境的变迁以及组织变革逐步演进和发展。强

势、健康的文化有助于组织适应外部环境和变革，而弱势、不健康的文化则可能导致组织的不良发展。

💡 **理解贴士** 组织文化是指长期以来，大家都认为这么做是对的。特征是为了进一步解释这个概念，二者要结合在一起理解。具体的组织文化特征有四条，第一条超个体的独特性是指每个组织都不一样，当然文化也是这样。注意超个体是指这种独特性并不是组织里的每个人不一样，而是整个组织和其他的组织不一样。第二条是相对稳定性，一般长期不变，但也是有可能变的，只不过需要经历足够长的时间，因为组织文化是组织经过长期积累形成的，那么改变它也需要长期的引导，所以它是相对稳定的。第三条是融合继承性，主要强调的是文化背景。第四条是发展性，指的是文化随着社会的进步和环境的变迁，不断地变化和演进，这是不以人的意志为转移的。

📌 **命题趋势** 组织文化的内容越来越重要，考试的时候，名词解释和简答题都可能会考，而且概率很大。

✏️ **答题技巧** 特征是对概念的解释，这是二者前后的联系，但是在考试中，有可能直接考查简答题，比如"简述组织文化的特征"，那答题的时候就要先回答定义，然后再作答具体的特征。此外，如果是名词解释，只答定义会显得内容有点少，作为补充可以写出特征，但是只概括即可，不需要展开，应注意控制答题篇幅。

123：组织文化的结构与内容（简答题☆☆）

（1）组织文化的结构。

①<u>潜层次的精神层</u>。指组织文化中的核心和主体，是广大员工共同而潜在的意识形态，包括管理哲学、敬业精神、人本主义的价值观念、道德观念等。

②<u>表层的制度系统</u>。又称制度层，是体现某个具体组织的文化特色的各种规章制度、道德规范和员工行为准则的总和，也包括组织体内具有分工协作关系的组织结构。

③<u>显现层的组织文化载体</u>。又称物质层，是指凝聚着组织文化抽象内容的物质体的外在显现，它既包括组织整个物质和精神的活动过程、组织行为、组织产出等外在表现形式，也包括组织实体性的文化设备、设施等。

（2）组织文化的内容。

①<u>组织的价值观</u>。是指组织内部管理层和全体员工对该组织的生产、经营、服务等活动以及指导这些活动的一般看法或基本观点。

②<u>组织精神</u>。是指组织经过共同努力奋斗和长期培养所逐步形成的，认识和看待事物的共同心理趋势、价值取向和主导意识。

③<u>伦理规范</u>。是指从道德意义上考虑的、由社会向人们提出并应当遵守的行为准则，它通过社会公众舆论来规范人们的行为。

💡 **理解贴士** 关于组织文化的结构，其实整个内容是比较清晰的，而且很多时候可以作为分析企业文化或者组织文化的一个工具。组织文化的结构就是三个层次，最核心的层次叫精神层，包括意识形态管理、哲学价值观念等。精神层的外面一层叫制度层，就是指组织里的一些规章制度规范和行为准则所形成的这样一个层次。精神层的价值观的不同，决定了组织的制度体系和制度系统的不同。再往外一层叫显现层或者叫物质层，是直接能看到的，包括组织的产出、工作环境、文化设备等。组织文化的内容是结构定好了之后的填充。

📌 **命题趋势** 结构知识点，考查概率相对来说是比较大的，要比组织文化后面的知识点的考查概率更大一些。组织文化的内容主要是考简答题，当然，也不排除会考名词解释，但概率比较小，通常能考到的就是与组织精神相关的简答题。

✏️ **答题技巧** 这部分的内容因为主要考查简答题，所以答题还是以要点为主，结构和内容两部分各包含三个要点，简明扼要地表述清楚主要内容即可。

124：组织文化的功能（简答题、论述题、案例分析题 ☆☆）

（1）整合功能。组织文化通过培育组织成员的认同感和归属感，建立成员与组织之间的相互信任和依存关系，使个人的行为、思想、感情、信念、习惯以及沟通方式与整个组织有机地整合在一起。

（2）适应功能。组织文化能从根本上改变员工的旧有价值观念，建立新的价值观念，使之适应组织外部环境的变化要求。

（3）导向功能。组织文化作为团体共同价值观，与组织成员必须强行遵守的、以文字形式表述的明文规定不同，它只是一种软性的理智约束，通过组织的共同价值观不断地向个人价值观渗入和内化，组织自动生成了一套自我调控机制，以一种适应性文化引导组织的行为和活动。

（4）发展功能。组织在不断的发展过程中所形成的文化沉淀，通过无数次的辐射、反馈和强化，会随着实践的发展而不断地更新和优化，推动组织文化从一个高度向另一个高度迈进。

（5）持续功能。组织文化的形成是一个复杂的过程，往往会受到政治、社会、人文和自然环境等诸多因素的影响，因此，它的形成需要经过长期的倡导和培育。

💧 **理解贴士** 第一个叫整合功能，是指把组织中的成员凝聚到一起，真正地形成一个有机的组织，建立组织成员对组织的认同感和归属感，认同感是指认同这个组织的做法，认为它是对的，归属感是指觉得自己就是组织的一份子。这种认同感和归属感的培养需要大家相互信任，有良好的沟通，然后要把每个成员和组织紧密地结合在一起，也就是凝聚人心，团结组织成员。第二个叫适应功能，也就是适应环境，只要谈到适应就是适应环境，组织文化可以建立起新的价值观念，帮助成员适应环境。第三个叫导向功能，组织文化是大家所共享的价值观，组织中的成员都认为这样做是对的，这就是一个导向，就是软性的理智约束，不断地向个人价值观进行渗入，然后通过让大家自己调节、自己控制，自己调控。在这样的组织里受到这样的文化的感染和熏陶，就不由自主地想要去这样做事情，这就是引导功能。第四个叫作发展功能，就是推动组织不断地进步。第五个叫作持续功能，是指组织文化要经过很长时间才能形成，如果想改变也得用很长时间。

✒️ **命题趋势** 组织文化的功能也就是组织文化的作用和意义，考试的时候需要注意问法的变换。当然，考查题型还是以简答题为主，有时候也会出论述题和案例分析题。

🖊️ **答题技巧** 无论是考简答题还是论述题，考查的内容其实都是一样的，答题的时候总的框架结构也是一样的，不一样的就是对于具体要点的阐述的内容篇幅，论述题要比简答题阐述得更加详细。还有就是案例分析题，要结合案例材料去分析问题。

125：组织文化的形成（简答题 ☆☆）

（1）管理人员的倡导。

①在日常工作中，管理人员不仅要言传，而且要身教，不仅提出并促使企业员工接受某种价值观念，而且身体力行，自觉表现出与自己倡导的价值观和行为准则相应的行为选择。

②借助重大事件的成功处理，促进企业成员对重要价值观和行为准则的认同。

（2）组织成员的接受。

文化被组织成员的接受包括"社会化"和"预社会化"两个不同路径。

①社会化是指组织通过一定形式不断向员工灌输某种特写的价值观念。

②预社会化是企业在招聘新员工时不仅提出相应的技能和素质要求，而且注意分析应聘者的行为特征，判断影响应聘者外显行为的内在价值观念与企业文化是否一致，从而保证新聘员工对组织文化的接受及进入组织后在特定文化氛围中的迅速融入。

💧 **理解贴士** 组织文化是伴随着组织产生的，是自然而然产生的。第一个方面叫作管理人员的倡导，所谓企业文化往往是创业者、一把手、最高领导者的思想意识的一个体现。比如华为公司就是狼性文化，因为任正非是退伍军人出身，他比较推崇军队的这种组织文化。第二个方面叫作组织成员的接受，因为组织文化本质上需要组织成员广泛认可，仅管理人员认可了还不够，还要让成员认可，成员怎么认可管理人员提的文化，就是社会化和预社会化。所谓社会化，是指要向那些新加入企业的员工不断地灌输思想和价值观，然后让员工接受组织的价值观和行为规范、行为准则。预社会化就是指根据组织价值观和准则来招聘新员工，不用再进行社会化。

命题趋势 这个内容在考试中单独出题的概率其实相对不大，主要以简答题的形式进行考查。

答题技巧 这部分内容主要包括两方面，一方面是管理人员的倡导，另一方面是组织成员的接受。关键是对这两个方面的把握，每个方面的具体内容又涉及一些关键要点，需要注意关键词，答题的时候还是以关键词为主。

126：组织文化的塑造途径（简答题、论述题、案例分析题☆☆）

（1）选择合适的组织价值观标准。
①组织价值观标准要正确、明晰、科学，具有鲜明特点。
②组织价值观和组织文化要体现组织的宗旨、管理战略和发展方向。
③要切实调查本组织员工的认可程度和接纳程度。
④选择组织价值观时要发挥员工的创造精神，认真听取员工的各种意见。

（2）强化员工的认同感。
①宣传组织文化的内容和精要，使之深入人心，以创造浓厚的环境氛围。
②培养和树立典型。
③加强相关培训教育。

（3）提炼定格。
组织价值观的形成不是一蹴而就的，必须经过分析、归纳和提炼方能定格。

（4）巩固落实。
首先，建立某种奖优罚劣的规章制度；其次，领导者在塑造组织文化的过程中起着决定性的作用，应起到率先垂范的作用。

（5）在发展中不断丰富和完善。
任何一种组织文化都是特定历史的产物，当组织的内外条件发生变化时，组织必须不失时机地丰富、完善和发展组织文化。

理解贴士 组织文化的塑造途径，包括具体的做法，其实也是一个长期的引导组织文化朝某个方向发展的过程。第一条要选择合适的价值观标准，因为组织文化的核心就是价值观，价值观是衡量做事对错的一个标准。第二条，强调要强化员工的认同感，就是让大家认可这个事，让大家接受这个事。首先要宣传，让每个人都知道价值观是什么，要提倡的组织文化是什么，要反复地宣传，使之深入人心。其次要树立典型，榜样的力量是无穷的，要用典型的人物来佐证价值观是正确的。最后要不断地培训教育，让大家进一步了解。第三条，要提炼定格，就是大家去记忆去表达。要精心的分析专家员工的意见，要全面地归纳，要去除落后的、保留积极进步的，用精炼的语言文字表达出来。第四条，要巩固落实，首先，是制度保障；其次，是领导率先垂范。第五条，要不断地丰富和完善，因为环境在不断地变化，组织文化也会不断地进行动态的变化，作为管理者，要塑造一个有利于管理的文化，就要不断地调整、丰富和完善组织文化。

命题趋势 该知识点在组织文化这部分内容中的考查概率相对来说还是比较大的，主要考简答题。

答题技巧 这部分内容主要涉及五个要点，需要明确每个要点的内容以及各要点之间的关系。答题时在明确内容框架的基础上，对要点的梳理阐述要体现出一定的联系性，组织文化的基本概念要在开头就写明，可以更好地体现内容的完整性。

本章小结

本章主要介绍了组织变革和组织文化这两部分内容,在考试中,这两部分的考查概率都不小,而且考查的题型也是多样的。最基本的概念是必须掌握的,不管什么题型都是必答内容。关于组织变革这一部分,重点是其动力因素和阻力因素,有时会结合出题。关于组织文化这一部分,首先,要熟悉组织文化的结构和内容,以防在案例分析题中无法正确识别组织文化这一考点;其次,就是关于其功能和塑造途径的内容,要注意题目的问法,比如考查组织文化的作用、意义也是在考查对其功能的理解。

课后真题

一、选择题

1.（　　）是组织共有的价值体系。

A. 组织战略　　　　　　　　　　　　B. 组织结构

C. 组织文化　　　　　　　　　　　　D. 组织制度

【关键要点】组织、组织文化、价值体系

【参考答案】组织文化指组织共有的价值体系。和部落文化中拥有支配每个成员对待同部落人员及外来人员的图腾和戒律一样,组织拥有支配其成员行为的文化。每个组织中都存在着随时间演变的价值观、信条、仪式及实践的体系或模式,这些共有的价值观在很大程度上,决定了员工的看法及对周围世界的反应。当遇到问题时,组织文化通过提供正确的途径来约束员工行为,并对问题进行概念化、定义、分析和解决。因此,本题正确答案为 C 项。

2. 在组织变革方案形成的过程中,既广泛动员各层次的人员参与,又对组织员工的思想观念加以引导,以便尽快形成统一方案。这种变革方式被称为（　　）。

A. 参与式　　　　　　　　　　　　　B. 民主式

C. 强制式　　　　　　　　　　　　　D. 上下结合式

【关键要点】组织变革、变革方案的形成、变革的方式

【参考答案】按照变革方案的形成过程,变革方式可以分为:①强制式变革,是指变革涉及者不参加变革方案的制定过程,变革方案通过强制手段付诸实施;②民主式变革,是指在有关人员相互协商的基础上形成变革方案;③参与式变革,是指在变革方案形成过程中,既广泛动员各层次人员参与,又对人们的思想观念有意识地加以引导,以便尽快形成统一方案。因此,本题正确答案为 A 项。

二、简答题

1. 组织文化的结构可以划分为几个层次?

【关键要点】精神层、制度层、物质层

【参考答案】组织文化有三个层次结构,即潜层次的精神层、表层的制度系统和显现层的组织文化载体。

（1）潜层次的精神层。这是指组织文化中的核心和主体,是广大员工共同而潜在的意识形态,包

括管理哲学、敬业精神、人本主义的价值观念、道德观念等。

（2）表层的制度系统。它又称制度层，是体现某个具体组织的文化特色的各种规章制度、道德规范和员工行为准则的总和，也包括组织体内的具有分工协作关系的组织结构。它是组织文化的精神层与显现层的中间层，是由虚体文化向实体文化转化的中介。

（3）显现层的组织文化载体。它又称物质层，是指凝聚着组织文化抽象内容的物质体的外在显现，它既包括了组织整个物质的和精神的活动过程、组织行为、组织产生等外在表现形式，也包括了组织实体性的文化设备、设施等，比如带有本组织色彩的工作环境、作业方式、图书馆、俱乐部。显现层是组织文化最直观的部分，也是人们最易于感知的部分。

2. 组织文化变革在什么情形下最可能发生？

【关键要点】重大危机、领导换人、规模小、弱文化

【参考答案】一个组织的文化是由相对稳定和持久的特征构成的，会使组织文化强烈抵制变革。强文化抵制变革更加明显。促使组织文化变革的情景因素即促进文化变革的有利条件。

①发生一次重大危机（意想不到的财务损失、失去一位重要客户、竞争者实施的一次重大技术创新）。

②领导职位换人（提出另外一套核心价值观）。

③组织年轻且规模小。

④弱文化，它比强文化更容易接受变革。大规模危机和高层领导更换会给员工造成重大的冲击，从而促进组织文化的变革。规模小而年轻的组织，或者文化力弱的组织，因为它们具有更强的可塑性，所以有利于推进组织文化变革。

实施组织文化变革，管理者需要采用一种战略来实施文化变革，可参考以下建议：

①通过管理者的行为来设定基调。

②特别是高层管理者，应当成为榜样和表率。

③创造新的故事、符号和仪式来取代当前正使用的故事、符号和仪式。

④选拔、晋升和支持那些接受新价值观的员工。

⑤重新设计社会化过程以与新价值观相匹配。

⑥鼓励员工接受新的价值观，改变奖励体系。

⑦使用明文规定的期望来取代不成文的标准或规范。

⑧通过换岗、轮岗或者工作合同终止来改组现有的亚文化。

⑨通过实施员工参与以及营造高度信任的氛围等措施来努力达成共识。

三、案例分析题

海天的变革

人们记忆中的海天冰茶是1993年以一个供销社为基础发展起来的饮料巨头，初期发展迅猛。1995年，海天冰茶销量达到5 000万元。1996年，这个数字骤然升至5亿元，翻了10倍。在市场销售最高峰的1998年，海天的销售额达到了30亿元。短短几年间，海天集团一跃成为中国茶饮料市场的龙头老大。

海天集团的成功引来了众多跟风者的竞争。康师傅、统一、可口可乐、娃哈哈等一群"冰红茶""冰绿茶"产品相继出现在消费者面前。海天"冰茶"的独家生意很快就被分食、弱化了。2001

年，海天集团的市场份额从最初的 70% 跌至 30%，销售额也随之大幅下降。伴随着产品的先行优势被削弱，越来越多的管理上的问题暴露出来。据介绍，在渠道建设方面，不论进入哪个城市，不论什么职位，海天集团都从当地派遣人马。但是，管理这些网点的制度规范却很滞后，总部与网点之间更多的是激励机制，少有约束机制。海天集团实行按照回款多少来考核工作业绩的制度。有报道说，有些从海天集团派出的业务人员为了达到考核要求，私自和经销商商定：只要你答应我的回款要求，我就答应你的返利条件；可以从集团给你要政策，甚至允许你卖过期产品。更有一些业务人员，主要精力除了用于催款和许诺，就是和经销商一起坑骗集团。

面对如此严峻的形势，海天集团开始了变革。变革的力度可以用"大破大立"来形容：第一步是企业高层大换血。目标是将原来粗放、经验主义的管理转为量化、标准化的管理。

海天集团引进了 30 多位博士、博士后和高级工程师，开始接手战略管理、市场管理、品牌策划和产品研发方面的工作。

第二步是把 1 000 多名一线的销售人员重新安排到生产部门，试图从平面管理向垂直管理转变。集团总部建立了物流、财务、技术三个垂直管理系统，直接对大区公司进行调控，各大区公司再对所属省级公司进行垂直管理。这样的人员调动是集团成立 8 年来最大的一次。

第三步是把集团的组织结构重新划分为五大事业部，包括饮料事业部、冰茶红酒事业部、茶叶事业部、资本经营事业部和纺织及其他事业部，实现多元化经营。

令人意想不到的是，大刀阔斧的变革并没有让产品的市场表现有所好转；相反，组织内部却先乱了起来。

在"空降兵"进入海天集团并担任要职后，新老团队之间的隔阂日益加深。由于最初没有明确的股权认证，大家都不愿意自己的那一份被低估，元老们心里想的是"当初我的贡献比你多"，而新人们则认为"今天我的作用比你大"。同时，1 000 多名一线业务人员被调回生产部门，不仅关系到个人利益的重新分配，而且影响着销售渠道的稳定性和持续性。于是，矛盾不可避免地尖锐起来，海天集团内部出现了混乱。自 2001 年起，如日中天的海天集团开始明显地滑落，2002 年下半年，海天集团停止销货。一度风光无限的海天冰茶渐渐成为人们脑海中的一个回忆。

请回答下列三个问题：

（1）什么原因促使了海天集团的企业组织变革？
（2）海天集团"大破大立"的变革失败的原因是什么？
（3）如果你是海天集团的决策者，你会如何进行变革？

【关键要点】组织变革、变革的动因、变革的实施、变革结果分析

【参考答案】（1）组织变革就是组织根据内外环境的变化，及时对组织中的要素进行结构性变革，以适应未来组织发展的要求。任何一个组织，无论过去多么成功，都必须随着环境的变化而不断地调整自我并与之相适应。组织变革的根本目的就是提高组织的效能。海天集团进行企业组织变革的原因如下：

①外部环境因素。

a. 市场竞争对手的增加。随着康师傅、统一、可口可乐、娃哈哈等一群"冰红茶""冰绿茶"产品相继出现在消费者面前。广大消费者的选择余地增大，海天集团若要继续占领大份额市场，就必须进行组织变革，以提高组织效率。

b. 竞争观念的改变。基于市场竞争越来越激烈，竞争的方式也将会多种多样，海天集团若要适应未来竞争的要求，就必须在竞争观念上顺势调整，争得主动权，才能在竞争中立于不败之地。

②内部环境因素。

a. 组织管理水平低，制度滞后。决策的形成如果过于缓慢，组织常常会因决策的滞后或执行中的偏差而错失良机。为了提高决策效率，组织必须通过变革对决策过程中的各个环节进行梳理，以保证决策信息的真实、完整和迅速。海天集团制度规范的滞后，阻碍了信息的沟通，导致决策的效率低下。

b. 组织机构的适时调整的要求。组织机构的设置必须与组织的阶段性战略目标相一致，随着竞争对手的增加，组织的阶段性战略应该适时调整，也就是要改变不论什么职位，都从海天集团本部调遣人马的做法，这不仅浪费资源，还延误竞争的有利时机。

c. 克服组织低效率的要求。组织长期一贯运行极可能会出现低效率现象，其原因既可能是机构重叠、权责不明，也有可能是人浮于事、目标分歧。由于海天集团总部与网点之间缺少约束机制，使得权责不清，组织文化得不到根本认同，组织只有及时变革才能进一步制止组织效率的降低。另外，绩效考核制度是用来调动员工工作积极性的，而海天集团的业绩考核制度明显落后，使得人浮于事，组织变革势在必行。

（2）海天集团"大破大立"的变革，出发点是正确的，但是在实施过程中却出现了偏差。变革失败的原因：

①企业高层的量化、标准化管理方法不当。

改变粗放、经验主义的管理是正确的方向，但不应该采用量化、标准化的管理方式。海天集团引进30多位资深学者，开始进行战略管理、市场管理，但是却没有考虑到具体问题要具体分析。这些博士、博士后等并不清楚目前公司的状况，只是从理论方面进行管理，而没有从实践出发。

②组织宣传不力，垂直管理方式落后。

随着市场化竞争的激烈，组织管理应从集权向分权方向发展。关于人员调动方面，要求成员调整已经习惯的工作方式，成员对未来不确定性的担忧、对失败风险的惧怕、对绩效差距拉大的恐慌以及对公平竞争环境的担忧，都可能造成人们心理上的倾斜，进而产生心理上的变革阻力。另外，平均主义思想、厌恶风险的保守心理、因循守旧的习惯心理等也都会阻碍或抵制变革。

③组织结构变动的不合理。

海天集团把组织结构重新划分为五大事业部，包括饮料事业部、冰茶红酒事业部、茶叶事业部、资本经营事业部和纺织及其他事业部，是换汤不换药，并没有从根本上实现多元化经营。

④组织变革并没有创新点。

一个组织的变革并不是形式上的改变，而是要有创新点。海天集团的变革并没有考虑到技术的创新，这是变革失败的一个重要原因。

（3）变革的实施如下：

①企业组织文化的建构。

组织文化是组织在长期的实践活动中所形成的并且为组织成员普遍认可和遵循的具有本组织特色的价值观念、团体意识、工作作风、行为规范和思维方式的总和。它是一个组织的精神支柱，是组织文化的核心，能够反映一个组织的基本素养和精神风貌，成为凝聚组织成员共同奋斗的精神源泉。海天集团的最大弊端是没有构建组织文化，总部与网点的联系仅限于工作联系，使网点员工没有归属感，这也就很难要求其在企业遭遇困难的时候，将变革当作自己的事情来做。

建立某种奖优罚劣的规章制度是十分必要的。因为即使有了企业文化，也会有个别成员不遵从，应该建立某种奖优罚劣的规章制度来调动员工的积极性，增强其警戒性。

②企业组织结构的变革。

结构的变革包括权力关系、协调机制、集权程度、职务与工作再设计等其他结构参数的变化。现实中，固化组织结构通常是不可能的，组织需要随着环境条件的变化而改变，管理者应该根据实际情况灵活改变其中的某些要素及其相互关系。海天集团的决策者应及时了解信息，对权力协调、工作设计等进行适时调整，使组织结构适应环境变化的发展。

③以人为中心的变革。

以人为中心的变革是指组织必须通过对员工的培训、教育等引导，使他们能够在观念、态度和行为方面与组织保持一致。组织要使人员更具环境适应性，就必须不断地进行再教育和再培训，决策中要更多地重视员工的参与和授权，要能根据环境的变化改造和更新整个组织文化。作为海天集团的领导者，要重视员工的参与和培训，在提高其办事能力的同时，使员工具有强烈的归属感，以产生足够的凝聚力来共同应对外界环境的变化。

第十三章 领导与领导者

知识导图

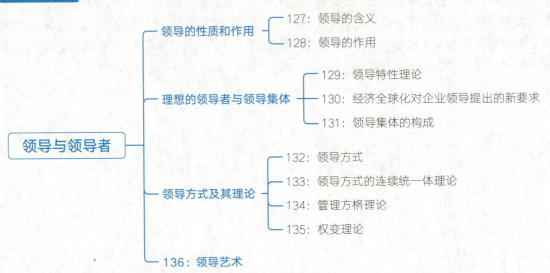

学习提示

1. 结构体系方面

本章主要包括四个部分：领导的性质和作用（含义、作用）、理想的领导者与领导集体（领导特性理论、经济全球化对企业领导提出的新要求、领导集体的构成）、领导方式及其理论（领导方式、领导方式的连续统一体理论、管理方格理论、权变理论）、领导艺术。

2. 重难点方面

本章的难点和重点在于权变理论，而且权变理论这里只介绍了菲德勒的权变理论（或称菲德勒的领导权变理论），这一理论的内容比较多，学习起来有些难度。当然整个领导的理论都是管理学考试的重点，都是需要掌握的。

3. 注意事项

第一部分领导的性质中涉及领导和管理的区别，考试时有可能会单独出题考查。

知识切片

127：领导的含义（名词解释、简答题、论述题 ☆☆☆）

1. 领导的定义

领导是指指挥、带领、引导和鼓励部下为实现目标而努力的过程。这个定义包括下列三要素：

（1）领导者必须有部下或追随者。

（2）领导者拥有影响追随者的能力或力量。

（3）领导的目的是通过影响部下来达到企业的目标。

2. 领导和管理的区别

（1）管理的基础。管理是建立在合法的、有报酬的和强制性权力的基础上对下属命令的行为。下属必须遵循管理者的指示。

（2）领导的基础。领导更多的是建立在个人影响权和专长权以及模范作用的基础上。

（3）一个人可能既是管理者，也是领导者，但是，管理者和领导者两者分离的情况也是存在的。

①一个人可能是领导者但并不是管理者。非正式组织中最具影响力的人就是典型的例子，组织没有赋予他们职位和权力，他们也没有义务去负责企业的计划和组织工作，但他们却能引导和激励，甚至命令自己的成员。

②一个人可能是管理者但并不是领导者。领导的本质是被领导者的追随和服从，它不是由组织赋予的职位和权力决定的，而是取决于追随者的意愿，因此，有些握有职权的管理者可能没有下级的服从，也就谈不上是真正意义上的领导者。

理解贴士 领导可以把它理解为动词，即领导活动。但领导也有名词的含义，就是指领导者。虽然设计好了组织，制定好了规章制度，如果还有人不干活，领导就开始激励、鼓舞，然后想办法让大家拼命地干活。①"光杆司令"不叫领导，就是指任命一个职位，没有下属，没有人追随，这不叫领导。②领导者对下属的这种影响力，其实就是权力。一方面是职位权力，和制度、职位有关，在这个职位上就有这个权力，不在这个职位上就没有这个权力。另一方面是影响力权力，包括领导个人的影响力、个人魅力。③领导的目的是要实现企业的目标，或者叫组织目标。

领导和管理的区别共三个方面：

第一个方面，管理的基础。首先是权力基础。作为一个管理者，能够去管理别人，是因为他有所谓的职位权力或者叫制度权。那么职位权力或者制度权首先是合法的，合法往往指的是符合组织的规章制度。其次是有报酬，领导给发工资就得听他的。最后是强制性的，意思就是下属必须服从。

第二个方面，领导者能够影响别人，完全靠的是个人影响力和个人的专长权。

第三个方面，一个人可能只是管理者，不是领导者，也可能只是领导者，不是管理者。

联系拓展 关于领导和管理的区别：①性质的角度。管理活动的性质更趋向于规律性或者科学性，因为管理活动就是依靠职位权力，按部就班地安排工作就可以了，这是它的活动性质。领导活动性质是倾向于艺术性。因为领导者是通过自己的个人魅力或者专长权来影响别人的，很多时候完全是领导者的个人魅力的一个反映，所以更强调这种艺术性、独特性。②职能的角度。管理职能大于领导职能，领导职能是管理职能的一部分。

命题趋势 关于定义的内容在考试的时候特别容易考名词解释。关于领导和管理的区别，这个涉及的方面是比较多的，而且其中的关系略微复杂，论述清楚比较难，是论述题的出题点。要注意具体的题目问法，比如问二者有什么区别和联系，这其实是一回事。

答题技巧 定义的内容还是比较简单的，考查名词解释就用基本定义和三要素简要作答即可，尤其是三要素不需要过多阐述。至于领导和管理的区别，简答和论述题都有可能出，重点是对于区别点的阐述，一定要抓准核心关键，表述清楚具体内容。

128：领导的作用（简答题☆☆）

（1）指挥作用。在人们的集体活动中，需要有头脑清晰、胸怀全局，能高瞻远瞩、运筹帷幄的领导者可以帮助人们认清所处的环境和形势，指明活动的目标并给出达到目标的途径。

（2）协调作用。在许多人协同工作的集体活动中，在思想上发生各种分歧、行动上出现偏离目标的情况是不能避免的。因此就需要领导者来协调人们之间的关系和活动，把大家团结起来，朝着共同的目标前进。

（3）激励作用。在现代企业中，尽管大多数人都具有积极工作的愿望和热情，但是未必能自动地长久保持下去，这就需要有通情达理、关心群众的领导者来为他们排忧解难，激发和鼓舞他们的斗志，发掘、充实和加强他们积极进取的动力。

总结：引导不同员工向同一个目标努力，协调这些员工在不同时空的贡献，激发员工的工作热情，使他们在企业经营活动中保持高昂的积极性，这便是领导者在组织和率领员工为实现企业目标而努力工作的过程中必须发挥的具体作用。

🔖 **理解贴士** 第一个作用叫指挥作用，不仅要指明方向，还要指明目标、途径。不但要告诉下属要的结果是什么，还要告诉下属怎么做。第二个作用叫协调作用，协调作用的关键词是协调关系，要把大家的关系协调好，心往一处想，劲往一处使，团结起来，朝着目标前进。第三个作用叫激励作用，激励的是积极性。如果没有积极性，工作效率不可能高，作为领导者，要不断地激发、鼓舞下属，调动大家的工作积极性，而且还要让这种积极性保持下去。

📌 **命题趋势** 这部分内容比较容易考简答题。内容比较简单，考查的概率不大，但只要出题，基本上就是简答题。

✏️ **答题技巧** 这个主体部分就三个作用要点，如果出简答题要注意答题的规范，采取"总—分—总"的结构，先简要总结领导的基本概念以及作用，然后一个一个的展开论述具体的作用要点，最后要有综合性的总结。

129：领导特性理论（名词解释、简答题☆☆）

个人品质或特征是决定领导效果的关键因素。根据这些品质和特征的不同来源，可以分为传统领导特性理论和现代领导特性理论。前者认为领导的品质是天生的；后者则认为领导者的品质和特征是在后天的实践环境中逐步培养、锻炼出来的。

领导者的思想素质和身体素质应该符合下列条件。

1. 思想素质

①领导者应具有强烈的事业心、责任感和创业精神。
②不图虚名。
③艰苦朴素。
④有较高的情商。

2. 业务素质

（1）业务知识。
①市场经济的基本原理。
②管理的基本知识。
③生产技术和相关知识。

④心理学、人才学、行为科学、社会学等方面的知识。
⑤计算机、信息管理系统和网络知识。
（2）业务技能。
①较强的分析、判断和概括能力。
②决策能力。
③组织、指挥和控制的能力。
④沟通、协调企业内外各种关系的能力。
⑤不断探索和创新的能力。
⑥知人善任的能力。

3. 身体素质

①强健的身体；②充沛的精力。

🔵 **理解贴士** 领导特性理论主要是指领导者的成功和失败关键在于领导者的素质，领导者品质特征的素质比较高就能成功，而领导者失败是因为其素质比较低，能力比较差。这种观点来自管理万能论这个观点的一个演变。

📌 **命题趋势** 这个部分的内容看上去有些杂，考查基本以名词解释为主，考简答题的情况比较少。

🔑 **答题技巧** 这部分答题的时候主要把握几个方面：一是对于整个领导特性的重要性的认识，要明确其是领导效果的关键因素，对于这个理论要有一个整体上的认识；二是对于具体的条件，总的来说包含三类，每一类又有具体的要点，这些要点的具体细分内容最好也要略做阐述。

130：经济全球化对企业领导提出的新要求（简答题、论述题☆）

《世界经理人文摘》的调查显示，帮助中国企业领导者应对新时期不确定性的<u>十大特质</u>体现在以下方面：

（1）建立愿景。确立企业发展方向是领导者最主要的职责之一。

（2）信息决策。领导者必须能够在充满不确定性的模糊情景下进行有效决策，否则等到状态变得清晰时极有可能已经失去了最好的机会。

（3）配置资源。把有限的资源配置到能够产生最大效益的人员、项目与任务中，是企业运行的一项基本任务。

（4）有效沟通。领导者的真正工作就是沟通。优秀的领导者在沟通中应该具有一种化繁为简的才能，能够把很复杂的事情用简洁通俗的语言表达出来。

（5）激励他人。成功的领导者必须在企业内部建立起有效的激励体制、透明的赏罚制度，实行"绩效付酬"，让优秀员工得到更多认可，使他们产生归属感。

（6）人才培养。在成功的企业中，培养他人的能力，是判断领导成熟度的重要标准。

（7）承担责任。决定性的决策往往是具有风险性的，但是无论如何，在不确定性情形下进行决策，总比不做决策好。

（8）诚实守信。优秀的领导者是那些能有效地管理不确定性事务的人，而诚实守信则是有效地管理不确定性的第一条原则。

（9）事业导向。成功的领导者一定具有强烈的事业心，把企业的事业当作自己的事业，全身心地投入到事业中去。

（10）快速学习。许多成功的企业家都曾经历过各自事业的低潮或逆境，这就要求领导者具备快速学习的能力。

🔵 **理解贴士** 对领导者的新的要求，也就是说在全球化的背景下，管理者应该具备什么样的素质和能力。①建立愿景，这是一个根本性的事情。任何企业家在创业之初，都应该对未来有一个长远的憧憬和规划。②要具备信息决策的能力，在经济全球化的背景下，得到的信息会越来越复杂，接触到的情况情景会越来越模糊，这更加要求管理者能够做出有效的决策，这是一种能力。③资源配置，面对全球化的情况，资源会更加的稀缺，怎样在更大的范围内调配这种稀缺资源，实现最大化的效益也很重要，这是全球化的要求。④全球化的背景下，由于民族文化、价值观念的不同，导致来自不同国家的组织成员，对于很多事情的认识是不一样的，只有通过有效的沟通，才能够使大家形成共识，彼此更好地协作。⑤领导者最重要的工作之一就是不断地调动下属的积极性，在经济全球化的背景下更应如此，只有让全球范围内的组织成员不断努力工作，并通过勤奋工作获得精神上和物质上的奖励，才能有效地实现组织目标。⑥人才对于全球范围内的经营管理的重要性不言而喻，领导者只有将自己的下属培养称为优秀的人才，才能使整个组织基业长青，才能实现组织绩效的持续提升。⑦"责权对等"是法约尔所提出的十四条管理原则之一，这里的"权"在组织管理中体现得最为明显的就是决策权，因此谁决策谁负责，决策者在掌握权力的同时，也必须要为自己的决策行为负责。⑧诚信是管理者最重要的品质之一，尤其是在经济全球化的环境下，当一个组织有跨国或跨地区的业务时，诚信能够帮助管理者迅速获得合作伙伴的认可和信赖。⑨对于成功的渴望和追求，是管理者不断前进的强劲动力，当一个管理者面对风云多变的国际环境时，需要他能够不断地开拓进取、建功立业，从而实现组织的卓越目标。⑩面对全球环境中日新月异的发展变化，管理者需要及时做出应对，尤其是在出现前所未有的新情况时，更加考验管者迅速作出应对的能力，这就要求管理者能够具备较强的学习能力，不断了解新情况，理解新知识，掌握新技术，应对新变化。

🔵 **联系拓展** 帕金森定律指的是企业的领导者会招不如自己的人，这导致企业里领导者是能力最强的，各个部门的领导者是部门里能力最强的，每个组织里处在下级的人都不如上级，从而导致组织机构非常的臃肿。

🔵 **命题趋势** 这部分是简答题的出题点，但是之前考得不是特别多，以后可能会考得多一些，因为越来越多的中国企业开始走向世界。

🔵 **答题技巧** 这部分主要讲的是全球化背景下对领导者的要求，其实考试的时候单纯考查对领导者的要求也是适用的，这十大特质都是可以作为答题的要点展开论述的。当然，在答题论述的过程中，还要注意篇幅，特质的要点比较多，所以每个要点的内容以适当篇幅论述即可。

131：领导集体的构成（名词解释、简答题☆☆）

领导班子的结构一般包括年龄结构、知识结构、能力结构、专业结构等。

（1）<u>年龄结构</u>。领导班子应该是老、中、青三种结合，向年轻化的趋势发展。

（2）<u>知识结构</u>。指领导班子中不同成员的知识水平构成。注意不能盲目追求高学历。

（3）<u>能力结构</u>。能力是一个内容十分广泛的概念，它包括决策能力、判断能力、分析能力、指挥能力、组织能力和协调能力等。

（4）<u>专业结构</u>。指在领导班子中各成员的配备应由各种专门的人才组成，形成一个合理的专业结构，从总体上强化这个班子的专业力量。

以上所述的领导班子的结构仅指就主要方面而言。此外，还有一些结构，如性格结构、党派结构、地区结构、种族结构、性别结构等也是需要注意的。按照这些要求形成的领导集体将是一个结构优化、富有效率的集体。

🔵 **理解贴士** 领导集体或者领导班子这样一群人进行领导活动。因为一个人的时间精力、聪明才智都会受到限制。俗话说"三个臭皮匠顶个诸葛亮"，更何况是一帮有各种才能的人聚到一起，它发挥的效用就会更大。这个有点像集体决策。领导班子的结构是我们要研究的问题，换句话说，领导班子是由一群人组成的，这一群人由什么样的人组成，他们如何进行领导工作才能更加有效，这是本部分所研究的问题。进一步研究领导班子的结构，一般是从年龄、知识、能力和专业这几个方面来分析的。

✦ **命题趋势** 领导集体或者叫领导班子，在考试的时候，不一定以固定的说法来考，但是只要出现领导集体或者领导班子，都是回答这一部分的内容。总体考查概率并不是特别大。

✎ **答题技巧** 这部分内容着重介绍了四个方面，答题也从这四个方面介绍。把每个方面的核心要点表述清楚，但篇幅不要过长。

132：领导方式（简答题、论述题☆☆）

仅有良好的领导素质还不足以保证领导者的工作效率，还要有合适的领导方式。领导方式大体有三种：

（1）<u>专权型领导</u>，指领导者个人<u>决定一切</u>，布置后下属执行。这种领导者要求下属绝对服从，并认为决策是自己一个人的事情。

（2）<u>民主型领导</u>，指领导者<u>发动下属讨论</u>，共同商量，集思广益，然后决策，要求上下融洽，合作一致地工作。

（3）<u>放任型领导</u>，指领导者<u>撒手不管</u>，下属愿意怎样做就怎样做，完全自由。他的职责仅仅是为下属提供信息并与企业外部进行联系，以此有利于下属的工作。

领导方式的这三种基本类型各具特色，也适用于不同环境。

👤 **理解贴士** 领导方式的基本类型，有的教材也叫领导方式理论，和领导特性理论不同，领导方式其实是从另外一个角度来研究领导者怎么做能更容易实现领导工作的成功。之所以说研究领导的特性还不够，是因为我们在现实中发现很多人具备前面所介绍的领导的这些优秀品质，但是管理工作和领导工作却做不好，而有些人不完全具备这些品质，但是领导工作做得还挺成功。

这里主要讲了三种基本类型，专权型指非常的专制，所有的决策由领导一个人说了算，下属绝对服从领导的命令。民主型就是领导和下属之间谈合作。放任型就是领导撒手不管。没有绝对好的领导方式，只要领导方式和他所处的环境相匹配就是好的领导方式，这是一种全面的思想。

✦ **命题趋势** 这部分内容在考试的时候比较容易出简答题，要注意题目问法：领导方式（类型）与领导方式理论，问的内容是一样的。

✎ **答题技巧** 简答题的考查相对来说比较简单，就是知识复现，掌握涉及的几个要点，明确其含义即可。论述题稍微有点复杂，有时考查态度观点，问这三种方式哪种最好，答题时还是以教材的观点为主，不存在最好的，只讲最合适的，即权变的思想观点。有时论述题会有小材料，需要分析是什么领导方式，比较灵活。

133：领导方式的连续统一体理论（简答题、论述题☆☆）

美国学者<u>坦南鲍姆和施米特</u>认为，领导方式是多种多样的，从专权型到放任型，存在着多种过渡类型。根据这种认识，他们提出了"领导方式的连续统一体理论"。

（1）<u>经理做出并宣布决策</u>。

在这种方式中，上级不给下属参与决策的机会，下级只能服从他的决定。

（2）<u>经理"销售"决策</u>。

在这种方式中，经理不是简单地宣布这个决策，而是说服下级接受他的决策。这样做是表明经理意识到下级中可能有某些反对意见，通过阐明这种决策给下级带来的利益以争取他们的支持。

（3）<u>经理提出计划并允许提出问题</u>。

在这种方式中，下级可以更好地了解他的意图和计划。这个过程使经理和他的下级能深入探讨这个决策的意义和影响。

（4）经理提出可以修改的暂定计划。

在这种方式中，允许下级对决策发挥某些影响作用，但确认问题和决策的主动权仍操纵在经理手中。

（5）经理提出问题，征求建议，做出决策。

在这种方式中，虽然确认问题和决策仍由经理来进行，但下级有建议权。这样做的目的是充分利用下级的知识和经验。

（6）经理决定界限，让团体做出决策。

在这种方式中，经理把决策权交给团体。在这样做以前，经理解释需要解决的问题，并给要做出的决策划定界限。

（7）经理允许下属在规定的界限内行使职权。

在这种方式中，团体有极大的自由，唯一的界限是上级所做的规定。

坦南鲍姆和施米特认为，上述方式孰优孰劣没有绝对的标准。

理解贴士 这个理论其实是基于领导方式理论提出的，领导方式理论讲了三种指导方式：专权、民主和放任。其中专权是一个极端，放任是另外一个极端，在这两个极端中间有一个状态叫民主，所以民主是一个中间状态，这就给人一个非常大的想象空间，这是理论不断细化的过程，也是必然的过程，所以这个叫连续统一体，它指的就是两个极端的中间存在多种过渡状态。第一种，就是经理做决策，叫一言堂，显然这是最专制的。第二种叫经理销售决策，其实是经理要说服下属去接受。之所以能够说服是因为他能给下属带来利益。第三种叫经理提出计划并允许提问，这个时候就已经向民主迈进了一步。第四种是征求了意见，暂定的计划意味着可以改，将来最终的决定计划是在征求意见的基础之上做出的，这个时候的员工权力能够在一定程度上体现在这个计划里，但是体现得还不够。第五种就更进了一步，经理可能还没有自己的计划或者决策，他只是发现了一个问题，然后询问大家，这个时候大家可以提建议，大家有建议权。这种建议权其实是经理希望利用下属的知识和经验，当领导利用下属的经验和知识的时候，下属的经验和知识在决策的过程中就开始发挥作用。所以这个时候下属的权力又多了一些，相对来说经理的权力就稍微少了一些。第六种就把决策权交给了团体，经理只是限定权力的界限。到第七种自由度进一步增大，所以这七条是一个过渡的过程。

命题趋势 本部分内容是高频考点，容易考简答题或论述题。因为它内容分好多条，符合简答题的考试形式。这个理论在领导理论的发展过程中，也占有非常重要的位置。

答题技巧 这部分本身包含的内容就比较多（七种类型），答题的时候把这七种类型阐述清楚即可。需要注意的是，这七种类型是一个过渡的过程，最后要说明这一点。也就是说存在多种工作状态，但哪个绝对好，哪个绝对差，没有统一的标准，完全视具体情况而定，最后要提这样一句做一个总结。

134：管理方格理论（简答题、论述题 ☆☆☆）

（1）管理方格理论是布莱克和穆顿提出的。该理论可用一张方格图来表示，在这张图上，横轴表示领导者对生产的关心，纵轴表示领导者对人的关心。每条轴划分为九小格，第一格代表关心程度最低，第九格表示关心程度最高，整个方格图共有 81 个方格，每一小方格代表一种领导方式，如图 134-1 所示。

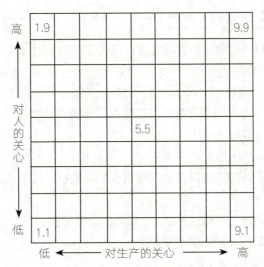

图 134-1 管理方格图

（2）布莱克和穆顿在提出管理方格时，列举了五种典型的领导方式。

① （9，1）型方式（<u>任务型</u>）。只注重任务的完成，不重视人的因素。这种领导是一种专权式的领导，下属只能奉命行事，员工失去进取精神，不愿用创造性的方法去解决各种问题，不能施展所有的本领。

② （1，9）型方式（<u>乡村俱乐部型</u>）。与（9，1）型相反，即特别关心员工。持此方式的领导者认为，只要员工精神愉快，生产自然会好。这种管理的结果可能很脆弱，一旦和谐的人际关系受到了影响，生产成绩会随之下降。

③ （5，5）型方式（<u>中庸之道型</u>）。既不过于重视人的因素，也不过于重视任务因素，努力保持和谐和妥协，以免顾此失彼。遇到问题总想用息事宁人的办法了事。由于固守传统习惯，从长远看，会使企业落伍。

④ （1，1）型方式（<u>贫乏型</u>）。对员工的关心和对生产任务的关心都很差。这种方式会使企业失败，在实践中很少见到。

⑤ （9，9）型方式（<u>团队型</u>）。对生产任务和人的关心都达到了最高点。在（9，9）型方式下，员工在工作上希望相互协作，共同努力去实现企业目标；领导者诚心诚意地关心员工，努力使员工在完成组织目标的同时，满足个人需要。应用这种方式的结果是，员工都能运用智慧和创造力进行工作，关系和谐，出色地完成任务。

从上述不同方式的分析中，可以得出下述结论：作为一个领导者，既要发扬民主，又要善于集中；既要关心企业任务的完成，又要关心员工的正当利益。只有这样，才能使领导工作卓有成效。

理解贴士 专权和放任这两个极端是绝对没法融合的，但现实中会有矛盾，比如有的领导者非常的严厉，他说的话必须执行，没得商量，但同时这个人又特别关心人的感受，一方面很专权专制；另一方面又似乎很放任或者很民主，所以现实是复杂的。针对这种两个极端的融合，布莱克和穆顿就从两个维度划分出一个模型。所以，两个维度有点像专权和放任。

命题趋势 这个理论非常重要，在以往的考试中，这部分考查的概率是非常大的，是高频考点。考查是以简答题和论述题的形式为主。

答题技巧 答题时最好图文结合，通过图能够更好地论述理论内容，而且画完图后，可以非常简洁地把内容表述清楚。此外，需要注意对应的人名，答题时这也是一个加分项。

135：权变理论（简答题、论述题☆☆☆）

权变理论认为不存在一种"普适"的领导方式，领导工作强烈地受到领导者所处的客观环境的影响。领导和领导者是某种既定环境的产物，即 $S = f(L, F, E)$。式中，S 代表领导方式，L 代表领导者特征，F 代表追随者特征，E 代表环境。具体地说，领导方式是领导者特征、追随者特征和环境的函数。

菲德勒的领导权变理论认为各种领导方式都可能在一定的环境内有效，这种环境是多种外部和内部因素的综合作用体。具体内容如下：

（1）菲德勒将领导环境具体化为三个方面：

①职位权力。指领导者所处的职位具有的权威和权力的大小，或者说领导的法定权、强制权、奖励权的大小。

②任务结构。指任务的明确程度和部下对这些任务的负责程度。

③上下级关系。指群众和下属乐于追随的程度。

（2）低 LPC 型和高 LPC 型领导方式。

菲德勒设计了一种问卷（LPC）来测定领导者的领导方式，该问卷的主要内容是询问领导者对最难合作的同事的评价。

①低 LPC 型领导方式。领导者对最难合作的同事的评价大多用敌意的词语，则该种领导趋向于工作任务型的领导方式。

②高 LPC 型领导方式。领导者对最难合作的同事的评价大多用善意的词语，则该种领导趋向于人际关系型的领导方式。

（3）环境对领导者的目标的影响。

①低 LPC 型领导者。低 LPC 型领导比较重视工作任务的完成。如果环境较差，他将首先保证完成任务；当环境较好时，任务能够确保完成，他的目标将是搞好人际关系。

②高 LPC 型领导者。高 LPC 型领导比较重视人际关系。如果环境较差，他将把人际关系放在首位；如果环境较好时，人际关系也比较融洽，他将追求完成工作任务。

（4）菲德勒模型。

菲德勒对 1 200 个团体进行了抽样调查，得出了以下结论，如图 135-1 所示。

人际关系	好	好	好	好	差	差	差	差
工作结构	简单	简单	复杂	复杂	简单	简单	复杂	复杂
职位权力	强	弱	强	弱	强	弱	强	弱
	I	II	III	IV	V	VI	VII	VIII
环境	好				中等		差	
领导目标	高				不明确		低	
低 LPC 领导	人际关系				不明确		工作	
高 LPC 领导	工作				不明确		人际关系	
最有效的方式	低 LPC				高 LPC		低 LPC	

图 135-1　菲德勒模型

领导环境决定了领导的方式。在环境较好的Ⅰ、Ⅱ、Ⅲ和环境较差的Ⅶ、Ⅷ情况下，采用低 LPC 领导方式，即工作任务型的领导方式比较有效。在环境中等的Ⅳ、Ⅴ和Ⅵ情况下，采用高 LPC 领导方式，即人际关系型的领导方式比较有效。

理解贴士 涉及函数公式，公式其实是起统领性的作用。换句话说，如果说领导工作做得好，起码和三个方面有关。一是和领导者有关，看的是领导者的个人品质、价值观和他的经历，这个是领导特性理论。二是和被领导者即追随者有关，看的是追随者的品质、能力和价值观。三是要看二者所处的环境，这个环境主要看工作特性。环境是很复杂的，那么除了主体领导者和被领导者之外，剩下的全都归为环境。这三个方面加起来，会对我们的领导方式产生影响。这是权变理论的观点，这里主要讲的是菲德勒的理论。菲德勒的理论的难点在于它涉及的维度非常多，需要前后联系。菲德勒的理论是在管理方格的理论基础之上发展起来的。管理方格理论讲了两个维度，菲德勒的理论又增加了一个维度，所以它的维度比较多，容易乱。增加的第三个维度叫作情境或者领导环境，虽然情境要素很多，但是只考虑比较重要的三个方面：职位权力、任务结构和上下级关系。

联系拓展 领导权变理论其实也分很多种，除了这里讲的菲德勒的模型，还有比如像情境领导理论、领导的生命周期理论、豪斯的路径目标理论。

命题趋势 这一部分的内容是管理学中的一个重点，也是一个难点，算得上是理论中最难的部分，在考试中出现的概率也是比较大的，主要考查简答题和论述题。

答题技巧 权变理论主要介绍的是菲德勒的理论，要注意有时考试会直接问菲德勒的权变理论，还有答题的时候，菲德勒的模型图也最好画上，是可以起到较好的答题效果的。

136：领导艺术（论述题☆☆）

1. 做领导者的本职工作

领导者必须明白，凡是下属可以做的事，都应授权让他们去做，领导者只应做其应干的事。

领导者的事包括决策、用人、指挥、协调和激励。作为领导者，应该分清轻重缓急，主次先后，分别授权让每一级去管本级应管的事。

2. 善于同下属交谈，倾听下属的意见

领导者必须掌握善于同下属交谈、倾听下属意见的艺术。

（1）即使不相信对方的话，或者对谈的问题毫无兴趣，在对方说话时，也必须悉心倾听，善加分析。

（2）要仔细观察对方说话时的神态，思考对方没有说出的意思。

（3）谈话一经开始，就要让对方把话说完，不要随意插话。

（4）如果希望对某一点多了解一些，可以鼓励对方做进一步的解释和说明。

（5）必须抓住要领，态度诚恳地就实质性问题做出简明扼要的回答。

（6）领导者必须控制自己的情绪，不能感情用事。

3. 争取众人的信任和合作

企业的领导者不能只依靠自己手中的权力，还必须取得同事和下属的信任和合作。应当建立起真诚合作的朋友关系。

（1）平易近人。

（2）信任对方。

（3）关心他人。

（4）一视同仁。

4. 做自己时间的主人

（1）记录自己的时间消耗。

（2）学会合理地使用时间。

（3）提高开会的效率。

💧 **理解贴士** 领导活动在实践中的独特性是非常强的，也就是说不同的领导在不同的情况下，做事情的方式是不一样的。这种所谓的独特性，还有领导的一些创造性，我们把它称为领导艺术。总而言之，领导艺术是指领导的理论在实践中是怎么样灵活应用的。

✒ **命题趋势** 这一部分在考试的时候，有可能会考领导的艺术或者领导的实践活动之类的问题，这些都是在回答这个部分，只不过问法不同，需要注意。有的试题会从这些内容中抽取一些角度，考查论述题。

✒ **答题技巧** 这部分的内容有些特殊，考试的时候可能单独就某一些角度出题，所以需要对涉及的四个方面内容都很清楚，考试的时候灵活应对，有的时候甚至需要把这些要点进行重新地组合和加工。

本章小结

> 本章的内容在整个管理学考试中是一个重点，每个知识点都是需要掌握的。相对而言，考查概率比较小的就是领导特性这一部分，因为其具体的内容有些繁杂。接下来就是领导方式，有时候会出现在案例分析题的考查中，需要结合材料内容对应具体的领导方式。当然在案例分析题中还比较喜欢考查权变理论的内容。除此之外，就是对实践的考查，也就是领导的艺术，这里出题的方式会有变化，需要注意。

课后真题

一、选择题

1. 菲德勒的领导权变理论认为，如果一名领导者处在中等程度有利和中等程度不利的领导环境中，采取（　　）的领导方式是最为有效的。

A. 以任务为中心

B. 以人际关系为中心

C. 专制型

D. 民主型

【关键要点】领导理论、权变理论、菲德勒的领导权变理论、领导方式

【参考答案】菲德勒描述的三个环境因素的不同组合，形成了八种不同类型的情境条件，菲德勒通过对各种情境下持不同领导方式的领导者所取得的组织绩效的实证调查数据的比较分析，得出了在各种不同情境条件下的有效领导方式：在对领导者最有利和最不利的情况下，采用任务导向型领导方式，效果较好；在对领导者中等程度有利和中等程度不利的环境下，采用以人际关系为中心的领导方式，效果较好。因此，本题正确答案为 B 项。

2. 某企业多年来生产任务完成得一直都不太好，员工收入也不算很高，但领导与员工的关系却很好，员工也没有对领导表示不满。该领导很可能是管理方格中所说的（　　）。

A. 贫乏型

B. 乡村俱乐部型
C. 任务型
D. 中间型

【关键要点】领导理论、管理方格理论、领导方式

【参考答案】根据企业管理者"对业绩的关心"和"对人的关心"程度的组合，管理方格将领导分为五种类型，其中俱乐部式领导者对业绩关心少，对人关心多，他们努力营造一种人人得以放松，感受友谊与快乐的环境，但对协同努力以实现企业的生产目标并不热心。因此，本题正确答案为 B 项。

二、简答题

1. 怎样认识领导者、管理者、追随者的关系？

【关键要点】基本权力、岗位、强制性权力、非正式组织、正式职权、个人的影响力、追随者

【参考答案】首先，领导与管理有着本质的区别。从共性上来看，两者都是一种在组织内部通过影响他人的活动协调并实现组织目标的过程，两者的基本权力都来自组织的岗位设置。从差异性上看，领导是管理的一个方面，属于管理活动的范畴，但是除了领导，管理还包括计划、组织、控制等；而且管理的权力是建立在合法的、强制性权力基础上的，但领导也可以建立在个人影响力和专家权力等基础上。因此，领导者不一定是管理者，管理者也并不一定是领导者，领导者既存在于正式组织中，也存在于非正式组织中。管理者是组织中有一定的职位并负有责任的人，他存在于正式组织之中。比如，有的管理者可以运用职权迫使人们从事某一件工作，但不能影响他人去工作，他并不是领导者；有的人并没有正式职权，却能以个人的影响力去影响他人，他是领导者。

追随者不进行决策的制定，更多的是对决策的执行，通常一个组织里追随者的人数是最多的，他们主要是执行组织的计划。领导者和管理者在某些事项上也会担任追随者的角色。

2. 哪一种领导权变理论认为"一个人的领导风格是固定不变的"？这个假设的管理实践含义是什么？

【关键要点】领导权变理论、菲德勒、领导风格、关系型领导、任务型领导、领导者-成员关系、任务结构、职位权力

【参考答案】（1）菲德勒的领导权变理论认为一个人的领导风格是固定不变的，也就是说，如果你是人际关系型领导者，你永远如此，工作任务型领导者也一样。

（2）实践观点。

①有效的群体绩效取决于领导者风格和情境的恰当匹配，在不同类型的情境中，总有某种领导风格最为有效。关键在于首先界定领导风格以及不同的情境类型，然后建立领导风格与情境的恰当组合。

②领导风格。

关系取向的领导者是指乐于与同事形成友好的人际关系；任务取向的领导者是指以关心生产为主的领导者。

③情境因素的三项权变维度。

a. 领导者-成员关系：领导者对下属信任、信赖和尊重的程度。评价为好或差。

b. 任务结构：工作任务的规范化和程序化程度。评价为高或低。

c. 职位权力：领导者运用权力活动（诸如雇用、解雇、处分、晋升和加薪）施加影响的程度。评价为强或弱。

④领导风格与情景的匹配。

菲德勒根据这三项权变变量对每一种领导情境进行评估。把三项变量汇总起来得到八种可能的情境，分为非常有利情景、有利情景和十分不利情景三大类。任务取向的领导者在非常有利的情境下和非常不利的情境下效果更好。关系取向的领导者则在中间情境下干得更好。

⑤提高领导者的有效性的方法。

菲德勒认为，个体的领导风格是稳定不变的。可以通过以下两种方法来提高领导者的有效性：

第一种方法，选择领导者以适应情境。

第二种方法，改变情境以适应领导者。这可以通过重新建构任务提高或降低领导者可控制的权力（如加薪、晋职和处分活动）来实现。

三、案例分析题

刘成耀从一所财经大学拿到会计专业的学士学位后，到一家大型的会计师事务所的贵阳办事处工作，由此开始了他的职业生涯。9年后，他成了该事务所最年轻的合伙人。事务所执行委员会发现了他的领导潜能和进取心，遂指派他到福州开办了一个新的办事处。其最主要的工作是审计，这要求员工具有极好的判断力和自我控制力。他主张员工之间要以名字直接称呼，并鼓励下属参与决策的制定。

办事处发展得很迅速，经过5年，专业人员达到了30名，刘成耀被认为是一位很成功的领导者。

刘成耀于是又被安排到兰州分厂办事处当主管。他采取了自己在福州工作时取得显著成效的同样的管理方式。他上任后，更换了全部25名员工，并制定了短期和长期客户开发计划。为了确保有足够数量的员工来处理预期扩增的业务，刘成耀决定增加员工，很快，办事处有了约40名员工。

但在福州成功的管理方式并没有在兰州取得成效，办事处在一年内就丢掉了最好的两个客户。刘成耀马上意识到办事处的员工过多了，因此决定解聘前一年刚招进来的12名员工，以减少开支。

他相信挫折只是暂时的，因而仍继续采取他的策略。在此后的几个月里，办事处又招聘了6名员工，以适应预期增加的工作量，但预期中的新业务并没有接来，所以又重新削减了员工队伍，13名员工离开了兰州办事处。

伴随着这两次裁员，留下来的员工感到工作没有保障，并开始怀疑刘成耀的领导能力。事务所的执行委员会了解到这一问题后，又将刘成耀调到昆明办事处，在那里，他的领导方式显示出了很好的效果。

问题：

（1）为什么福州的管理方式运用到兰州分厂就行不通了？

（2）管理者应该采取哪些措施解决这个问题？

【关键要点】领导、领导权变理论、情境因素、领导方式、权变理论启示

【参考答案】（1）这个案例主要说明了领导权变理论。领导权变理论提出领导的有效性依赖于情境因素，并且情境因素可以被分离出来。

①审计人员和业务人员的素质及工作性质不同，适合审计人员的领导方式对业务人员并不合适。

②福州和兰州的环境不一样，环境变了，领导方式也应该改变。

刘成耀在两处的领导显现出不一样的效果，跟他所处的环境因素有关系。首先，他刚上任，还没来得及了解清楚当地的情况就更换了全部员工，这对于他来说就几乎丧失了对于这个新的地方的最有效的认知途径；其次，在没有了解新环境的情况下制订了新计划，还扩增了员工人数，增加了开支。

两次裁员使他丧失了员工的信任和对自己工作的稳定性和保障感。因此，刘成耀便失去了领导的个人权力，那么他在兰州分厂办事处的失败就在情理之中了。

（2）没有一个特定的管理模式可以全面使用，正所谓"因地制宜"，在兰州没有采取适应本地区的，适应招聘的人员的一些性格特征，不容易获得成功。如果掌握并运用随机制宜的领导权变理论，则成功的可能性就会大一些。

根据菲德勒的领导权变理论，环境较差时，领导者更关心工作而非人际关系，所以该领导者是低LPC型领导。之前刘成耀的领导环境是较好的人际关系和下级参与，随着现在工作结构变得复杂和职位权力的提高，领导者应随机应变，根据追随者的个人品质、工作能力、价值观等，以及环境中的工作特性、组织特征、社会状况、文化影响、心理因素等来采取以下措施：

①充分了解当地情况，对新地方的环境和人达到最有效的认知。
②根据审计人员和业务人员工作性质的不同，更改和调整工作计划。
③加强组织团队建设，提高办事处员工凝聚力和满意度。
④提高自身领导能力，获取行业经验。

最后，在刘成耀的领导方式难以改变的情况下，调动刘成耀的工作是理智的选择。

第十四章 激励

知识导图

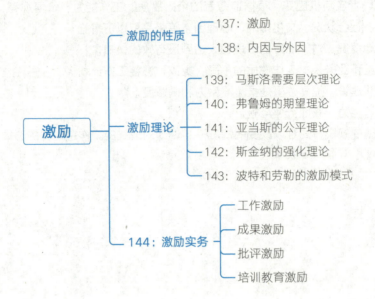

学习提示

1. 结构体系方面

本章主要包括三个部分：激励的性质（含义、内因与外因）、激励理论（马斯洛需要层次理论、弗鲁姆的期望理论、亚当斯的公平理论、斯金纳的强化理论、波特和劳勒的激励模式）、激励实务（工作激励、成果激励、批评激励、培训教育激励）。

2. 重难点方面

本章的重点也是难点是激励理论，这一系列的理论都是很容易出现的考点，特别是公平理论，在案例分析题中出现的概率相对较大。从考试难度上来说，波特和劳勒的激励模式难度相对较高，因为综合性比较强，所以需要仔细掌握。

3. 注意事项

激励实务这方面考试的时候有可能单独就某种方式出题。

知识切片

137：激励（名词解释☆☆☆）

人的一切行动都是由某种动机引起的。动机是人类的一种精神状态，它对人的行动起激发、推动、加强的作用，称之为激励。

未满足的需要对人的激励作用的大小，取决于某一行动的效价和期望值。激励力、效价以及期望值之间的相互关系可用下式表示：

激励力 = 某一行动结果的效价 × 期望值

（1）效价。是指个人对达到某种预期成果的偏爱程度，或某种预期成果可能给行为者个人带来的满足程度。

（2）期望值。是指某一具体行动可带来某种预期成果的概率，即行为者采取某种行动，获得某种成果，从而带来某种心理上或生理上的满足的可能性。

理解贴士 所谓的激励就是根据人的行为规律提高人的积极性。行为规律是行为科学研究的主要内容，行为科学主要就是研究人的规律。研究人的规律的目的是提高积极性，是让一个人在组织里努力干活，这是我们所谓的激励。激励的大小或者激励力的强弱取决于两点：第一点叫作效价，指的是多么希望这个结果产生；第二点就是期望值，指达到预期结果的概率。这两点影响着做事情的动力的大小。

联系拓展 激励过程是一个首尾相连的循环过程，它的起点叫作未满足的需要，这是自然而然产生的，其实就是基于现实和希望之间的差距而产生的。由于这个需要没有得到满足，就会引发满足需要的动机，那么这个时候就会导致某种行为使需要得到满足，得到满足之后，人就会产生新的需要，如果需要没有得到满足，就有可能进一步产生积极的和消极的行为。然后进入下一个循环的过程，循环的过程中会产生新的需要，或者说原来需要没有满足，还想满足原来的需要。

命题趋势 这部分主要考名词解释，比如激励（激励过程、激励模式）。另外，也可能考公式"激励力 = 某一行动结果的效价 × 期望值"，其中，"激励力"会作为考试题目，但是一般不单独考"效价"或"期望值"。

答题技巧 就名词解释而言，答题的关键在于对应名词的定义，但是这里关于激励的定义内容有些少，会显得答题内容有点单薄，所以答题时可以适当进行扩展，增加答题内容的丰富度。

138：内因与外因（名词解释、简答题☆☆）

人的行为（B）看成是其自身特点（P）及其所处环境（E）的函数，即 $B=f(P, E)$。

为了引导人的行为，达到激励的目的，领导者既可在了解人的需要的基础上，创造条件促进这些需要的满足，也可通过采取措施，改变个人行为的环境。这个环境就是库尔特·卢因所提出的人的行为"力场"。

库尔特·卢因认为人是在一个力场上活动的，力场内并存着驱动力和遏制力，人的行为便是场内诸力作用的产物，其模式如图 138-1 所示。

领导者对在"力场"中活动的职工行为的引导，就是要借助各种激励方式，减少遏制力，增强驱动力，提高职工的工作效率，从而改善企业的经营效率。

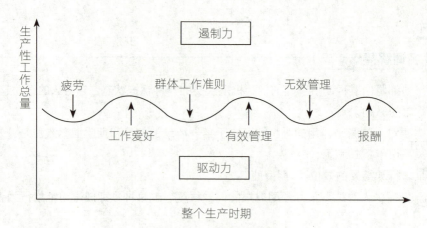

图 138-1 卢因的力场理论

🔔 **理解贴士** 这里的力场理论内容，针对的是组织中的人，也就是个人层面，而不是组织变革层面。卢因提出可以把人看作在一个力场上活动的情况，其实是基于任何一个人都是在一定的环境中的。环境中并存着两种力量，一种叫驱动力，另一种叫遏制力。人的行为就是在场内诸多力量相互作用的一个产物，是一个合力的结果。

📎 **联系拓展** 在组织变革的部分，有提到管理者要推动变革，要首先进行力场分析，分析哪些力量是阻碍变革的，哪些力量是推动变革的，然后将这两个力量进行对比，如果推动力大、阻力小，那么变革就能顺利推动，反之变革就实现不了。

➡️ **命题趋势** 在考试的时候，题目内容一般不会直接出现"内因"与"外因"，往往是出现"力场分析"这个词，"力场分析"是一个比较常考的理论。

✏️ **答题技巧** 由于这部分主要考查"力场分析"，所以主要还是对"力场分析"的把握，答名词解释时只要阐述清楚即可。如果是简答题，可以用图文结合的形式阐述，更能显示内容的完整性。

139：马斯洛需要层次理论（名词解释、简答题、论述题、案例分析题☆☆☆）

1. 需要层次理论的两个基本论点

（1）人是有需要的动物，其需要取决于已经得到了什么，还缺少什么，<u>只有尚未满足的需要能够影响行为</u>。

（2）人的需要都有轻重层次，当某一层需要得到满足后，另一层需要才会出现。

2. 需要层次理论的主要内容

（1）<u>生理的需要</u>。

人们为了能够继续生存，必须满足基本的生活要求，如衣、食、住、行等。马斯洛认为，这是人类最基本的需要，人类的这些需要得不到满足就无法生存，也就谈不上其他需要。

（2）<u>安全的需要</u>。

这种需要又可分为两小类：①对现在的安全的需要，是指要求自己现在的社会生活的各个方面均能有所保障，如就业安全、生产中的劳动安全、社会生活中的人身安全等；②对未来的安全的需要，是指希望未来生活能有保障。

（3）<u>社交的需要</u>。

马斯洛认为，人是一种社会动物，人们的生活和工作都不是独立进行的。因此，人们希望在社会生活中得到别人的注意、接纳、关心、友爱和同情，在感情上有所归属，属于某一个群体，而不希望在社会中成为离群的孤鸟。人们的这种需要多半是在非正式组织中得到满足的。

（4）尊重的需要。

这也是一种心理上的需要，包括自尊和受别人尊重。自尊是指在自己取得成功时有自豪感；受别人尊重是指当自己做出贡献时，能得到他人的承认。

（5）自我实现的需要。

这是最高层次的需要。这种需要就是希望在工作上有所成就，在事业上有所建树，实现自己的理想或抱负。包括胜任感和成就感两个方面：

①有胜任感的人力图控制事物或环境，不是等事情被动地发生和发展，而是希望在自己控制下进行。

②有成就感的人往往需要知道自己工作的结果，成功后的喜悦远比其他任何报酬都重要。

3. 人类需要的特征

（1）需要的多样性。

人类的需要是多种多样的。一个人在不同的时期可以有多种不同的需要；即使在同一时期，也可以存在着好几种程度不同、作用不同的需要。

（2）需要的层次性。

马斯洛认为，支配人们行为的需要是由低级向高级发展的，当低级层次的需要得到满足以后就会产生高一级的需要。在一定时期，只有那些表现最强烈、感觉最迫切的需要才能引发人们的动机，影响人们的行为。对于不同的人在同一时期，或对于同一人在不同时期，感受到最强烈的需要类型是不一样的。

（3）需要的潜在性。

需要的潜在性是决定需要是否迫切的原因之一。

（4）需要的可变性。

需要的可变性是指需要的迫切性、需要的层次结构是可以改变的。改变的原因有两个：

①原来迫切的需要，通过某种活动已在一定程度上得到满足，紧张已经得到消除，需要的迫切性也随之消除。

②环境的影响，人们改变了自己对各种需要迫切性的认识，使一些原来迫切的需要现在"退居二线"，而一些原来不是很迫切的需要现在成为影响人们行为的迫切需要了。

理解贴士　两个基本论点：一个是已经满足的需要就不能影响行为了；另一个是需要有轻重缓急之分。基于这两个论点，马斯洛对人的需要进行了划分，他认为人的需要分为五级或者叫五层，但不能叫五类，因为如果叫五类，那么这些需要之间就没有层次感了，只有说它分层分级，才有层次感，才会有所谓的紧急的需要，才会有所谓的高层次的需要。根据对层次内容的分析，进一步得出人类需要的一些特点，这些特征其实是对马斯洛这五个需要层次的进一步的评价和反思，或者是一种总结。

命题趋势　这一部分是管理学考试的一个超高频考点，几乎每次必考的一个理论就是需要层次理论，考查的题型几乎涵盖了所有题型。考查基本上还是以理论内容为主，有时候也会单独出题考查需要的特征。

答题技巧　最常考的内容就是关于理论的主体内容（需要层次），而且案例分析题中有时候也需要结合这一部分的主体内容进行分析，所以这一核心内容是必须掌握的。至于两个基本论点和四个特征的内容，答题的时候可以灵活阐述，根据不同的题型及出题方式，选择是否需要补充。

140：弗鲁姆的期望理论（名词解释、简答题、论述题、案例分析题☆☆☆）

弗鲁姆的期望理论认为，只有当人们预期到某一行为能给个人带来有吸引力的结果时，个人才会采取这一特定行为。根据这一理论，人们对待工作的态度取决于对下述三种联系的判断：

（1）努力—绩效的联系。需要付出多大努力才能达到某一绩效水平？我是否真能达到这一绩效水平？概率有多大？

（2）绩效—奖赏的联系。当我达到这一绩效水平后，会得到什么奖赏？

（3）奖赏—个人目标的联系。这一奖赏能否满足个人的目标？吸引力有多大？

期望理论的员工判断依据是员工个人的感觉，而与实际情况不相关。不管实际情况如何，只要员工以自己的感觉确认经过努力工作就能达到所要求的绩效，达到绩效后能得到具有吸引力的奖赏，他就会努力工作。

💡 **理解贴士** 只有当人们预期到这个行为能够带来比较有吸引力的结果时才会去做。注意，这个结果是一种预期，其实就是所谓的"无利不起早"。这种情况下理论的观点就开始变了，不是给到你需要的，而是让你感觉你这样做了之后能够获得你想要的。第一个联系叫努力和绩效的关系，就是努力工作会使绩效提高的概率和可能性，任何一个事情要让下属感觉到越努力绩效就越高。第二个联系叫绩效和奖赏的关系，就是要让员工看到绩效越高就越能获得更大的奖赏。第三个联系是奖赏和目标之间的联系，就是奖赏要和目标匹配。总的来说，就是要让员工感觉到越努力绩效越高，绩效越高奖赏越大，奖赏越高越能满足他的目标，目标满足程度越高。

🚀 **命题趋势** 期望理论也是激励中一个非常重要的超高频考点，考试的时候在各个题型中都可能出现。

✍ **答题技巧** 不管考查什么题型，这一理论的内容，关键是对于三种联系的把握，需要阐述清楚其内在关联，需要注意的是，这部分内容一般不会出现在案例分析题中，如若涉及，需要注意和材料的结合，分析的时候千万不要脱离案例材料。

141：亚当斯的公平理论（名词解释、简答题、论述题、案例分析题☆☆☆）

公平理论是美国心理学家亚当斯于 20 世纪 60 年代首先提出的，又称为社会比较理论。这种激励理论主要讨论报酬的公平性对人们工作积极性的影响。人们将通过两个方面的比较来判断其所获报酬的公平性，即横向比较和纵向比较。

（1）横向比较。

横向比较，是指将"自己"与"别人"相比较来判断自己所获报酬的公平性，并据此做出反应，用下列公式来说明：$\frac{Q_p}{I_p} = \frac{Q_r}{I_r}$。

式中，Q_p 表示自己对所获报酬的感觉；Q_r 表示自己对别人所获报酬的感觉；I_p 表示自己对所投入量的感觉；I_r 表示自己对别人所投入量的感觉。

① $\frac{Q_p}{I_p} > \frac{Q_r}{I_r}$。如果 $\frac{Q_p}{I_p} > \frac{Q_r}{I_r}$，则说明此人得到了过高的报酬或付出的努力较少。在这种情况下，他一般不会要求减少报酬，而有可能会自觉地增加投入量，但过一段时间他就会通过高估自己的投入而对高报酬心安得，于是其产出又会恢复到原先的水平。

② $\frac{Q_p}{I_p} < \frac{Q_r}{I_r}$。如果 $\frac{Q_p}{I_p} < \frac{Q_r}{I_r}$，则此人对组织的激励措施感到不公平。此时他可能会要求增加报酬，或者自动地减少投入以便达到心理上的平衡。当然，他甚至有可能离职。管理者对此应特别注意。

（2）纵向比较。

纵向比较是指自己目前与过去的比较。如 Q_{pp} 代表自己目前所获得报酬，Q_{pl} 代表自己过去所获报酬，I_{pp} 代表自己目前投入量，I_{pl} 代表自己过去投入量，则比较的结果也有三种：

① $\dfrac{Q_{pp}}{I_{pp}} = \dfrac{Q_{pl}}{I_{pl}}$。此人认为激励措施基本公平，积极性和努力程度可能会保持不变。

② $\dfrac{Q_{pp}}{I_{pp}} > \dfrac{Q_{pl}}{I_{pl}}$。一般来讲此人不会觉得所获报酬过高，因为他可能会认为自己的能力和经验有了进一步的提高，其工作积极性因而不会提高很多。

③ $\dfrac{Q_{pp}}{I_{pp}} < \dfrac{Q_{pl}}{I_{pl}}$。此人会觉得很不公平，工作积极性会下降，除非管理者给他增加报酬。

管理者在运用该理论时应当更多地注意实际工作绩效与报酬之间的合理性。对于有些具有特殊才能的人，或对完成某些复杂工作的人，应更多地考虑到其心理的平衡。

理解贴士 所谓报酬的公平性是指报酬的一个外在特点，并不是说报酬工资本身是多少，而是说工资和别人相比是多还是少，以及对积极性的影响。所谓横向是指在时间的维度上是同一个时刻，拿自己和周围其他人比，当然是跟自己类型差不多的人比。纵向的比较是指在时间的维度上，现在的自己跟过去的自己比。比值都相等是比较好的一个状态，一旦出现不相等的情况，人们总是会想办法让它再回归到相等。公平理论是建立在主观判断的基础之上的，因此受人的主观判断的影响很大。人的主观判断往往会过高地估计自己的投入量，其实并没有怎么努力，但就是觉得自己很辛苦、很努力，觉得自己投入量很大。另外还会过低地评估自己的报酬。对别人的投入量往往评估过低，对别人的收入报酬评估过高，这种对别人的评估正好和对自己的评估相反。

命题趋势 这一部分是考试中的高频考点，一方面，考简答题或者论述题，另一方面，经常作为理论工具来分析很多案例，比较小的概率会考名词解释。

答题技巧 名词解释、简答题、论述题都是知识复现的题型，答题的时候主要是表述清楚理论的主要内容，需要注意的是各个题型的答题篇幅，比如名词解释就简要阐述理论观点即可；简答题需要对具体涉及的两个方面的比较（横向和纵向的比较）做一定的阐述，同时也要注意语言的精炼；论述题就需要对具体的分析做详细的说明，适当的时候也可以举例说明。在案例分析题中考查，就需要结合案例的材料和理论要点进行阐述。

142：斯金纳的强化理论（名词解释、简答题、论述题、案例分析题☆☆☆）

强化理论是由美国心理学家斯金纳首先提出的。该理论认为人的行为是其所获刺激的函数，如果这种刺激对他有利，则这种行为会重复出现；若对他不利，这种行为会减弱直至消失。

1. 正强化

（1）正强化是指奖励那些符合组织目标的行为，以便使这些行为得到进一步加强，从而有利于组织目标的实现。正强化的刺激物不仅仅包含奖金等物质奖励，还包含表扬、提升、改善工作关系等精神奖励。

（2）正强化的实施方式。

①连续的、固定的方式。对每一次符合组织目标的行为都给予强化，或每隔一段固定的时间都给予一定程度的强化。

②间断的、时间和数量都不固定的方式。即管理者根据组织的需要和个人行为在工作中的反映，不定期、不定量地实施强化，使每次强化都能起到较大的效果。

2. 负强化

负强化是指惩罚那些不符合组织目标的行为，以使这些行为削弱直至消失，从而保证组织目标的实现不受干扰。实际上，不进行正强化也是一种负强化。例如，过去对某种行为进行正强化，现在组织不再需要这种行为，但基于这种行为并不妨碍组织目标的实现，这时就可以取消正强化，使行为减少或不再重复出现。

🔹 **理解贴士** 人的行为是获得的刺激的函数，也称人的行为是行为结果的函数，其实就是指人的行为是什么样的，取决于之前做了怎样的行为，有什么样的结果。如果之前做的行为获得了一个好的结果，将来肯定还会做出同样的行为；如果做了一个行为，受到了惩罚，受到了伤害，将来可能就不做这个行为了。所以说行为是获得的刺激的函数，也就是说是上一次做类似的行为的结果，就好比"守株待兔"和"一朝被蛇咬，十年怕井绳"。总之，趋利避害是人的本能，管理者通过一系列的激励的措施和手段，去修正人的行为，使人的行为越来越符合组织的要求，越来越符合组织目标的实现的方向。所以，有的教材称之为行为修正理论。

🔹 **命题趋势** 本考点也是考试中一个常考的重点，考试的时候，就理论的内容而言，在各个题型中都有可能出题考查，有时候也会单独出题考查正强化或者负强化。

🔹 **答题技巧** 这一部分的理论内容，主要的考查方向就是知识复现，主要是看对理论内容的熟悉程度，这里要注意对正强化或者负强化的单独考查，阐述清楚主要含义即可。关于案例分析题的考查，还是要很好地把理论内容和材料内容对应起来，结合在一起分析。

143：波特和劳勒的激励模式（名词解释、简答题、论述题☆☆）

波特和劳勒的激励模式比较全面地说明了各种激励理论的内容，如图143-1所示。

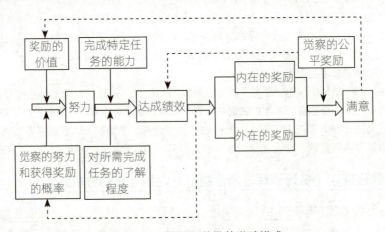

图143-1 波特和劳勒的激励模式

该模式的**五个基本点**：

（1）个人是否努力以及努力的程度不仅仅取决于奖励的价值，还受到个人觉察出来的努力和受到奖励的概率的影响。

（2）个人实际能达到的绩效不仅仅取决于其努力的程度，还受到个人能力的大小以及对任务的了解和理解程度的影响。

（3）个人所应得到的奖励应当以其实际达到的工作绩效为价值标准，尽量剔除主观评估因素。

（4）个人对于所受到的奖励是否满意以及满意的程度如何，取决于受激励者对所获报酬公平性的感觉。

（5）个人是否满意以及满意的程度将会反馈到其完成下一个任务的努力过程中。

波特和劳勒的激励模式是对激励系统的比较全面和恰当的描述，说明激励和绩效之间并不是简单的因果关系。要使激励产生预期的效果，就必须考虑到奖励内容、奖励制度、组织分工、目标设置、公平考核等一系列的综合性因素，并注意个人满意程度在努力中的反馈。

💡 **理解贴士**　有的教材把这个模式翻译成波特和劳勒的期望激励模式，期望是期望理论的意思。要激励一个人，就要给他建立远景和预期，他如果预期到这个结果对他好，他就会去干，而不是当下就要满足他的需要，所以期望的含义就是对未来的预期。这个激励模式，主体是期望理论，然后在这个基础上又附加了很多其他的理论，最后整合到一起。

📌 **命题趋势**　这部分最常出简答题，当然有时也会出名词解释和论述题。

✏️ **答题技巧**　如果是回答简答题，主要就是答这五个基本点。答题的时候把图画上，剩下的工作就是看图说话了，所以要把图记住。图中不仅有从左到右的箭头，还有从右到左的虚线箭头，这个虚线其实是一种反馈。答名词解释的话就不用画图了，简单阐述即可。

144：激励实务（论述题☆☆）

领导者根据激励理论处理激励实务时，必须针对下级的不同特点采用不同的方法。其中常用的方法有四种：<u>工作激励、成果激励、批评激励以及培训教育激励</u>。

一、委以恰当工作，激发员工内在的工作热情

（1）工作的分配要能考虑到员工的特长和爱好。
（2）工作的分配要能激发员工内在的工作热情。

二、正确评价工作成果，合理给予报酬，形成良性循环

为了使报酬对工作形成良性循环，必须按照"法、理、情"的原则去做。
（1）先要制定奖惩办法，公之于众。
（2）任何奖惩都应合理。
（3）任何奖惩都要合情。

三、掌握批评武器，化消极为积极

（1）明确批评目的。
（2）了解错误的事实。
（3）注意批评方法。
①要注意对事不对人；②要注意选择适当的用语；③选择适当的场合；④注意选择适当的批评时间。
（4）注意批评的效果。
领导者还要注意批评后的追踪检查，以避免重犯类似的错误。

四、加强教育培训，提高员工素质，增强进取精神

员工的素质主要包括思想品德和业务技能两方面：
（1）通过提高思想品德调动员工积极性，是我国企业管理的优良传统，在新形势下要继续发扬光大。
（2）培养和启动员工的自我激励机制，还要注意专业知识和技术能力的培训。

从上述激励手段及其运用的介绍中可以看出，通过改善工作内容、工作环境和工作条件等外在因素，

以诱使员工内在地产生奋发向上的进取精神和努力工作的积极性，这就是领导者激励工作的本质特征。

♦ 理解贴士　学了很多理论内容后，这一部分是讲在实际中如何做激励工作。第一个叫工作激励，就是指委任或者委派恰当的工作来激发员工的热情，在这个过程中要注意扬长避短，发挥员工的特长；再就是给员工安排一些有挑战性的任务，激起员工奋发上进的精神。第二个方面叫成果激励，就是用最终的结果说话。成果激励在现实中比较常用，因为每个企业基本都会有绩效考评，或者叫绩效评估，根据评价的结果支付报酬，报酬要是精神和物质兼而有之，而且还有正报酬和负报酬。第三个是通过批评来激励，其实就是负强化。第四个通过教育培训来提高素质，这个叫提高思想境界。总的来说，不论是什么激励，都需要实现内在激励和外在激励的统一。

♦ 命题趋势　论述题的题型经常会考相关的内容，也就是说我们该如何做好激励的工作，或者如何在实践中发挥激励的作用，只要和"激励实践"有关，都可以从这个部分去考虑。

♦ 答题技巧　这一部分在答题的时候，要明确激励实务的四个方面，在阐述具体内容时，可以结合管理活动的实践经历，适当以自己的语言阐述，逻辑清晰即可。

本章小结

> 本章的理论内容是管理学考试的重点，每个理论都是需要精确掌握的。内因和外因这个知识点的内容相对较少，单独考查的可能性不大。在考查其他知识点时，很多时候为了体现答题内容的完整性，激励的基本定义也是需要作答的。理论的内容和实务的内容，其实就是理论层面和实践层面，主要注意在案例分析题中的考查，要定位具体的理论内容，结合材料分析。

● 课后真题 ●

一、概念辨析题

安全需要与自我实现需要

【关键要点】生理、安全、社会、尊重、自我实现、逐级递升

【参考答案】马斯洛将人类需要按发生的前后次序分为五个层次，分别为生理需要、安全需要、社会需要、尊重需要和自我实现的需要，按其重要性逐级递升，形成一个从低级需要向高级需要发展的阶梯。其中安全需要是指保障人身安全不受损伤，摆脱疾病和失业的危险，减少经济的损失和意外事故的发生而产生的需要，如职业保障、社会保险、财产安全等。而自我实现的需要是马斯洛需要层次的最高需要，是一个人实现自我潜力的需要。它是一种追求，是个人能力得到极大发挥的内在驱动力量。人的自我实现的需要是无止境的，因此它是人的行为最强大、最持久的激励因素。

二、选择题

1. 从期望理论中，我们得到的最重要的启示是（　　）。

   A. 目标效价高低是激励是否有效的关键

   B. 期望概率的高低是激励是否有效的关键

   C. 存在着负效价，应引起领导者注意

   D. 应把目标效价和期望概率进行优化组合

   【关键要点】激励理论、期望理论、启示

【参考答案】期望理论的思想内容主要指，一种激励因素的激励作用的大小，受到个人从组织中所取得的报酬的价值判断（效价）以及对取得该报酬可能性的预期（期望概率）双重因素的影响，应该考虑到使效价产生重要的刺激作用，同时，考虑到人物的合理性，使激励与绩效之间形成良性循环。因此，本题正确答案为 D 项。

2. 在某公司的年度总结会上，经理们就如何提高员工的积极性纷纷献计献策。这里有四种不同的看法，如果你是总经理，你首选哪一种？（　　）

　　A. 成立员工俱乐部，配备一定的健身器材
　　B. 重奖优秀员工，树立正面典型
　　C. 批评后进员工，并辅之以一定的物质惩罚
　　D. 调查员工心态，从满足需要出发，激发主人翁责任感

【关键要点】激励、需要、行为

【参考答案】积极性要从心态入手，从根本上改变。在本题中，要提高员工的积极性，就需要了解员工的需要，这样才有措施去满足员工的需要，才能激发员工的主人翁责任感。因此，本题正确答案为 D 项。

三、案例分析题

1.

林肯电气公司的激励

哈佛商学院向全世界出版了近 4 万个案例。被购买频率最高的案例是位于克利夫兰的林肯电气公司。该公司年销售额为 44 亿美元，拥有 2 400 名员工，并且形成了一套独特的激励员工的方法。该公司 90% 的销售额来自生产弧焊设备和辅助材料。林肯电气公司的生产工人按件计酬，他们没有最低小时工资。员工为公司工作两年后，便可以分年终奖金。该公司的奖金制度有一整套计算公式，全面考虑了公司的毛利润及员工的生产率与业绩，可以说是美国制造业中对工人最有利的奖金制度。

在过去的 56 年中，平均奖金额是基本工资的 95.9%，该公司中相当一部分员工的年收入超过 10 万美元。近几年经济发展迅速，员工年平均收入为 44 000 美元，远远超出制造业员工年收入为 17 000 美元的平均水平。在不景气的年头里，如 1982 年的经济萧条时期，林肯电气公司员工年收入降为 27 000 美元，这虽然相比其他公司还不算坏，可与经济发展时期比就差了一大截。当然，作为对政策的回报，员工也相应要做到几点：在经济萧条时期他们必须接受减少工作时间的决定，而且接受工作调换的决定；有时甚至为了维持每周 30 小时的最低工作，而不得不调整到一个报酬更低的岗位上。林肯电气公司极具成本和生产率意识，如果工人产出一个不合标准的部件，那么除非这个部件修改至符合标准，否则这件产品就不能计入该工人的工资中。严格的计件工资制度和高度竞争的绩效评估系统，形成了一种很有压力的氛围，有些工人还因此产生了一定的焦虑感，但这种压力有利于生产率的提高。据该公司一位管理者估计，与国内竞争对手相比，林肯电气公司的总体生产率是他们的两倍。自经济大萧条以后，公司年年获利丰厚，没有缺过一次分红。该公司还是美国工业界中工人流动率最低的公司之一。前不久，该公司的两个分厂被《幸福》杂志评为全美十佳管理企业。

问题：

（1）结合激励理论的相关知识，你认为林肯电气公司使用了何种激励理论来激励员工的工作积极性？
（2）为什么林肯电气公司的方法能够有效地激励员工工作？

（3）你认为这种激励系统可能会给管理层带来什么问题？

【关键要点】激励、员工积极性、激励理论、计件工资制

【参考答案】（1）①泰罗的科学管理理论。案例中提到的"严格的计件工资制度和高度竞争的绩效评估系统"体现了科学管理理论。

②马斯洛的需要层次理论。"员工为公司工作两年后，便可以分年终奖金。该公司的奖金制度有一整套计算公式，全面考虑了公司的毛利润及员工的生产率与业绩，可以说是美国制造业中对员工最有利的奖金制度。"林肯电气公司为员工提供较好的福利，满足了员工较低层次的需要，有利于员工追求更高层次的需要。

③亚当斯的公平理论。"员工年平均年收入为 44 000 美元，远远超出制造业员工年收入 17 000 美元的平均水平。"通过员工与其他公司员工工资的横向对比，员工的工作积极性得到激励。

（2）①计件工资能够把"付出"和"报酬"紧密结合，年终奖金增强了公司的凝聚力，工资的数量令员工满意，员工的个人目标与公司目标和谐统一，产生了巨大的激励作用，使公司的生产率是对手的两倍。

②林肯电气公司通过三种激励方式的结合，对不同层次的员工都产生了激励作用，从而调动了整个组织的积极性、主动性、创造性，使工作效率提高，达成组织计划实现的目标。

（3）计件工资制度存在很大问题。

①计件工资的"付出"是难以计算的，员工用在非产品加工上的"付出"在酬金上很难体现，不利于员工积极性的全面发挥。

②计件工资是按计件单价和合格产品数量计发工资的。员工从个人利益出发对产量的关心远远高于对质量的关心，因此不利于产品质量的进一步提高。

③计件工资是以生产为重的管理模式，公司对人的关心也应该加强。

④员工保障制为员工提供了职业安全感，但员工也付出了代价，如遇到环境变化时，潜在的矛盾就会显现出来。

2.

黄大佑辞职

助理工程师黄大佑，一个名牌大学高材生，毕业后工作已八年，四年前应聘调到一家大厂工程部负责技术工作，工作诚恳负责，技术能力强，很快就成为厂里有口皆碑的"四大金刚"之一，名字仅排在厂技术部主管陈工之后。然而，工资却同仓管人员不相上下，一家三口尚住在来时住的那间平房。对此，他心中时常有些不平。

王厂长，一个有名的识才的老厂长，"人能尽其才，物能尽其用，货能畅其流"的孙中山先生的名言，在各种公开场合不知被他引述了多少遍，实际上他也这样做了。四年前，黄大佑报到时，门口用红纸写的"热烈欢迎黄大佑工程师到我厂工作"几个颜体大字，是王厂长亲自吩咐人事部主任落实的，并且交代要把"助理工程师"的"助理"两字去掉。这确实使黄大佑当时工作得更加卖力。

两年前，厂里有申报工程师的指标，黄大佑属于有条件申报之列，但名额最后却让给了一个没有文凭、工作能力平平的老同志。他想问一下厂长，谁知，还未去找厂长，厂长却先来找他了："黄工，你年轻，机会有的是。"去年，他想反映一下工资问题，这问题确实重要，来这里的一个目的不就是想提高一点工资，改善一下生活水平吗？但是几次想开口，都没有勇气讲出来。因为厂长不仅在生产会上赞扬他的成绩，而且，曾记得有几次外地人来取经，厂长还当着客户的面赞扬他："黄工是我们厂

的技术骨干，是一个有创新的……"哪怕厂长再忙，路上相见时，总会拍拍黄工的肩膀说两句，诸如"黄工，干得不错""黄工，你很有前途"。这的确让黄大佑兴奋，"王厂长确实是一个伯乐"。此言不假，前段时间，他还把一项开发新产品的重任交给了他，大胆起用年轻人，然而……

最近，厂里新建好了一批员工宿舍，听说床位数量比较多，黄大佑决心要反映一下住房问题，谁知这次王厂长又先找到他，还是像以前一样，笑着拍拍他的肩膀："黄工，厂里有意培养你入党，我当你的介绍人。"他又不好开口了，结果家没有搬成。

深夜，黄大佑对着一张报纸的招聘栏出神。第二天一早，厂长办公桌桌面上放着一张小纸条：

王厂长：

您是一个懂得使用人才的好领导，我十分敬佩您，但我决定走了。

黄大佑

请结合案例材料，回答以下问题：

（1）根据早期的动机理论，住房、评职称、提高工资和入党对于黄工来说分别属于什么需要？根据公平理论，黄工的工资与仓管员不相上下，是否合理？

（2）你认为王厂长的激励手段有哪些优、缺点？如果你是厂长，应该怎样留住黄大佑？

【关键要点】激励理论、公平理论、激励实务、理论启示

【参考答案】（1）①根据马斯洛需要层次理论：a. 住房、提高工资是为了保护自己免受身体和情感的伤害，同时能保证生理需要得到满足，属于安全需要；b. 评职称是尊重需要，尊重需要包括内部尊重需要（如自尊）和外部尊重需要（包括地位、认可和关注等），职称象征着员工对公司的重要性，黄工评职称是为了获得成就感和取得外界的认可；c. 入党属于自我实现需要，是指包括成长与发展、发挥自身潜能、实现理想的需要。

②根据公平理论，黄工的工资和仓管员不相上下是不合理的。

公平理论是美国心理学家亚当斯于 20 世纪 60 年代提出来的，又称社会比较理论，主要讨论报酬的公平性对人们工作积极性的影响。公平理论的基本观点是，员工首先将自己从工作中得到的（所得）和付出的（投入）进行比较，然后再将自己的所得－付出比与相关人的所得－付出比进行比较。如果员工感觉自己的比率与他人的比率相同，则为公平状态；如果比率不同，则会产生不公平感，认为自己的报酬过低或者过高。不公平感出现后，员工会试图采取行动来改变它，比较的结果将直接影响其今后工作的积极性。

案例中，黄大佑工作勤恳，技术过硬，很快就成了厂里有口皆碑的"四大金刚"之一，可是黄大佑感觉不公平的地方就在于其工资和厂里仓库保管员不相上下，且四年了一家三口还挤在刚来厂时分配的小平房里。黄大佑通过与他人的比较，感觉到自己的付出与回报不成正比，因此产生不公平的感觉。

（2）①从案例中可得知，王厂长的激励手段主要存在以下优、缺点。

优点：

a. 注重正强化的运用，热烈欢迎黄工来厂工作，时不时对黄工进行激励，都满足了黄工的尊重需要；b. 王厂长还把一项开发新产品的重任交给了黄工，大胆起用新人，让黄工感到自己存在的重要性和独特性，更加努力工作。

缺点：

a. 在激励过程中，忽略了物质上的奖励，如果物质上没有得到满足，精神奖励的效果便不能发挥好。b. 没有和黄工进行正确的沟通，几乎采用的都是命令和通知的语气，不能了解黄工真正的需要。

②如果我是厂长，我会采取以下几方面的措施来留住黄大佑。

a. 根据马斯洛需要层次理论，在运用激励手段之前，管理者应当先判断员工所处的需要层次，然后再采取相应措施来激励员工为实现自身需要而努力工作。本案例中的黄大佑还存在较低层次的需要，工资、奖金与住房是他关心的需要，在这些需要没有得到满足的情况下，对其进行高层次需要的激励，只会适得其反。因此，案例中，王厂长应注意分析员工的各种需要，针对不同的需要层次、不同的需要给予相应的满足，这样才能够对员工产生较大的激励作用。

b. 从公平理论来看，王厂长应该注意为员工营造一个公平的环境，使员工的能力以及付出与其所得相对等。改变目前这种论资排辈付酬的制度，充分激励有能力的员工为实现目标而努力。

c. 沟通是转变员工态度、改变职工行为的重要手段。理解是接受的前提，在组织内部，一切决策都需要下级真正接受，主动行动才能得到切实的贯彻落实，因此需要上下级良好沟通。在与员工打交道的过程中，王厂长应当进行正确和有效地沟通，学会聆听黄大佑的建议和要求。

第十五章 沟通

知识导图

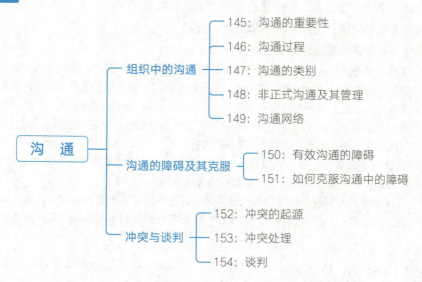

学习提示

1. 结构体系方面

本章主要包括三个部分：组织中的沟通（沟通的重要性、过程、类别、非正式沟通及管理、沟通网络）、沟通的障碍及其克服（障碍因素、克服障碍的措施）、冲突与谈判（冲突的起源、冲突的处理、谈判）。

2. 重难点方面

本章的重点，一个是沟通过程，包含的七个环节都要清楚。另一个是沟通的障碍因素及其克服，具体的障碍因素要熟悉，如何克服也要掌握，有时案例分析题会考查。

3. 注意事项

考试的时候要注意不要把沟通的冲突和组织的冲突混淆了。

知识切片

145：沟通的重要性（名词解释、简答题☆☆）

（1）沟通的含义。

沟通是指可理解的信息或思想在两人或两人以上的人群中传递或交换的过程，整个管理工作都与沟通有关。

（2）沟通的重要性：

①沟通是协调各个体、各要素，使企业成为一个整体的凝聚剂。

②沟通是领导者激励下级，实现领导职能的基本途径。

③沟通是企业与外部环境建立联系的桥梁。

理解贴士 沟通是意思的传递，有效的沟通指的是作为沟通的双方，当一方发出信息之后，另一方接收到信息，并且理解信息是什么意思，这就叫有效的沟通，不一定是指对方接受你的观点。沟通的重要性，有时又叫沟通的意义或者沟通的作用。因为沟通能够统一思想、上下一心，所以沟通是个凝聚剂。激励的作用就是领导通过沟通的方式，把意图告诉下级，让下级实现领导的意图，这样整个组织目标才能实现。企业是个开放的系统，和外部的沟通就是公共关系，企业外部主体的这些关系要搞好。

命题趋势 沟通的定义这一部分，比较容易考名词解释。沟通的重要性这一部分的信息量不是特别大，所以出简答题的可能性比较小，如果真的出了简答题，算是送分题。

答题技巧 如果是考名词解释，只写定义有些单薄，可以继续论述重要性，这样答案内容就显得比较丰富了。有的时候也会以简答题的形式考查沟通的重要性，在答名词解释的内容基础上对于要点的内容稍做扩充即可。

146：沟通过程（简答题、论述题☆☆☆）

沟通就是传递信息的过程。

（1）发送者需要向接受者传送信息或者需要接受者提供信息。

（2）发送者将这些信息译成接受者能够理解的一系列符号。

（3）将上述符号传递给接受者。

（4）接受者接受这些符号。

（5）接受者将这些符号译为具有特定含义的信息。

（6）接受者理解信息的内容。

（7）发送者通过反馈来了解他想传递的信息是否被对方准确无误地接受。

理解贴士 沟通需要两个主体，这两个主体分别命名为发送者和接受者，注意这是两个角色，而且它们是可以互换的。过程的第一步到第六步是在讲单线联系，信息经过一系列过程传递过去了，对方也理解了。发出者如何知道接受者理解了？那就要通过反馈。第七步说发送者通过反馈来了解他传递的信息是否被对方接受，而且是否准确无误地理解了。反馈只用了一个步骤，是因为反馈的环节过程和前面第一步到第六步是完全一样的，这个时候发送者和接受者互换了角色。所以，第一步到第六步叫单向沟通，第一步到第七步叫双向沟通。

联系拓展 典型的过程：管理过程、计划过程、决策过程。

命题趋势 作为一个典型的过程型的知识内容，这部分容易考简答题，主要就是让答题者简述沟通的过程。

答题技巧 答题要有答题的范式，最好先把沟通的定义写上，再阐述一系列的过程，把具体的七个步骤表述清楚即可。当然，简答题涉及七个要点就不需要再对要点内容做太多的赘述，但如果是论述题，就需要进一步展开阐述细节，注意控制答案篇幅。

147：沟通的类别（名词解释、简答题 ☆☆）

（1）按照功能，沟通可以分为工具式沟通和感情式沟通。

①工具式沟通。是指发送者将信息、知识、想法、要求传达给接受者，其目的是影响和改变接受者的行为，最终达到组织的目标。

②感情式沟通。是指沟通双方表达情感，获得对方精神上的同情和谅解，最终改善相互间的关系。

（2）按照方法，沟通分为：口头沟通、书面沟通、非言语沟通、体态语言沟通、语调沟通及电子媒介沟通等。

（3）按照组织系统，沟通可分为正式沟通和非正式沟通。

①正式沟通。是指以正式组织系统为渠道的信息传递。

②非正式沟通。是指以非正式组织系统或个人为渠道的信息传递。

（4）按照方向，沟通可分为下行沟通、上行沟通、平行沟通。

①下行沟通。是指上级将信息传达给下级，是由上而下的沟通。

②上行沟通。是指下级将信息传达给上级，是由下而上的沟通。

③平行沟通。是指同级之间横向的信息传递，这种沟通也称为横向沟通。

（5）按照是否进行反馈，沟通可分为单向沟通和双向沟通。

①单向沟通。是指没有反馈的信息传递。适用情况：a. 问题较简单，但时间紧；b. 下级易于接受解决问题的方案；c. 反馈不仅无助于澄清事实反而容易混淆视听；d. 上级缺乏处理负反馈的能力，易感情用事。

②双向沟通。是指有反馈的信息传递，是发送者和接受者相互之间进行信息交流的沟通。适用情况：a. 时间比较充裕，但问题比较棘手；b. 下级对解决方案的接受程度至关重要；c. 下级对解决问题提供有价值的信息和建议；d. 上级习惯于双向沟通。

💡 **理解贴士** 学分类只要把分类的标准掌握了，那么分类的内容基本上就能够把握得非常深入，而且掌握得很熟练。第一种分类是按照功能进行划分，就是指沟通的目的。工具式沟通是带着目的进行的，感情式沟通是为了改善和拉近关系的。第二种分类是按照方法进行划分。第三种分类是按照组织系统进行划分，进行沟通就比较重要，涉及正式组织和非正式组织这两个知识点。第四种分类是按照方向进行划分，和整个组织体系结合起来了，而且这里的前提是在正式组织里的沟通，因为正式组织才能分上下左右。第五种分类是按照有没有反馈进行划分，分为单向沟通、双向沟通，两者的对比分析需要注意。

🔗 **联系拓展** 类别：计划的类型，决策的方法的类型，部门化的方式的类型。

📌 **命题趋势** 和类别相关的内容，比较可能考查名词解释，有时也会对某一类的内容考查简答题。这里需要注意一个是正式沟通和非正式沟通，和前面讲的正式组织和非正式组织两个知识点联系掌握，这个类别容易考；另一个是单向沟通、双向沟通，关于什么情况适合单向沟通，什么情况适合双向沟通，它们之间孰优孰劣，如何对比，这部分可能会这么考。

✏️ **答题技巧** 这部分不管是考查名词解释还是简答题，都是基于对分类标准的掌握，把握对应分类内容的含义。另外，答题时正式沟通和非正式沟通需要阐述正式组织和非正式组织，单向沟通和双向沟通需要阐述具体的适用情况。

148：非正式沟通及其管理（名词解释、简答题 ☆☆）

（1）与正式沟通相比，非正式沟通的特点。

①非正式沟通信息交流速度较快。

②非正式沟通的信息比较准确。
③非正式沟通效率较高。
④非正式沟通可以满足员工的需要。
⑤非正式沟通有一定的片面性。
（2）管理人员对待非正式沟通。
①管理人员必须认识到非正式沟通是一种重要的沟通方式，否认、消灭、阻止、打击都是不可取的。
②管理人员可以充分地利用非正式沟通为自己服务，管理人员可以"听"到许多从正式渠道不可能获得的信息，还可以将自己所需要传递但又不便从正式渠道传递的信息，利用非正式渠道进行传递。
③对非正式沟通中的错误信息必须"以其人之道，还治其人之身"，通过非正式渠道进行更正。

理解贴士　①非正式渠道的消息要比正式渠道传播快，因为信息传递的动力是不一样的，正式渠道的这种信息传递往往是通过行政力量，即发文件、下命令的形式，但是非正式渠道里的消息都是通过兴趣来驱动的，积极性强。②非正式沟通的信息比较准确，不是完全不靠谱，有的时候人们常常把非正式沟通看作小道消息，但它和谣言是两回事，小道消息只是说它传递的途径不正式，并不能说它是假的，但有些谣言是别有用心编造的，那肯定是假的。③效率较高，其实这一条和速度快是相似的。④可以满足员工安全社交和尊重的需要。⑤不可否认非正式沟通有时具有一定的片面性，如信息的发送者只传递自己感兴趣的部分或对信息有所夸大。但如果理性地分析非正式沟通的信息内容，就会发现非正式沟通也并非空穴来风，甚至很多时候是比较准确的。

命题趋势　这部分的考查概率很大，关于特点的内容基本上就是考名词解释，考简答题的概率比较小。关于如何对待非正式沟通，这里比较可能考简答题。

答题技巧　如果考到了非正式沟通的名词解释或者简答题，要先作答非正式沟通的定义，然后再罗列相关的特点，这是答题的规范。至于作为管理人员如何对待非正式沟通，和对待非正式组织的道理是一样的，首先要承认它是客观存在的，没有办法完全消除，然后就是要扬长避短。

149：沟通网络（名词解释、简答题☆☆）

所谓**沟通网络**，是指组织中沟通渠道的结构和类型。一种网络不同于另一种网络的基本特征在于：渠道的数量、分布以及是单向还是双向。

其中，最基本的是轮型和风车型；最集权化的沟通网络是轮型和Y型；最分权化的网络是星型（有时也称为全方位型）。选择哪种网络取决于外部环境和沟通的目的。集权化的网络（Y型和轮型）在完成比较简单的工作中比分权化的网络更快、更准确、更有效，它们通过一个中心人物传递信息，以避免不必要的噪声并且可以节省时间。分权化的网络（圆型和星型）适合完成比较复杂的任务，便于信息交换和充分地利用资源。

员工的满意度也与网络类型有关，领导或中心人物比较满意集权化的网络，普通成员比较满意分权化的网络。

理解贴士　网络带有去中心化、扁平化的特点，但是，同时又有另外一面，即它强调的是多个主体之间的相互联系。其实这里讲的沟通网络，更侧重于主体之间的联系，把彼此之间连接起来所形成的网络。这里的沟通网络是指通过沟通渠道，把相关的沟通主体连起来，形成一个结构。沟通网络有什么样的基本特征，或者说沟通网络有哪些不同的类型，是根据渠道的数量怎么分布、彼此之间怎么联系、是单向还是双向来区分的。

命题趋势　这个部分比较容易考简答题，简述相关的沟通网络的类型或者沟通网络的特点，也有可能考名词解释，如集权化的网络都有哪些，或者分权化的网络都有哪些。

答题技巧　答题的时候首先还是要答沟通网络的名词定义，这是基础，然后就是对于特征与类型的阐述，根据出题方式的特点，相应地阐述作答即可。

150：有效沟通的障碍（简答题、论述题、案例分析题☆☆☆）

（1）个人因素。
①选择性接受，指人们有选择地接受与他们期望不一致的信息。
②沟通技巧上的差异，包括口头表达与书面表达能力的差异、倾听的能力差异、反应能力差异等。
（2）人际因素。
人际因素主要包括沟通双方的相互信任、信息来源的可靠程度和发送者与接受者之间的相似程度。
（3）结构因素。
①地位差别。人们一般愿意与地位较高的人沟通。
②信息传递链。一般来说，信息通过的等级越多，它到达目的地的时间也越长，信息失真率则越大。
③团体规模。当工作团体规模较大时，人与人之间的沟通也相应地变得较为困难。
④空间约束。这种空间约束不利于员工间的交往，也限制了员工的沟通。
（4）技术因素。
①语言暗示。同一句话或文字常常会引起不同的理解和感受。
②非语言暗示。面部表情、手势、眼神等。
③媒介的有效性。a. 书面沟通；b. 口头沟通。
④信息过量。沟通会随之变得困难重重。

理解贴士 沟通的障碍是指人与人之间的沟通有时很难让别人理解其意思。因为前面提到的有效的沟通，就是让对方理解自己的意思，接受不接受无所谓，关键是理解。为什么会出现有效沟通的障碍？这里总结了一系列的因素。

联系拓展 组织变革的障碍。

命题趋势 这部分的考查概率是比较大的，有可能考简答题或者论述题，有时候也会在案例分析题中考查。

答题技巧 对于简答题和论述题，作答时主要就是表述清楚这四个方面的障碍因素，需要注意的是，两类题型不一样，答题的篇幅要灵活应变。对于案例分析题中的考查，作答时要以案例材料为主，这四类因素不一定都会涉及，答题时结合材料情况作答。

151：如何克服沟通中的障碍（简答题、论述题、案例分析题☆☆☆）

（1）明了沟通的重要性，正确对待沟通。管理人员十分重视计划、组织、领导和控制，对沟通常有疏忽，认为信息的上传下达有组织系统就可以了，对非正式沟通中的"小道消息"常常采取压制的态度。
（2）要学会"听"。对管理者来说，"听"绝不是件轻而易举的事。"听"不进去一般有下列三种表现：①根本不"听"；②只"听"一部分；③不正确地"听"。
（3）创造一个相互信任、有利于沟通的小环境。
（4）缩短信息传递链，拓宽沟通渠道，保证信息的畅通无阻和完整性。

（5）职工代表大会。员工也可以就自己所关心的问题与厂长进行面对面的沟通和交流。

（6）工作组。当企业发生重大问题，引起上下关注时，管理人员可以授权组成临时的专题工作组。

（7）加强平行沟通，促进横向交流。可以定期举行由各部门负责人参加的工作会议，加强横向合作。

（8）利用互联网进行沟通。管理人员可以通过公众网站或专门网站与有关个人或全体有关人员进行信息沟通。

理解贴士　①要从思想上重视沟通，如果忽视沟通则导致领导工作做不好。管理人员要进行沟通，很多信息是需要去解释的。②有的时候听比说更重要，而且得学会听。③有利于沟通的小环境，这是一个抽象意义上的概念，指的是一种组织氛围。④缩短信息链条对应的其实是信息传递的链条太长，不利于信息的快速传递，而且信息容易失真。⑤职工大会就是为了听取员工的想法，更好地和员工沟通和交流。⑥当出现重大问题时，成立专项工作，有利于针对重大问题进行沟通。⑦所有的树型的组织，每个人都只对自己的上级负责，跨部门的沟通有时候很难，因此，才要加强横向的沟通。⑧利用互联网进行沟通，其实就是对于技术因素的重视和应用。

联系拓展　组织变革的阻力以及如何克服。

命题趋势　考试的时候这一部分和上一部分的知识内容有可能结合在一起考查论述题，因为知识点体量大，综合性强，不但要分析原因，还要给出解决的方案，这是论述题的一种出题角度。案例分析题中可能会考查对问题做分析或是针对问题提建议，当然部分也可以单独考查简答题。

答题技巧　这一部分内容的要点比较多，包含了八个要点。简答题简单阐述即可。论述题要是两个部分结合在一起考查就相当于合并了两个简答题，答题的时候注意层次和过渡。案例分析题还是以材料为主，问题的分析及建议的提出都要结合材料的信息内容。

152：冲突的起源（名词解释、简答题☆☆）

冲突是指由于某种差异而引起的抵触、争执或争斗的对立状态。

存在差异的原因是多种多样的，但大体可归纳为三类。

（1）沟通差异。

文化和历史背景的不同、语义困难、误解及沟通过程中噪声的干扰都可能造成人们之间意见不一致。

（2）结构差异。

分工造成组织结构中垂直方向和水平方向各系统、各层次、各部门、各单位、各岗位的分化。组织越庞大、越复杂，组织分化越细密，组织整合越困难。

（3）个体差异。

每个人的社会背景、教育程度、阅历、修养，塑造了每个人各不相同的性格、价值观和作风。

理解贴士　冲突就是对立，对立的产生是由于差异，差异就是不一致，可想而知冲突最起码是两方。冲突的原因有三大类，第一类原因叫作沟通差异，用一个词概括叫鸡同鸭讲，就是指语言体系不一样，表达意思不一样。第二类叫作结构差异，比如组织越庞大、越复杂，分工越细，这个时候就越难整合，尤其是跨部门的沟通是非常难的，因为信息不对称，而且利益不一致，这种会引起差异，引起冲突。第三类就是个体差异，比如社会背景不一样，教育程度不一样，阅历修养不一样，就导致价值观不同、性格不同，就容易引发沟通的冲突。

命题趋势　冲突这部分内容考查概率相对来说还是比较大的，考名词解释的情况比较多，简答题相对而言出题的概率不是特别大。

答题技巧　不论是名词解释还是简答题，这部分答案内容都差不多，都是对基本定义和三个分类的阐述，只不过不同的题型阐述的内容丰富度不一样，名词解释总结概括就好，简答题还是要适当地展开论述。

153：冲突处理（简答题、论述题☆☆）

由于沟通差异、结构差异和个体差异的客观存在，冲突不可避免地存在于一切组织中。我们不仅应当承认冲突是<u>正常现象</u>，而且要看到冲突的<u>积极作用</u>。

（1）<u>谨慎地选择</u>想要处理的冲突。

管理者应当选择处理那些群众关心、影响面大，对推进工作、打开局面、增强凝聚力、建设组织文化有意义或有价值的事件。

（2）仔细研究冲突双方的代表人物，深入<u>了解冲突的根源</u>。

（3）冲突可能是多种原因共同作用的结果，冲突分析还要进一步<u>分析各种原因作用的强度</u>。

（4）妥善地<u>选择处理办法</u>。

通常的处理办法有<u>五种</u>：<u>回避、迁就、强制、妥协和合作</u>。当冲突无关紧要时，或当冲突双方情绪极为激动，需要时间恢复平静时，可采用回避策略；当维持和谐关系十分重要时，可采用迁就策略；当必须对重大事件或紧急事件进行迅速处理时，可采用强制策略，用行政命令方式牺牲某一方利益，处理后，再慢慢做安抚工作；当冲突双方势均力敌、争执不下需采取权宜之计时，只好双方都做出一些让步，实现妥协；当事件重大，双方不可能妥协时，经过开诚布公的谈判，走向对双方均有利的合作。

💡 **理解贴士** 首先要对冲突有一个认识，传统的观点认为冲突就是不好的，因为它是组织中的矛盾斗争，所以传统观点下，管理者总是希望消除冲突，但最终发现怎样都消除不了，最后总结冲突其实是客观存在的，也不全是坏的，也有好的，这是观点的发展。特别是在非正式组织、非正式沟通中，冲突就是不可避免的，需要做的就是把它控制在一定的范围内。

🔖 **命题趋势** 怎样处理冲突，也就是处理冲突的一些建议或者措施，非常有可能考简答题、论述题，需要注意题目的问法。

✏️ **答题技巧** 这部分内容答题时主要还是以要点为主，包含几个要点措施，基于要点罗列的框架补充具体的内容，需要注意对五种处理方法的阐述要表述清楚，同时不要忽略整体答题的结构。

154：谈判（简答题☆☆）

谈判是<u>双方或多方</u>为实现某种目标就有关条件<u>达成协议</u>的<u>过程</u>。优秀的管理人员通常是这样进行重要的谈判的：

（1）理性分析谈判的事件。

（2）理解你的谈判对手。

（3）抱着诚意开始谈判。

（4）坚定与灵活相结合。

💡 **理解贴士** 面对冲突，如果事件比较重大，是合则两利、分则两伤的情况，就应该通过谈判的方式来促成合作。所以谈判在这个方面就体现出处理冲突的作用了。谈判的定义要注意几个关键点，一个就是谈判是两方或两方以上，有可能是多方一起谈，叫多边会晤。还有就是要达到一个目标，达成目标是有条件的，然后就这样的一种情况达成协议，双方或多方都认可，这个过程叫作谈判。

🔗 **联系拓展** 明茨伯格提出的管理者的角色，有三大类，分十种，有一种叫谈判者的角色。一方面管理者要和组织内部的员工进行谈判，另外一方面要和组织外部的如供应商、客户进行谈判，这是管理者的一个重要的角色。

🔖 **命题趋势** 这部分名词解释考得相对多一些，当然谈判的几个要点也可能出简答题。要注意问题的形式，比如出一个简答题，问怎样进行有效的谈判，其实就是考查这里的内容要点。

> **答题技巧** 答题的时候，不论是出名词解释还是简答题，都是先回答谈判的名词定义，再具体回答如何去做的要点内容。名词解释作为补充可以简要写，简答题就需要对每个要点进行阐述。

本章小结

> 本章关于沟通的内容包含的知识点不算少，但高频考点不多，主要就是沟通的过程和沟通的障碍因素及其克服，这也造成了同学们在复习的时候对其他知识点的关注度不够，具体内容掌握得不到位。需要注意的知识点如非正式沟通，既要和非正式组织联系起来，又要注意区分，考试的时候不要混淆。除此之外，就是关于冲突的知识点，如何处理冲突在考试中的重要程度越来越高，要引起重视。

课后真题

一、名词解释

沟通

【关键要点】信息、信息发送者、信息接受者、信息编码、信息渠道、信息译码、信息反馈、信息噪声，沟通环境、语言、非语言、口头、书面

【参考答案】沟通指为达到一定的目的，将信息、思想和情感传送给对方，并期望对方做出相应的反应效果的过程。沟通的要素包含信息、信息发送者、信息接受者、信息编码、信息渠道、信息译码、信息反馈、信息噪声，沟通环境。沟通的类型可以分为语言沟通和非语言沟通，其中，语言沟通包含口头信息沟通与书面信息沟通。

二、选择题

1. 公司产品设计部接受了一项紧急任务，该任务的完成需要进行严密的控制，同时又要争取时间和速度。在这种情况下，最适合采用哪种沟通网络？（　　）

　A. Y型沟通网络

　B. 全方位型沟通网络

　C. 轮型沟通网络

　D. 环型沟通网络

【关键要点】沟通、沟通网络、特点

【参考答案】Y型沟通是指链型沟通的途中变换为环型沟通，是链型沟通与环型沟通的结合。其速度、满意度、失真度等也介于链型沟通与环型沟通之间，适用于主管人员的工作任务十分繁重，需要有人选择信息，提供决策依据，节省时间，而又要对组织实行有效的控制。全方位型沟通是指所有沟通参与者之间穷尽所有沟通渠道的全方位沟通。这是一种非等级式沟通，满意度高、失真度低，但规模受限、速度低。轮型沟通是指最初发信者直接将信息同步辐射式发送到最终受信者。轮型沟通过程中有一明显的主导者，凡讯息的传送与回馈均需经过此主导者，且沟通成员也通过此主导者才能相互沟通。环型沟通也称圆周式沟通，类似链型沟通，但信息链首尾相连形成封闭的信息沟通环。这种组织内部的信息沟通是指不同成员之间依次联络。沟通中既要求严密的控制，又要求争取时间和速度，

最合适的是轮式沟通。因此，本题正确答案为 C 项。

2. 以下关于"沟通"的判断中不正确的是（　　）。

A. 沟通包括口头沟通和非语言沟通

B. 眼神和服饰是"肢体语言沟通"的例子

C. 沟通经过发送、传递、接受，是一个静态的过程

D. 沟通的第一个步骤是编码

【关键要点】沟通、过程、类型

【参考答案】单项沟通经过发送、传递、接受即完成了沟通过程，双向沟通还要有信息的反馈过程。沟通是个动态的过程。因此，本题正确答案为 C 项。

三、简答题

简述有效沟通的障碍的结构性因素。

【关键要点】地位、传递链、规模、空间

【参考答案】（1）地位差别。地位的高低对沟通的方向和频率有很大的影响。

①人们一般愿意与地位较高的人沟通。

②地位较高的则更愿意相互沟通。

③信息趋向于从地位高的流向地位低的。

④在谈话中，地位高的人常常居于沟通的中心地位。

⑤地位低的人常常通过尊敬、赞扬和同意来获得地位高的人的赏识和信任。

（2）信息传递链。指信息连续地从一个等级到另一个等级所发生的变化。一般来说，信息通过的等级越多，它到达目的地的时间也就越长，信息失真率则越大。

（3）团体规模。当工作团体规模较大时，人与人之间的沟通也相应地变得较为困难。一方面是由于可能的沟通渠道的增长大大超过人数的增长；另一方面是由于随着团体规模的扩大，沟通的形式将非常复杂。

（4）空间约束。企业中的工作要求员工只能在某一特定的地点进行操作。这种空间约束的影响往往在员工单独干某工位工作或在数台机器之间往返运动时尤为突出，不利于员工间的交往，而且也限制了员工的沟通。

四、论述题

结合实例，论述互联网环境下怎么实现组织内有效的人际沟通。

【关键要点】大数据、信息过载、动态的环境、扁平化、不同地域、跨国的沟通、刻板印象、晕轮效应、锚定效应

【参考答案】当前蓬勃发展的互联网技术是影响人际沟通的重要因素。在互联网环境下，人与人之间的沟通效率在不断提升，但同时依然会面临很多沟通上的挑战，需要管理人员采取相应措施才能解决相关问题。

（1）在互联网环境下，企业首先面临的就是大数据可能带来的信息过载问题，例如，电子商务企业（平台）阿里巴巴、京东等都面临海量订单数据需要处理的挑战。相对于传统环境下沟通所产生和传递的信息数据而言，互联网环境下不但沟通的信息数量猛增，而且沟通信息所涉及的维度也不断增加。一般情况下，沟通信息的丰富，能够使沟通更加充分，有利于提升沟通的有效性。当需要沟通传

递的信息过多时，便会出现信息过载的情况，也就是需要沟通的信息量超过了人们的信息处理能力。这种情况下，沟通过程就无法顺利进行，沟通主体也会因为信息量过大，而变得无所适从、不知所措，导致沟通失败。

面对这一问题，管理人员需要采用新型的技术手段，辅助人际沟通过程的进行，如采用新型的信息筛选方法来分析海量数据中的有用信息。从新的视角看待大数据带来的好处，调整传统的经验式做法，更加强调数据反映的信息，转变思维方式，积极地拥抱大数据，享受大数据带来的红利。

（2）随着互联网技术的发展，组织需要面对更加复杂、动态的环境，因此，很多组织结构呈现扁平化的趋势，这一变化也会影响有效的人际沟通。例如，小米公司作为典型的互联网公司，从其诞生开始，在相当长的一段时间里采用的都是团队式的组织结构形式，绝大部分组织成员都没有行政级别，只是通过报酬多少体现贡献程度。一方面，组织结构的调整会对原有的人际关系形成冲击，原有的责权体系需要进行重塑，这一过程中新的人际关系和信任机制需要重新建立，必然影响人际沟通的有效性。另一方面，由于管理幅度随之变宽，管理人员需要面对更多的下级和更少的上级，信息过载和指导不足的问题也会在人际沟通中显现。

管理人员面对这一问题，需要转变管理思路，从传统的管理方式中走出来，认真面对环境的变化，充分调动下属的积极性，更多地采用合理的授权方式，让下级在决策中发挥更大的作用。另外，管理人员还要善于抓住关键问题，控制关键点，不能"眉毛胡子一把抓"，这样才能在人际沟通中掌握主动权。要积极采用新型的领导方式，适应扁平化组织环境中的人际沟通特点，转变沟通方式，更好地应对挑战。

（3）互联网使沟通的范围极大地扩张，使身处不同地域的人之间可以方便地联系，甚至是跨国的沟通都会变得很平常。例如，联想作为中国老牌的个人电脑企业，其业务遍布世界各地，组织中的成员也来自不同国家和地区。无独有偶，华为作为世界通信领域的巨头，其成员也有很多来自海外，或者本国的员工要到海外开拓市场。虚拟的网络环境往往不能有效地反映人际沟通中不同主体所处的物理环境，因此，沟通起来可能会忽视地理、文化、气候等方面的具体信息，造成人际沟通的障碍。同时，过多地利用互联网虚拟手段进行沟通也会导致面对面沟通的减少，从而削弱人际沟通的感情因素。

管理人员要深刻认识到人际沟通范围的扩展，以及不同文化之间的差异。必要的时候，需要对管理人员的沟通情商进行培训，提升管理人员考虑问题的全面性，只有这样才能让管理人员在广泛的互联网环境下外，进行更加有效的人际沟通。同时，在虚拟的互联网世界中进行沟通，除了提升工具沟通方式的效率外，还要注重改善人际沟通的感情方面，采用更加人性化的做法，防止沟通过程过于机械、枯燥、乏味。

（4）虽然互联网环境下人际沟通的情况有所变化，但传统沟通中可能出现的问题依然不能完全避免，如刻板印象、晕轮效应、锚定效应等。在早期经营过程中阿里巴巴的管理人员偏爱从外企或国企挖人，而对公司内部土生土长的员工抱有偏见，认为他们只适合担任较低的职务，这一点在后来被证明是不正确的。这些人际沟通的问题在互联网环境下仍然应该予以高度重视。

管理人员面对互联网环境下依然存在的人际沟通的固有问题，要保持警惕，时刻反思自身在新环境下是否存在人际沟通上的偏见。虽然摆脱了面对面沟通的形式，但是针对人际沟通的过程，依然要做好沟通有效性的评估工作，并将人际沟通的结果及时反馈给沟通的主体，督促相关人员及时改进。

第十六章 控制与控制过程

知识导图

学习提示

1. 结构体系方面

本章主要包括四个部分：控制及其分类（控制的必要性、控制的类型）、控制的要求（适时、适度、客观、弹性）、控制过程（确立标准、衡量成效、纠正偏差）、危机与管理控制（危机的特征与类型、危机的控制）。

2. 重难点方面

本章的重点一个是控制的必要性，也是控制的作用、意义，考试时要注意出题方式，另一个是控制过程，包含的三个环节都要清楚。

3. 注意事项

考试的时候要注意控制的类型中，根据时机、对象和目标划分的内容，也是这一部分考查比较多的一个考点。

知识切片

155：控制的必要性（名词解释、简答题☆☆☆）

控制是为了保证企业计划与实际作业动态适应的管理职能。控制工作的主要内容：确立标准、衡量绩效和纠正偏差。有效的控制不仅要求选择关键的经营环节，确定恰当的控制频度，收集及时的信息，而且要求合理运用预算或非预算的控制手段。

控制的必要性包括以下三个方面：
（1）环境的变化。
（2）管理权力的分散。
（3）工作能力的差异。

理解贴士　这一部分的含义是指，如果计制定错了，要重新调整计划，以使其符合实际需要；如果实际做得不好，计划没问题，这个时候要改变实际的绩效，来达到这个目标，所以是两方面调整，即调整计划和调整实践，让这两方面动态适应。还要注意控制是从过程角度来定义的，所以叫控制过程。控制的必要性也叫控制的作用或者控制的意义。首先环境的变化是不以人的意志为转移的，而且现在环境变化越来越剧烈，日新月异，在这样的情况下，企业面对着不断变化的环境，作为管理者就需要控制，因为不控制就不能适应环境了。其次是权力的分散，有控制能够定期检查，保证权力的正确运用，没有控制的权力就有可能被滥用。最后是能力的差异，人的能力是不一样的，而且这些人往往都是在不同的时间和空间里工作的，如果不进行控制，会造成有的人素质高，有的人素质低，做的工作完全不一样，这个时候整个组织就会出现混乱。

命题趋势　考试的时候，这部分如果单独考查基本上就考查两种题型，一个是名词解释，另一个就是简答题，考查控制的必要性，或者叫控制的作用、控制的意义。

答题技巧　如果考查控制的名词解释，上面的内容基本上比较全面，控制的必要性只答标题就可以了。如果考关于控制的必要性的简答题，要先把控制的基本内容答上，之后再把环境变化、权力分散和能力差异这三条稍微展开，简答题的答题篇幅比名词解释要稍微多一些。

156：控制的类型（名词解释、简答题☆☆）

（1）根据确定控制标准 Z 值的方法分类。

①程序控制。

程序控制的特点是，控制标准 Z 值是<u>时间 t 的函数</u>，即 $Z=f(t)$。在企业生产经营活动中，大量的管理工作都属于程序控制性质。必须严格按事前规定的时间进行活动，以保证整个系统行动的统一。

②跟踪控制。

跟踪控制的特点是，控制标准 Z 值是<u>控制对象所跟踪的先行量的函数</u>。若先行量为 W，则 $Z=f(W)$。

在企业生产经营活动中，税金的交纳，利润、工资、奖金的分配，资金、材料的供应等都属于跟踪控制性质。

③自适应控制。

自适应控制的特点是，没有明确的先行量，控制标准 Z 值是<u>过去时刻（或时期）已达状态 Kt 的函数</u>，即 Z 值是通过学习过去的经验而建立起来的，即 $Z=f(Kt)$。

在企业的生产经营活动中，情况是千变万化的，企业的领导者对企业的发展方向很难进行程序控制或跟踪控制，而必须进行自适应控制。

④最佳控制。

最佳控制的特点是，控制标准 Z 值<u>由某一目标函数的最大值或最小值构成</u>。这种函数通常含有输入量 X，传递因子 S 和 K 及各种附加参数 C，即 $Z=\max f(X,S,K,C)$ 或 $Z=\min f(X,S,K,C)$。

在企业的生产经营活动中，普遍应用了最佳控制原理进行决策和管理。例如用最小费用来控制生产批量，用最低成本来控制生产规模，用最大利润率控制投资，用最短路程控制运输路线等。

（2）目标控制。

根据时机、对象和目标的不同，可以将控制划分为三类：

①预先控制，指在企业生产经营活动开始之前进行的控制。控制的内容包括检查资源的筹备情况和预测其利用效果两个方面。

②现场控制，又称过程控制，是指企业经营过程开始以后，对活动中的人和事进行指导和监督。有两个作用：一是可以指导下属以正确的方法进行工作；二是可以保证计划的执行和目标的实现。

③成果控制，又称事后控制，是指在一个时期的生产经营活动已经结束以后，对本期的资源利用状况及其结果进行总结，为未来计划的制订和活动安排提供借鉴。成果控制主要包括财务分析、成本分析、质量分析以及职工成绩评定等内容。

🔔 **理解贴士** 第一种类型划分叫作确定控制标准 Z 值，其实是按照控制标准的确定的不同方法对控制进行分类的，那么控制的标准也就是 Z 值的分类，第一个叫程序控制，Z 值作为时间的函数，控制标准是随着时间的变化而变化的。第二个叫跟踪控制，控制标准 Z 值是跟踪某一个对象获得的结果，其实本质上也是个函数。第三个叫自适应控制，Z 值主要是根据之前已经达到的状态来建立。第四个叫最佳控制，Z 值是最值，最值是某一个函数的最大值或最小值，也就是极值问题。

第二种类型划分叫时机、对象和目标。其实整个管理活动是一个过程，可以选择在这个过程一开始的时候进行控制，也可以选择在过程中进行控制，或者在过程之后进行控制，这就叫时机不同。控制对象的不同是指一开始控制的是管理过程的输入环节。如果在事中进行控制，在管理活动过程中控制的是活动的现场操作。如果在事情的结果环节进行控制，控制的是结果。第一个预先控制又叫事前控制、前馈控制，用一个成语来形容就叫作"未雨绸缪"。第二个叫作现场控制，又叫事中控制或者过程控制。第三个叫成果控制，又叫事后控制或者反馈控制，用一个成语来形容就叫作"亡羊补牢"。

🔖 **命题趋势** 第一种控制的分类其实在考试中比较容易考名词解释，而且这几种分类是教材中比较独特的；第二种按照时机、对象、目标分类的出题概率很大，简答题和名词解释都可能考查。

📝 **答题技巧** 就名词解释来说，考查的也是某一分类内容，只要把握分类的标准，掌握具体的内容，表述清楚即可。若考查简答题，会对某一种类型划分进行考查，其实也是对名词解释的集合考查，要注意把握好结构内容。

157：控制的要求（名词解释、简答题☆☆）

一、适时控制

适时控制是指对企业经营活动中产生的偏差，及时采取措施加以纠正，避免偏差的扩大，或防止偏差对企业不利影响的扩散。及时纠偏，要求管理人员及时掌握能够反映偏差产生及其严重程度的信息。

二、适度控制

适度控制是指控制的范围、程度和频度要恰到好处。
（1）防止控制过多或控制不足。
（2）处理好全面控制与重点控制的关系。
（3）使花费一定费用的控制得到足够的控制收益。

三、客观控制

有效的控制必须是客观的，符合企业实际的。

（1）控制过程中采用的检查、测量的技术与手段必须能正确地反映企业经营在时空上的变化程度与分布状况，准确地判断和评价企业各部门、各环节的工作与计划要求的相符或相背离程度。

（2）企业还必须定期地检查过去规定的标准和计量规范，使之符合现时的要求。

四、弹性控制

企业在生产经营过程中经常可能遇到某种突发的、无力抗拒的变化，这些变化使企业计划与现实条件严重背离。有效的控制系统应在这样的情况下仍能发挥作用，维持企业的运营，也就是说，应该具有灵活性或弹性。

🔵 理解贴士 所谓控制的要求其实就是指怎么样去做，即实践层面怎么做才能够把控制工作做好。有的教材也叫作控制的原则、控制的原理或者叫作有效控制的特征、有效控制的表现。第一个适时控制，关键就是及时，出现偏差的时候就需要进行控制。第二个叫适度控制，但是程度的拿捏是不一样的，没有统一的标准，完全是艺术性的。第三个叫作客观控制，就是指控制要从实际出发，实事求是。第四个叫弹性控制，指的是控制系统遇到一些突发状况、不可抗力，计划和现实严重背离，这个时候控制系统还能有效地工作，仍能发挥作用，这个叫作"弹性"，也叫灵活。所谓的"灵活"就是遇到了不一样的情况，还能发挥作用。

🔖 命题趋势 这部分有两种考法，第一种就是考简答题，整节回答控制的要求有哪些；第二种就是对每一种控制的要求单独考一道类似于名词解释这样的题。

✏️ 答题技巧 这部分的关键就是掌握四个方面的要求，不管是名词解释还是简答题，都要把具体的控制要求阐述清楚，不同的是简答题答题时要注意用总结性的话语概述这四个控制的要求。

158：控制过程（简答题、论述题☆☆）

控制的过程包括三个基本环节的工作：①确立标准；②衡量成效；③纠正偏差。

一、确立标准

标准是指检查和衡量工作及其结果（包括阶段结果与最终结果）的规范。制定标准是进行控制的基础。

（1）确定控制对象。

（2）选择控制的重点。

（3）制定标准的方法。

二、衡量工作成效

（1）通过衡量成绩，检验标准的客观性和有效性。

（2）确定适宜的衡量频度。

（3）建立信息反馈系统。

三、纠正偏差

（1）找出偏差产生的主要原因。

（2）确定纠偏措施的实施对象。

（3）选择恰当的纠偏措施。

🔵 理解贴士 ①所谓控制的对象其实是影响企业一定时期经营成果的因素，因为这些因素会影响结果，而结果又是想要的，所以要得到某种结果，就要从它的影响因素出发，但如果发现影响因素很多，就需要注意锁定控制重点，因为全面控制其实是不可能实现的，成本太高了。还有就是制定标准的方法，这个标准指的是某一个重点方面的水平的定量是多少。确定的办法是看历史数据，企业历史上的统计数据叫作统计性标准，是最有说服力的。但是很多时候没有历史数据，这时就要靠经验，所以叫作根据评估建立标准。②通过衡量成效，去验证标准是不是客观有效。这告诉我们，有的时候前面制定的那些标准在实际中没法应用，通过衡量实际的成效，看到底能不能用这个标准。要确定适宜的衡量频度，其实是指前面讲过的适度的情况，过于频繁则会增加费用。同时还要注意建立信息反馈系统反馈给相关的人。③有偏差是常态，不是一有偏差，就必须马上采取措施，因为会有一个允许偏差的范围，就像再精密的仪器也会有一个允许偏差的范围一样。只要偏差是在这个范围之内或者没有偏差，就可以不采取任何的措施。当偏差超出了可接受的范围，才需要采取纠正措施。要纠偏首先要找原因，可能造成这个偏差的原因非常多，因为任何事情都是综合原因作用的结果，所以要抓住主要原因。接下来确定纠偏对象，有两方面，一方面是标准可能错了，定的目标错了，需要修改目标；另一方面就是管理活动错了，需要修改管理活动。纠偏措施的选择，涉及决策的问题，要注意纠偏的方案要双重优化，第一重优化指的是纠偏比不纠偏要优化，第二重优化指的是制定多个方案，在这些方案中选一个最优的。

联系拓展 计划的内容有的时候会转换成"控制的标准"，所以在谈计划和控制的关系时，往往会说计划为控制提供标准，控制为计划的实现提供保障。但并不是说计划的内容直接拿过来就是控制的标准。计划的内容要通过一系列的转化才能形成控制的标准。

命题趋势 控制的过程有时候也被称为控制的内容，在考试的时候，要注意题目的问法。这一部分比较容易考简答题和论述题。

答题技巧 整个控制的过程，看上去就是三个基本的环节，但其实涉及的要点还是挺多的，考试的时候要把关键的点都清晰地表述出来，而且结构既要完整又要层次分明。当然，在阐述过程中也可以适当举例。

159：危机的特征与类型（简答题、论述题☆☆）

一、危机的特征

危机是指在企业生产经营活动过程中由企业内外部的突发事件而引发的可能危及企业发展，甚至危及企业生存的严重问题。危机的三个基本特征为：

（1）危机的实质是企业经营中出现的"严重问题"。
（2）具有危机性质的严重问题不仅危及企业的长期发展，而且可能影响企业目前的生存。
（3）引发危机的根源是企业内部或外部的突发性事件。

二、危机的类型

根据不同的标准，可以将危机分成不同的类别。
（1）根据诱发危机的原因进行分类：
①外源危机；②内源危机。
（2）根据危机涉及领域的宽泛进行分类：
①战略危机，源自企业战略选择的失误或源自企业战略选择后市场发生了企业预料不到的变化。
②职能危机，大多源自企业众多的环节中出现了某个短板。
（3）根据危机涉及主体对危机的可预见和可控程度进行分类：
①可预见、可控危机；②不可预见、不可控危机。

从某种意义上说，源自内部的危机在一定程度上是可预见、可控的，而外源性危机通常是企业不可预见、不可控的；诱因累积后的集中爆发在一定程度上是可预见、可控的，而瞬间突然引爆的危机是不可预见、不可控的。

理解贴士 企业中存在的这些偏差会产生危机，危机和偏差有关。危机的定义需要关注两点，一个是突发，另一个是严重。三个特征也要提取关键词，第一个叫严重问题，问题就是偏差，就是指原来定了一个标准，之后发现达不到这个标准，这就是问题。第二个不仅危及长远发展，而且影响目前生存，就是危机的发生让企业措手不及，不给喘息的机会。第三个特点就是引发危机的根源是企业内部或者外部的突发事件，这种突然发生的事件，有可能来自内部，也有可能来自外部，但更多的是内外结合。至于分类，主要就是为了把标准弄清楚。

命题趋势 危机这一部分的内容，其实往年的考查不是很多，基本上都是零零散散的，但是近几年的考查频率越来越高，所以也要关注。这里关于特征和类型的内容，比较可能考简答题。

答题技巧 这里不管是考查特征还是类型，答题时都要先写危机的定义，然后再具体写要点内容，当然简答题的要点内容简单阐述即可。

160：危机的控制（简答题☆☆）

最有效的危机防范在于完善管理制度，加强日常经营管理。
危机爆发前后的管理控制主要包括四个方面的工作：
（1）危机的辨识。
（2）危机的消解。
（3）企业与外部公众以及内部员工的信息沟通。
（4）努力从危机中学习。
从危机中学习要做到以下三点：
①在危机中发现和挖掘机会；②通过危机管理的实践掌握危机管理的一般规律；③通过危机管理的总结，找出企业目前经营中可能还存在的隐患，尽早采取防范措施。

理解贴士 危机的控制，其实就是怎样去应对危机，应对危机最好的方法是防患于未然，也叫不治已病治未病。危机控制过程的第一步，要辨识危机，捕捉危机的信息，尽可能提早防范，要有预警机制。第二步是要消解危机，采取行动要及时，因为危机一旦爆发，可以说是毁灭性的，所以越及时越有效。第三步要信息沟通，掩盖和迟缓只能带来愤怒。第四步是从危机中学习。危机发生了，要反思为什么会出现这种情况，要充分挖掘机会，危机虽然是很危险的，但也隐含着巨大的机会。

命题趋势 这一部分可能会考简答题，出题的形式比较多样，比如问怎样应对危机、如何控制危机、怎样处理危机。

答题技巧 答题时也是先写危机的定义，然后阐述最有效的防范措施的观点，简单概括即可。最后具体阐述危机发生之后的控制工作，主要有四个方面，在阐述的过程中可以适当结合实际案例。

本章小结

> 控制职能的理论内容题量相对来说要少一些。这一章的考试权重相对较小，但是，每次考试也会出一些题目，出题的方向基本上偏向名词解释、简答题这种相对客观的题型，即知识复现型的考查。

课后真题

一、选择题

1. 管理控制工作的一般程序是（　　）。
A. 建立控制标准→分析差异产生原因→采取矫正措施

B. 采取矫正措施→分析差异产生原因→建立控制标准
C. 建立控制标准→采取矫正措施→分析差异产生原因
D. 分析差异产生原因→采取矫正措施→建立控制标准

【关键要点】控制、控制的过程、具体步骤

【参考答案】无论是管理控制还是一般控制,都包括三个基本步骤:①确立标准;②衡量工作成效;③纠正偏差。因此,本题正确答案为 A 项。

2. 控制职能与下述的哪一个管理职能被描述为管理工作的一对连体婴?(　　)
   A. 计划职能
   B. 组织职能
   C. 人员配置职能
   D. 领导职能

【关键要点】管理职能、控制职能、计划职能、计划和控制的关系

【参考答案】计划和控制构成了一个问题的两个方面。它们之间的关系不仅仅表现为计划为控制提供标准,控制为计划实现提供保证,而且还表现在:有些计划形式本身就具有控制的作用;控制与计划相辅相成;广义的控制职能包含了对计划的修订和补正。因此,本题正确答案为 A 项。

二、简答题

什么是同期控制?如何实现同期控制?

【关键要点】直接视察、走动式管理、员工交流、自我控制、立即解决

【参考答案】(1)定义。

同期控制,顾名思义是指发生在战略实施进行之中的控制。在活动进行之中予以控制,商品流通企业可以在战略实施出现重大偏差、发生重大损失之前及时采取措施纠正问题。最常见的同期控制方式是直接视察,即走动式管理,即管理者在工作现场直接与员工交流和互动等。

(2)实现方法。

同期控制一般表现为两种方式:一是在战略实施过程中,企业管理者深入现场检查,指导下属的战略实施活动,包括方法和程序的指导,发现问题及时进行纠正;二是商品流通企业员工日常工作的自我控制。

战略实施过程中实施同期控制,必须当场判断、立即解决,这往往很能体现商品流通企业管理者的领导能力和管理水平。虽然同期控制效果明显,纠偏有力,但是运用这种控制容易受到管理者时间、精力、业务水平的制约,管理者不可能在战略实施过程中时时事事进行同期控制。

三、案例分析题

1.

信用卡与客户服务

美国某信用卡公司的卡片分部认识到高质量客户服务是多么重要。客户服务不仅影响公司信誉,也和公司利润息息相关。比如,一张信用卡每早到客户手中一天,公司可获得 33 美分的额外销售收入,这样一年下来,公司将有 140 万美元的净利润,及时地将新办理的和更换的信用卡送到客户手中是客户服务质量的一个重要方面,但这远远不够。决定对客户服务质量进行控制来反映其重要性的想法,最初是由卡片分部的一个地区副总裁凯西帕克提出来的。她说:"一段时间以来,我们对传统的评价客户服务的方法不大满意,向管理部门提交的报告有偏差,因为它们很少包括有问题但没有抱怨的

客户，或那些只是勉强满意公司服务的客户。"她相信，真正衡量客户服务的标准必须基于和反映持卡人的见解。这就意味着要对公司控制程序进行彻底检查。第一项工作就是确定客户对公司的期望。对抱怨信件的分析指出了客户服务的三个重要特点：及时性、准确性和反应灵敏性。持卡者希望准时收到账单、快速处理地址变动、采取行动解决抱怨。了解了客户期望，公司质量保证人员开始建立控制客户服务质量的标准。所建立的180多个标准反映了诸如申请处理、信用卡发行、账单查询反应及账户服务费代理等服务项目的可接受的服务质量。这些标准都基于客户所期望服务的及时性、准确性和反应灵敏性上。同时也考虑了其他一些因素。除了客户见解，服务质量标准还反映了公司竞争性、能力和一些经济因素。比如，一些标准因竞争引入，一些标准受组织现行处理能力影响，另一些标准反映了经济上的能力。考虑了每一个因素后，适当的标准就成型了，开始实施控制服务质量的计划。计划实施效果很好，比如处理信用卡申请的时间由35天降到15天，更换信用卡的时间从15天降到2天，回答客户查询时间从16天降到10天。这些改进给公司带来的潜在利润是巨大的。例如，办理新卡和更换旧卡节省的时间会给公司带来1 750万美元的额外收入。另外，如果客户能及时收到信用卡，他们就不会使用竞争者的卡片了。该质量控制计划潜在的收入和利润对公司还有其他的益处，该计划使整个公司都注重客户期望。各部门都以自己的客户服务记录为骄傲。而且每个员工都对改进客户服务做出了贡献，使员工士气大增。每个员工在为客户服务时，都认为自己是公司的一部分，是公司的代表。信用卡部客户服务质量控制计划的成功，使公司其他部门纷纷效仿。无疑，它对该公司的贡献将是非常巨大的。

问题：
（1）该公司控制客户服务质量的计划是预先控制、反馈控制还是现场控制？
（2）找出该公司对计划进行有效控制的三个因素。

【关键要点】控制、控制的类型、预先控制、现场控制、反馈控制、有效控制

【参考答案】（1）预先控制是在企业生产经营活动开始之前进行的控制；反馈控制又称事后控制、成果控制，指在一个时期的生产经营活动已经结束以后，对本期的资源利用状况及其结果进行总结。现场控制，亦称过程控制，是指企业经营过程开始以后，对活动中的人和事进行指导和监督。

该公司对客户服务质量的计划关键在于确定客户对公司的期望，制定竞争和经济性的标准，以及向客户投放信用卡都是发生在服务客户之前，因此都属于预先控制。

（2）有效控制的内容包括确定标准、衡量绩效和纠正偏差。该公司对计划进行有效控制的三个因素：

①该公司对控制过程的第一项工作就是确定客户对公司的期望。对抱怨信件的分析指出了客户服务的三个重要特点：及时性、准确性和反应灵敏性。客户希望准时收到账单、快速处理地址变动、采取行动解决抱怨。

②该公司对控制过程的第二项工作是建立控制客户服务质量的标准。所建立的180多个标准反映了诸如申请处理、信用卡发行、账单查询反应及账户服务费代理等服务项目的可接受的服务质量。这些标准都基于客户所期望服务的及时性、准确性和反应灵敏性，同时，也考虑了其他一些因素。除了客户见解，服务质量标准还反映了公司竞争性、能力和一些经济因素。

③实施控制服务质量的计划。计划实施效果很好，同时该质量控制计划潜在的收入和利润对公司还有其他的益处，该计划使整个公司都注重客户期望。

2.

徽州渔翁的商道

清江渔舟是徽州一道明丽的风景线。岸边三户渔家各有一只小舟、数只鱼鹰。商界旅游团前去参观。导游介绍道,这三家中一家致富;一家亏损;另一家最惨,鱼鹰都死了,只能停业。

商界来客细问缘由,导游说:"原因就出在扎在鱼鹰脖子上的细铁丝上,致富的渔翁给鱼鹰捆的铁丝不紧不松,不大不小,鱼鹰将小鱼吞下,大鱼吐出;亏本的那家的圈捆得过松过大,本可卖钱的鱼也让鱼鹰私吞了;最惨的渔家自以为精明,把鱼鹰的脖子扎得又紧又小,结果事与愿违,鱼鹰饿死,血本无归。"

商界人士听罢,感叹不已:"到底是徽商故乡,处处可闻商道。"

问题:

根据管理学的理论,你认为造成上述结果的原因是什么?这一案例对现代企业管理有何启示?

【关键要点】控制、控制的要求、适时控制、适度控制、客观控制、弹性控制

【参考答案】控制不当造成的。(要分析每个渔翁的做法)

这一案例对现代企业管理的启示:学会有效控制,建立有效控制系统。

(1)适时控制。

适时控制是指对企业经营活动中产生的偏差,及时采取措施以纠正,避免偏差的扩大或防止偏差对企业不利影响的扩散,及时纠正偏差,要求管理人员能够及时掌握反映偏差产生及其严重程度的信息。

(2)适度控制。

适度控制是指控制的范围、程度和频度都要恰到好处,防止控制过多或控制不足,有效的控制应既能满足对组织活动的监督和检查的需要,又要防止与组织成员发生强烈的冲突。适度的控制应能同时体现这两个方面的要求。

①过多的控制会对组织中的人造成伤害。对组织成员行为的过多限制会扼杀他们的积极性、主动性和创造性。

②过少的控制将使组织活动不能有序进行,不能保证各部门的活动进度和比例协调,将会造成资源的浪费。

③处理好全面控制和重点控制的关系。

④使花费一定费用的控制得到足够的控制收益。

(3)客观控制。

控制工作应该针对企业的实际情况,采取必要的纠偏措施,有效的控制必须是客观的、符合企业实际的。

(4)弹性控制。

企业在生产经营过程中,经常可能遇到某种突发的、无力抗拒的变化。这些变化使企业计划与现实条件严重背离,有效的控制系统应在这样的情况下仍然能够发挥作用,维持企业的经营,应该具有灵活性或弹性。

第十七章 控制方法

知识导图

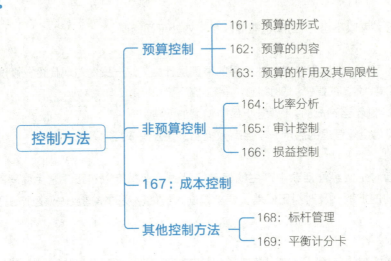

学习提示

1. 结构体系方面

本章主要包括四个部分：预算控制（预算的形式、内容、作用及局限性）、非预算控制（比率分析、审计控制、损益控制）、成本控制，以及其他控制方法（标杆管理、平衡计分卡）。

2. 重难点方面

这一部分，预算的内容考查的概率比较大。从理解难度上来说，比较容易考并且难掌握的是平衡计分卡，复习的过程中需要重视。

3. 注意事项

考试的时候要注意相关定义的考查，预算和预算控制是不一样的，不要混淆。

知识切片

161：预算的形式（名词解释、简答题☆☆）

预算估计了企业在未来时期的经营收入或现金流量，同时，也为各部门或各项活动规定了在资金、劳动、材料、能源等方面的支出不能超过的额度。

预算控制就是根据预算规定的收入与支出标准来检查和监督各个部门的生产经营活动，以保证各种活动或各个部门在充分达成既定目标、实现利润的过程中对经营资源的利用，从而导致费用支出受到严格有效的约束。

形式：

1. 分预算与全面预算

分预算是按照部门和项目来编制的，它们详细说明了相应部门的收入目标或费用支出的水平，规定了它们在生产活动、销售活动、采购活动、研究开发活动或财务活动中筹措和利用劳动力、资金等生产要素的标准。

全面预算则是在对所有部门或项目分预算进行综合平衡的基础上编制而成的，概括了企业相互联系的各个方面在未来时期的总体目标。

2. 静态预算与弹性预算

（1）静态预算。指为特定的作业水平编制的预算。

（2）弹性预算。指在成本按性质分类的基础上，以业务量、成本和利润之间的相互关系为依据，按照预算期内可能实现的各种业务水平编制的有伸缩性的预算。

（3）预算的编制步骤。以弹性成本预算为例，预算编制步骤如下：

①选择业务量的计量单位。

②确定适用的业务量范围。

③根据成本与产量之间的相互关系，应用多水平法、公式法和图式法等把企业成本分解为固定、变动、半变动成本三类。

④确定预算期内各业务活动水平。

⑤编制预算。

⑥进行分析、评价，考核预算控制的执行情况。

3. 增量预算与零基预算

（1）增量预算，又称基线预算法，是以上一年度的实际发生数为基础，再结合预算期的具体情况加以调整，而很少考虑某项费用是否必须发生，或其预算额有没有必要这么大。

（2）零基预算。零基预算不受前一年度预算水平的影响。它对现有的各项作业进行分析，并根据其对组织的需要和用途，决定作业的取舍；并且根据未来一定期间生产经营活动的需要和各项业务的轻重缓急，对每项费用进行成本—效益分析和评定分级，从而确定其开支的必要性、合理性和优先顺序，并依据企业现有资金的实际可能，在预算中对各个项目进行综合性费用预算。

🔹 **理解贴士** 预算是一种预估，只要是预估都是表示未来，预估未来的收入和支出的额度，然后规定支出的额度。预算控制就是以预算为方法，进行控制活动。它是和目标产生联系的，目标当然要实现，但如果花的钱太多肯定不行。所以预算控制是以预算为依据，控制各个部门是不是达到了目标，是不是符合费用的约束条件。

预算的形式其实也是预算的分类，这里包含三种类别。①分预算和全面预算，分预算是把各个细节编制好，比较详细地说明了一些细节的标准。全面预算或者叫总预算其实是分预算的一个综合，在综合的基础上进行平衡，然后去考虑各部门之间的相互关系，从而形成全面预算。②静态预算和弹性预算。静态预算比较僵硬，针对某些特定的作业水平进行预算的编制。弹性预算相对来说就灵活一些，更符合动态的环境情况。编制预算的步骤，采用的是弹性预算的步骤。③增量预算和零基预算。增量预算其实是以前一个预算周期（一般来讲是年度的）为基础，再结合预算期的情况加以调整，往往是往上调，相对来说比较简单，也没什么大的变化。零基预算不受前一年影响，就是说的现在。

📎 **联系拓展** 计划内容中出现过预算，谈及两点，第一点是说预算是数字化的计划，第二点是说预算是计划中最详细的计划，之所以最详细，是因为它是定量的。

📎 **命题趋势** 这部分主要包括预算的基本含义和分类，涉及的概念要掌握，有可能考名词解释。当然，分类的内容有时候也会出简答题。此外就是编制预算的过程，也有可能考简答题，问怎么编制预算，其实就是回答编制预算的步骤。

📎 **答题技巧** 不管是考查名词解释还是简答题，都要把握关键词，这个是最重要的。在答题的时候，主要根据关键词展开论述，表述清楚具体的内容。当然，对于编制过程，还是以罗列步骤为主，阐述步骤的内容以关键词为主。

162：预算的内容（简答题☆）

（1）收入预算。

由于企业收入主要来源于产品销售，因此收入预算的主要内容是销售预算。销售预算是在销售预测的基础上编制的，即通过分析企业过去的销售情况、目前和未来的市场需求特点及其发展趋势，比较竞争对手和本企业的经营实力，确定企业在未来时期内为了实现目标利润必须达到的销售水平。

（2）支出预算。

①直接材料预算；②直接人工预算；③附加费用预算。

企业的行政管理、营销宣传、人员推销、销售服务、设备维修、固定资产折旧、资金筹措以及税金等，也要耗费企业的资金。对这些费用也需要进行预算，这就是附加费用预算。

（3）现金预算。

现金预算是指对企业未来生产与销售活动中现金的流入与流出进行预测，通常由财务部门编制。现金预算并不需要反映企业的资产负债情况，而需要反映企业在未来活动中的实际现金流量和流程。

（4）资金支出预算。

资金支出预算可能涉及好几个阶段，是长期预算。这些支出，由于具有投资的性质，因此对其计划安排通常被称为投资预算或资金支出预算。

（5）资产负债预算。

资产负债预算是指对企业会计年度末期的财务状况进行预测。

①通过分析流动资产与流动债务的比率，可能发现企业未来的财务安全性不高，偿债能力不强，可能要求企业在资金的筹措方式、来源及其使用计划上做相应的调整。

②通过将本期预算与上期实际发生的资产负债情况进行对比，还可发现企业如财务状况可能发生哪些不利变化，从而指导事前控制。

💡 **理解贴士** 收入预算其实很大一部分是销售预算，销售预算怎么做？首先看过去的销售情况，还得分析未来的情况、竞争对手的情况、自身的实际情况等，还要注意实现目标利润。支出预算，主要就是钱花在哪些地方。现金预算，主要是指对现金的流入和流出进行预测，比较大的作用就是防止资金链断裂影响企业的生存。资金支出预算，资金和现金不一样，资金支出是长期的，主要是投资。资产负债预算计算的是一个会计年度的期末情况，和自然年是不一样的。

📎 **命题趋势** 这部分考试的时候，比较大的概率会考简答题，考查五个预算的具体内容，每个预算单独考名词解释的概率不大。

📎 **答题技巧** 简单题涉及预算的内容，答题时注意先回答预算的基本定义，然后再具体回答这五方面的内容，表述要以关键点为主，在关键词的基础上进行适当地扩展。

163：预算的作用及其局限性（简答题、论述题☆☆）

1. 预算的作用

（1）使用统一的货币单位，使企业在不同时期的活动效果和不同部门的经营绩效具有可比性，可以使管理者了解企业经营状况的变化方向和组织中的优势部门与问题部门，从而为调整企业活动指明方向。

（2）为不同的职能部门和职能活动编制预算，也为协调企业活动提供了依据。

（3）更重要的是，预算的编制与执行始终是与控制过程联系在一起的。

（4）编制预算是为企业的各项活动确立财务标准；用数量形式的预算标准来对照企业活动的实际效果，大大方便了控制过程中的绩效衡量工作，也使之更加客观可靠。

（5）在此基础上，很容易测量出实际活动对预期效果的偏离程度，从而为采取纠正措施奠定基础。

2. 预算的局限性

（1）只能帮助企业控制那些可以计量的，特别是可以用货币单位计量的业务活动，而不能促使企业对那些不能计量的企业文化、企业形象、企业活力的改善予以足够的重视。

（2）编制预算时通常参照上期的预算项目和标准，从而会忽视本期活动的实际需要。

（3）企业活动的外部环境是在不断变化的，这些变化会改变企业获取资源的支出或销售产品实现的收入，从而使预算变得不合时宜。

（4）预算不仅对有关负责人提出了希望他们实现的结果，而且也为他们得到这些成果而有效开支的费用规定了限度。这种规定可能使主管们在活动中精打细算，为了不超过支出预算的准则，而忽视了部门活动的本来目的。

理解贴士　作用：第一点，预算可以使不同的部门具有可比性，用数字说话，预算就是数字化的计划，对比一目了然。而且能够了解经营状况的变化趋势，为企业的发展指明方向，知道了各部门、各业务的情况，可以做进一步的决策，比如是否继续投资建设。第二点，部门之间的计划是相通的，各部门编制预算完成之后要统一汇总，进行综合平衡和各个部门的协调。这同样是不同的部门之间相互协调的依据，可以说这是大家的行动指南。第三点，预算属于计划的一种，但是控制过程是离不开预算的，预算和控制过程联系在一起。第四点，编制预算确立了财务标准，方便了控制的过程，而且标准都是量化的，比较容易测量。第五点，将来采取措施时，就是以这个标准进行纠正的。

局限性：第一点，预算都是量化的东西，但很多东西是没法进行量化的；第二点，如果管理者只盯着预算，会忽视实际需要，因为预算是提前编制好的，实际很有可能会变，有可能会出现实际需要，但是预算没做进去，最终错失机会的情况；第三点，重点讲的是环境的变化导致了预算的不合时宜，所以预算缺乏弹性是不行的；第四点，管理者会用预算的标准替换组织目标，这是非常危险的事情。

命题趋势　这部分讲的是预算的优点和缺点。考试中可能会考简答题、论述题这样的大题，可能只单独考查作用或者局限性，也可能两个部分结合来考。

答题技巧　预算的作用和局限性这两个方面的内容，其实也就是关于预算的优点和缺点的介绍。每方面的内容都涉及几个要点，答题内容的结构主要以要点为主，至于对要点的进一步阐述，在简答题中不用做过多的赘述，在论述题中可以进行详细的阐述。此外，需要注意的是，这种类型的内容在答题的时候注意先阐述核心词的基本定义，在这部分中即预算的定义，在这个基础上再对考查的要点进行作答。

164：比率分析（名词解释、简答题☆）

比率分析是指将企业资产负债表和收益表上的相关项目进行对比，形成一个比率，从中分析和评价企业的经营成果和财务状况。

（1）财务比率。

财务比率及其分析可以帮助我们了解企业的偿债能力和盈利能力等财务状况。

①**流动比率**。是指企业的流动资产与流动负债之比，它反映了企业偿还需要付现的流动债务的能力。

②**负债比率**。是指企业总负债与总资产之比，它反映了企业所有者提供的资金与外部债权人提供的资金的比例关系。

③**盈利比率**。是指企业利润与销售额或全部资金等相关因素的比例关系，它们反映了企业在一定时期从事某种经营活动的盈利程度及其变化情况。常用的比率：销售利润率和资金利润率。

（2）经营比率。

经营比率，又称活力比率，是与资源利用有关的几种比例关系。它们反映了企业经营效率的高低和各种资源是否得到了充分利用。

①**库存周转率**。是指销售总额与库存平均价值的比例关系，它反映了与销售收入相比库存数量是否合理，表明了投入库存的流动资金的使用情况。

②**固定资产周转率**。是指销售总额与固定资产之比，它反映了单位固定资产能够提供的销售收入，表明了企业固定资产的利用程度。

③**销售收入与销售费用的比率**。表明了企业销售费用能够实现的销售收入，从一定程度上反映了企业营销活动的效率。

🔵 **理解贴士**　比率分析其实就是所谓的管理上的一些指标百分比，比率分析抓住了两点，一个是钱，另一个是货。比率主要针对两类，一类叫财务比率，另一类叫经营比率。财务比率就是看财务状况好不好，主要是反映一个企业财务状况（如偿债能力和盈利能力）的一系列的指标。经营比率反映的是一个企业的活力状况，主要是针对资源，关注资源的利用率高不高。

📌 **命题趋势**　这部分在考试中的考查概率较小，主要考名词解释，需要注意的是，这里涉及一些具体的指标，如流动比率，需要记一下，以防单独考名词解释。

✏️ **答题技巧**　这一部分的名词定义比较多，倾向于名词解释题型。所以，关键还是把各个名词的定义掌握好。名词解释就是对定义的考查，这部分的简答题是几个定义的结合考查，还需要注意答题结构。

165：审计控制（名词解释、简答题☆☆）

审计是对反映企业资金运动过程及其结果的会计记录和财务报表进行审核、鉴定，以判断其真实性和可靠性，从而为控制和决策提供依据。根据<u>审查主体和内容</u>的不同，可将审计分为三种主要类型：

（1）由外部审计机构的审计人员进行的<u>外部审计</u>。

（2）由内部专职人员对企业财务控制系统进行全面评估的<u>内部审计</u>。

（3）由外部或内部的审计人员对管理政策及其绩效进行评估的<u>管理审计</u>。

1. 外部审计

（1）含义：是指由外部机构（如会计师事务所）选派的审计人员对企业财务报表及其反映的<u>财务状况</u>进行独立的评估。

（2）优点：审计人员与管理当局不存在行政上的依附关系，因此可以保证审计的<u>独立性和公正性</u>。

（3）缺点：由于外来的审计人员不了解内部的组织结构、生产流程和经营特点，在对具体业务的审计过程中可能遇到困难。此外，处于被审计地位的内部组织成员可能产生抵触情绪，不愿积极配合，这也可能增加审计工作的难度。

2. 内部审计

（1）含义。

由企业内部的机构或由财务部门的专职人员独立进行，内部审计兼有许多外部审计的目的。

（2）作用。

①提供了检查现有控制程序和方法能否有效地保证达成既定目标和执行既定政策的手段。

②根据对现有控制系统有效性的检查，内部审计人员可以提供有关改进公司政策、工作程序和方法的对策建议，以促使公司政策符合实际，工作程序更加合理，作业方法被正确掌握，从而更有效地实现组织目标。

③内部审计有助于推行分权化管理。

（3）局限性。

①内部审计可能需要很多的费用，特别是如果进行深入、详细的审计。

②内部审计不仅要搜集事实，而且需要解释事实，并指出事实与计划的偏差所在。要能很好地完成这些工作，而又不引起被审计部门的不满，需要对审计人员进行充分的技能训练。

③许多员工认为审计是一种"密探"或"查整性"的工作，从而在心理上产生抵触情绪，可能导致审计过程中不能进行有效的信息和思想沟通，从而给组织活动带来负激励效应。

3. 管理审计

（1）含义。

管理审计的对象和范围更广，它是一种对企业所有管理工作及其绩效进行全面系统的评价和鉴定的方法。管理审计的方法是利用公开记录的信息，从反映企业管理绩效及其影响因素的若干方面将企业与同行业其他企业或其他行业的优秀企业进行比较，以判断企业经营与管理的健康程度。

（2）反映企业管理绩效及其影响的因素。

①经济功能。检查企业产品或服务对公众的价值，分析企业对社会和国民经济的贡献。

②企业组织结构。分析企业组织结构是否能有效地达成企业经营目标。

③收入合理性。根据盈利的数量和质量（指盈利在一定时期内的持续性和稳定性）来判断企业盈利状况。

④研究与开发。评价企业研究与发展部门的工作是否为企业的未来发展做好了必要的新技术和新产品的准备，管理当局对这项工作的态度如何。

⑤财务政策。评价企业的财务结构是否健全合理，企业是否有效地运用财务政策和控制来达到短期和长期目标。

⑥生产效率。保证在适当的时候提供符合质量要求的必要数量的产品，这对于维持企业的竞争能力是相当重要的。

⑦销售能力。销售能力影响企业产品能否在市场上顺利实现。关于这方面的评估包括企业商业信誉、代销网点、服务系统以及销售人员的工作技能和工作态度。

⑧对管理当局的评估，即对企业的主要管理人员的知识、能力、勤劳、正直、诚实等素质进行分析和评价。

🔷 **理解贴士** 审计，简单来讲就是查账。是对企业运行过程中的会计记录、财务报表进行审核鉴定，查证其真实性和可靠性，真实性就是看是不是有弄虚作假，可靠性就是指企业没想作假，但是财务能力水平太差了，从而需要通过审计来进行控制，这就叫审计控制。具体分三种类型：第一种是外部审计，指审计的主体是外部机构，比如一些会计师事务所。第二种就是在企业内部安排一些专职人员做审计工作，对企业内部的财务控制系统进行全面的评估，这是内部审计。前两种往往是指财务方面。第三种是管理审计，是对企业的政策和绩效进行审计，有可能从外边请人，也有可能自己做审计的时候，同时请外部专家一起做。所以管理审计和外部审计与内部审计的内容不一样，外部审计主要是审查财务记录的真实性、可靠性，内部审计除了要审计真实性和可靠性之外，还要进行建议对策的制定。管理审计的范围更广，不仅仅涉及财务领域，其他领域也要涉及，只要和管理相关的领域，都要进行全面的审计工作，叫作全面系统的评价和鉴定。

▶ **命题趋势**　这个部分考名词解释的概率相对较大，有时也会考简答题，但是考得不多。

▶ **答题技巧**　外部审计和内部审计的要点要好好记，包括它们的优缺点，不管是考名词解释还是考简答题，其实答的内容都一样，只是题型不同导致答题的内容篇幅不同而已。管理审计有所不同，考试的时候容易出简答题，如"简述管理审计的相关内容"。这个时候就要先答管理审计的基本定义，然后答包含的主要影响因素，最后还要有一个评价，它是"总—分—总"的答题结构。

166：损益控制（名词解释、简答题☆☆）

（1）含义。

是指根据企业或企业中<u>独立核算部门</u>的损益表，对其管理活动及其成效进行<u>综合控制</u>的方法。企业的损益表中列出本期间内企业各类活动的收支状况及其利润。利润是反映企业绩效的综合性指标，损益表记录了影响利润变动的一些信息。

（2）优势：有利于从总体上把控问题的关键，以便有针对性地进行纠偏措施。

（3）局限性。

①它是一种事后控制。

②由于许多事项不一定能反映在当期的损益表上，从而仅根据损益表不能准确地找到利润发生偏差的主要原因。

▶ **理解贴士**　损益控制，"损"指的是损失，引申为成本，"益"指的是收益，所以损益控制其实是对成本收益的分析，我们在企业中经常看到的损益表，其实就是利润表。要进行损益控制，要先计算损益，只有独立核算的部门才能进行损益控制，才有损益表。如产品部门、地区部门、顾客部门等，这些都是要对不同的部门进行独立核算的。其实就是事业部才有损益表。这种控制方法之所以综合，是因为损益表上反映了很多条目，反映了管理活动的很多方面。

▶ **命题趋势**　这部分比较容易考名词解释。另外，由于有涉及关于优缺点的要点内容，所以也有可能考查简答题。

▶ **答题技巧**　不管是名词解释还是简答题，最基础的都是基本的定义，所以概念的内容必须掌握。至于优缺点的内容要点，在名词解释中不必须作答，就算要写，也是概括阐述，答简答题时这些要点是一定要写全的，而且还要适当地进行内容扩展。

167：成本控制（名词解释、简答题☆）

一、成本控制的基础：成本对象与成本分配

<u>成本分析</u>在于计量各项成本并将之分配到每个实体或成本对象。<u>成本对象</u>是指需对其进行成本计量和分配的项目，如产品、顾客、部门、工程和作业等。

1. 直接成本分配方法

<u>直接成本</u>是指能够容易和准确地归属到成本对象的成本，即其可采用追溯法来分配。成本分配的

追溯法有两种：

<u>直接追溯法</u>是指将与某一成本对象存在特定或实物联系的成本直接确认分配到该成本对象的过程，这一过程通常可以通过实地观察来实现。

<u>动因追溯法</u>使用两种动因类型来追溯成本：资源动因和作业动因。资源动因计量各作业对资源的需要，用以将资源成本分配到各个作业上；作业动因计量各成本对象对作业的需求，并被用来分配作业成本。

2. 间接成本分配方法

间接成本是指不能容易地或准确地归属于成本对象的成本。由于不存在因果关系，分摊间接成本就建立在简便原则或假定联系的基础上。

二、成本控制的步骤

（1）建立成本控制标准。

（2）核算成本控制绩效及分析成本发生偏差的调查。

（3）采取纠偏措施。

三、成本控制的作用

做好企业成本控制工作，不断<u>降低企业</u>的<u>经营成本</u>，是提高企业竞争力从而提高企业<u>经济效益</u>的最直接有效的手段。控制成本，减少企业价值活动过程中的一切浪费，是精益生产的精髓。

💡 **理解贴士**　成本是指为取得某一个最终的产品要支付的代价，支付的是现金或者等价物，有可能是一些原材料、设备的损耗，支付现金或等价物来获得最终的产品一般是有形的，但也有可能是服务或无形的产品。所以成本控制就是要控制内容。成本控制要先知道都有哪些方面产生了成本的支出，确定成本支出的对象，所以成本的控制，要分析为什么要支出这个钱。成本的分配有两种方法，一种是直接分配，另一种是间接分配。至于成本控制的步骤，其实就是控制的过程。最后提到成本控制的作用，这个作用也叫评价。

💡 **联系拓展**　关于成本，在竞争战略那部分就有相关内容，叫作成本领先战略。

🔖 **命题趋势**　这部分按名词解释来准备，虽然涉及的要点比较多，但是比如关于成本控制的步骤，其实质就是控制的过程，考查概率非常大。至于控制的作用，也就是控制的评价，这里需要注意出题的方式。

✏️ **答题技巧**　就名词解释来说，主要是掌握具体的含义，这里涉及几个要点，需要掌握的内容也比较多，名词定义就不少，如成本分析、成本对象、两种分配的方法。至于步骤和作用的内容，还是要看题目的具体情况，来判断要不要作答。

168：标杆管理（名词解释、简答题☆☆）

（1）含义。

是指以在<u>某一项指标</u>或<u>某一方面实践</u>上<u>竞争力最强</u>的<u>企业</u>或行业中的<u>领头企业</u>或其内部某部门作为<u>基准</u>，将本企业的产品、服务管理措施或相关实践的实际状况与这些基准进行<u>定量化</u>的<u>评价</u>、比较，在此基础上制定和实施改进的策略和方法，并持续不断，<u>反复进行</u>的一种管理方法。

（2）标杆管理通常的<u>步骤</u>。

①确定标杆管理的项目、对象，制订工作计划。

②进行调查研究，搜集资料，找出差距，确定纠偏方法。

③初步提出改进方案，然后修正和完善该方案。

④实施该方案，并进行监督。

⑤总结经验，并开始新一轮的标杆管理。

（3）标杆管理的优势与局限性。

优势：帮助许多公司取得了成功。

局限性：①标杆管理可能会引起本企业与目标企业全面趋同，没有了本企业的特色，即失去了推行差异化战略的机遇；②容易使企业落入"落后→推行标杆管理→再落后→再推行标杆管理"的恶性循环。事实上，在落后的情况下，"跨越式战略"比"追赶式战略"可能更有效。

💡 **理解贴士** 标杆管理是在某一个指标上，找到最具竞争力的企业或者行业的领头企业，以他们为榜样、为基准，然后对比差距，算出定量化的差距，关键是还要制订改进的策略和计划。而且这个策略要持续不断地反复进行，既要有挑战性还要有可行性。从操作上来说，第一步得确定标杆，就是目标对象。第二步，确定了目标之后，要进一步调查研究，找出差距，然后确定纠偏的方法。第三步叫作提出方案，而且要完善方案，这一步才是一个完整的计划。第四步是实施方案，不但要实施还要监督方案执行得怎么样。此外还要总结经验，持续地改进，所以要有新一轮的标杆管理。

📌 **命题趋势** 标杆管理不管是名词解释还是简答题都有可能考查，考名词解释时会问什么叫标杆管理，考简答题时则会问怎么具体操作，分几个步骤，或者问优缺点。

✏️ **答题技巧** 不管是名词解释还是简答题，答题时都要先把基本的定义写上，这里定义的内容比较多，答题的时候还以关键词为主进行扩展。答名词解释时，具体的步骤和优缺点的内容可以不写。答简答题时，需要对这几个要点在内容上进行适当扩充。

169：平衡计分卡（名词解释、简答题☆☆）

（1）平衡计分卡的含义。

1992年，卡普兰和诺顿在《哈佛商业评论》发表了题为《平衡计分卡：企业绩效的驱动》的文章，提出了一套新的、综合性的企业绩效评估方法。

在平衡计分卡中，企业的战略处于核心位置，财务、顾客、内部经营过程、学习和成长环于四周，构成一个管理系统。

①财务方面。

平衡计分卡包含了传统的财务指标，如现金流、投资回报率等。

②顾客方面。

平衡计分卡包含了市场份额、客户回头率、新客户获得率、客户满意度等指标。

③内部经营过程方面。

内部经营过程的指标有成品率、次品率、返工率等。

④学习和成长方面。

最重要的因素是人才、信息系统和组织程序。企业可以通过改善企业内部的沟通渠道，强化员工的教育和培训，调动员工的积极性，提高他们的满意度等措施，来促进企业的学习和成长。

（2）闭环管理系统的五个阶段。

①在企业的使命、愿景、价值基础上，分析企业的外部环境和自身的优劣势，然后制定本企业的战略。

②管理人员用"平衡计分卡"和战略图等方法，将战略转化为具体的目标和绩效评估体系。

③管理人员制订营运计划来完成上述的目标。

④管理人员实施和监督该营运计划。

⑤管理人员评价战略、分析成本、检验效果，然后调整战略，并准备开始新一轮的循环。

🔖 **理解贴士**　财务指标是最早评价一个企业绩效的根本性的指标，但是只看财务指标远远不够，还需要一些丰富的、综合的指标，但是只看这些指标还不行，因为这些指标都是事后的，因此还需要有战略。所以，这个部分讲了"平衡计分卡"，不仅仅是作为企业绩效评价的指标使用，还要和战略结合起来。所以，它又是战略管理实施的一个工具。

🔖 **命题趋势**　这一部分是一个超高频考点，最常考的是名词解释、简答题，甚至一些案例分析题也会以它作为工具进行分析。

🔖 **答题技巧**　不管是名词解释还是简答题，都是对"平衡计分卡"含义的考查，都需要回答绩效评估的四个方面和管理系统的五个阶段。如果考查名词解释，简洁概括即可；考考简答题则需要多做一些内容上的阐述。

📑 本章小结

> 　　本章介绍的是控制的方法，整体而言在考试中的占比不大，而且比较容易考查的高频考点不多，主要就是预算的内容、标杆管理和"平衡计分卡"，但总体上来说，以名词解释和简答题为主。需要注意预算的形式中，有介绍预算的步骤，其实也是预算的过程，简答题可能会出题考查，注意不同的问法。

课后真题

一、选择题

以下各项中不属于经营审计的项目是（　　）。

A. 政府环境绩效审计

B. 管理审计

C. 内部审计

D. 外部审计

【关键要点】审计控制、审计分类、外部审计、内部审计、管理审计

【参考答案】根据参与经营审计活动的对象，可以将经营审计分为三种基本类型：①外部审计；②内部审计；③管理审计。因此，本题正确答案为 A 项。

二、名词解释

1. 标杆管理

【关键要点】领头企业、实际状况、基准、定量化评价、比较、持续不断反复进行

【参考答案】标杆管理指以在某一项指标或某一方面实践上竞争力最强的企业或行业中的领头企业或其内部某部门作为基准，将本企业的产品、服务管理措施或相关实践的实际状况与这些基准进行定量化的评价、比较，在此基础上制定和实施改进的策略和方法，并持续不断、反复进行的一种管理方法。

2. 流动比率

【关键要点】比率分析、流动债务、偿债能力、短期偿债、流动性

【参考答案】流动比率是企业的流动资产与流动负债之比，它反映了企业偿还需要付现的流动债务

的能力。一般来说，企业资产的流动性越大，偿债能力就越强；反之，偿债能力就越弱，这样会影响企业的信誉和短期偿债能力。因此，企业资产应具有足够的流动性。资产若以现金为主，则其流动性最强。但要防止为追求过高的流动性而导致财务资源的闲置，从而避免使企业失去本应该得到的收益。

三、简答题

平衡计分卡作为控制工具，其优点主要体现在哪些方面？

【关键要点】控制工具、战略、战略目标、财务、客户、内部经营流程、学习和成长

【参考答案】采用平衡计分卡作为控制工具的优点主要体现在以下几个方面：

（1）平衡计分卡将企业的战略置于核心地位。平衡计分卡将企业战略目标在四个方面依序展开为具有因果关系的局部目标，即财务目标、客户目标、内部经营流程目标、学习和成长目标，并进一步展开成对应的评价指标。

（2）平衡计分卡使战略在企业上下被交流和学习，并与各部门和个人的目标联系起来。平衡计分卡要求部门和个人制定自己的计分卡，在此过程中，必然要求企业更多地进行交流和相互学习，确立支持整体目标的局部目标行动方案，并确保组织中的各个层次都能理解长期战略和评价指标，从而使部门及个人目标服从总体战略目标。

（3）平衡计分卡使战略目标在各个经营层面达成一致。多数情况下驱动企业成功的能力已存在于组织中，比如员工具备了执行战略所需要的技术和知识，但是缺少对战略目标的理解和相应的集中。

（4）平衡计分卡有助于短期成果和长期发展的协同和统一。除了传统的财务指标外，平衡计分卡还着重于开发新的能力，接近新的客户和市场等未来的发展指标，使企业合理分配资源，在不断取得短期成果的过程中促进长远目标的实现。

四、案例分析题

戴蒙的梦想

杰米·戴蒙刚刚毕业就开始在花旗银行的桑迪威尔手下工作，在 12 年的时间里，他们通过收购将花旗集团转型为美国最大的金融集团，这样的关系听上去相当稳固。但戴蒙却被桑迪威尔开除了。在这之后，戴蒙复兴了第一银行，2004 年，这家银行被摩根大通银行收购。一年后，戴蒙出任美国第三大银行摩根大通银行的 CEO，戴蒙的梦想是超越他的老东家，花旗现在的销售收入比摩根大通银行高 50%。

戴蒙不是一个天真的梦想家，他是实践家。首先，他加强了对银行运营和成本的控制，他的成本管理方法估计可以在 2007 年之后，每年节省 30 亿美元。多出来的现金用来投入新的业务，从增设 ATM 到创新产品，随着收入的增加和基本面的改善，股票价格将会上升。这样，银行会有更多的现金用于增长。他们说，只要基本面是好的，你就有办法大展身手。

戴蒙认为，大型组织可能会陷入"自大、迷宫一样的组织和失去方向，就像当年的罗马帝国一样"。摩根大通银行的销售额很高，但费用比节俭的第一银行高得多。此外，戴蒙新掌管的这家银行过去收购了一些公司，但并没有完成整合，内部还有一些互不兼容的系统，不同事业部的绩效混在一起，赚钱的业务在贴补不赚钱的业务，但这些在数字上并没有体现出来。

戴蒙对运营的监管覆盖了银行的各个方面，下面是他的一些做法：

每月对每个部门进行评估。部门经理必须提交一份 50 页的报告，说明财务比例和结果，每种产品的销售甚至每位员工的费用明细。然后戴蒙会花上几个小时的时间同这些部门领导人研究数字，提

出一些严厉的问题,并要求他们坦白回答。

每周会有一份"行动表",戴蒙说,我会根据业务人员来安排行动表,我也会想哪些事是可以不做的,哪些是非做不可的,看清真相可能很难,但采取行动会更难。

大幅削减预算。戴蒙说:"浪费会伤害客户,轿车、电话、俱乐部、津贴这些与客户有什么关系?"他命令取消鲜花陈设,关闭庞大的费用账户、过大的办公空间和公司内部的体育馆。

戴蒙也没有放过报酬问题,摩根大通地区银行经理的年薪高达 2 000 000 美元,而第一银行的只有 400 000 美元。戴蒙很直率:"我要说的是你们的收入太高了。"结果你猜怎么着,他们自己早就知道。绝大多数人的工资减少 20% 到 50%,几乎所有的人都没有离职。

戴蒙要求每个经理拿数字说话,他认为,在大公司里总会有人糊弄你,许多人玩这一套已经几十年了。他会向低级职员询问或给供应商打电话,要求提供相应的绩效表。

戴蒙相信互联网技术是公司长期战略的核心。他一度取消了一份与 IBM 的长期外包协议,如果外包给他人,他们不会真正负责,我们要的是子弟兵,而不是雇佣兵。他给自行研发的技术支付 20 亿美元,但他认为,这笔钱花得很合算。戴蒙的长期目标不仅仅是控制,更是成长。戴蒙为公司制定的终极目标:赶上花旗集团,成为美国主导性银行。

请回答以下问题:

(1) 戴蒙采取了哪些手段进行控制?请引用上述情景中的具体事实加以说明。

(2) 你认为戴蒙的这些控制措施对于目标的实现有效吗?试用控制的有关原理加以说明。

(3) 你认为戴蒙的做法有不妥之处吗?如有的话,应怎么改善?

【关键要点】控制、人员控制、成本控制、预算控制、有效控制

【参考答案】(1) ①人员控制,是下级将权力应用于组织目标实现所必需的作业。按照管理者所期望的方式行使权力,每周会有一份"行动表",戴蒙根据业务人员来安排行动表,哪些是可以不做的,哪些是非做不可的。

②成本控制,成本直接影响产品的定价,从而影响组织的竞争力,因此成本控制成为作业控制的一个重要问题。每个月对每个部门进行评估,说明财务比例和每种产品的销售结果,甚至每个员工的费用明细。

③预算控制,预算是一种计划工作,一旦编制完成就变成了一种控制手段,大幅度削减预算,戴蒙命令取消鲜花陈设,关闭庞大的费用账户、过大的办公区和公司内部的体育馆。

(2) 戴蒙的这些控制措施有利于目标的实现。

①进行人员控制,确保下级将权力应用于组织目标的实现,按照管理者所期望的方式行使权力。对人员进行前馈控制,即时控制、反馈控制,使得人员为实现组织目标努力。

②成本控制,有利于合理地利用组织资源,实现组织利益的最大化,降低组织的成本,同时保证产品质量。

③预算控制,将工作任务与资源投入结合起来,限定完成一定工作任务的目标可能的资源投入量,将完成一定的产出所需要的资源投入控制在一定的范围内,有利于高效率的实现组织目标。

(3) 戴蒙的做法有不妥之处。

①控制过多会影响组织成员的工作积极性,应该掌握适度原则,保证在有效控制的基础上,充分发挥员工的工作积极性和创造性。

②没有处理好全面控制和重点控制的关系，对于组织战略实现有重大影响的活动进行控制，而不是全方位控制，控制也是有成本的。控制所得收益一定要大于控制成本，否则就别控制。

③没有进行科学论证就大幅度削减预算。预算的编制应根据实际情况，而不是认为浪费就削减预算。可采取增量预算和零基预算两种方法。

④取消一份与 IBM 的长期外包协议。互联网技术是公司的核心，对公司很重要，但在经济全球化的今天，完全可以利用模块化的创新管理方法将其外包出去，使公司更专注于更有利的活动。

⑤只制定了长期目标，没有提出实现长期目标应该怎么做。可以实行目标管理的方法，制定总目标，将这种目标进行分解，实现目标、手段链。

第十八章 管理的创新职能

知识导图

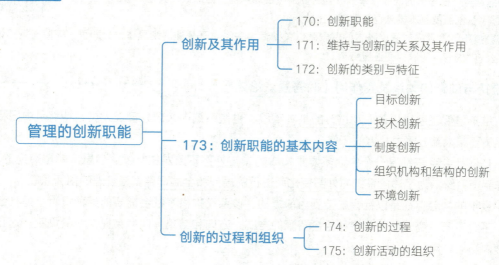

学习提示

1. 结构体系方面

本章主要包括三个部分：创新及其作用（创新职能、维持与创新的关系及其作用、创新的类别与特征）、创新职能的基本内容（目标创新、技术创新、制度创新、组织机构和结构的创新、环境创新）、创新的过程和组织（创新的过程、创新活动的组织）。

2. 重难点方面

本章在考试中比较常考的内容有创新的内涵、主要内容以及创新的过程。另外需要重视的是维持与创新的关系，这个也很容易单独出题考查。

3. 注意事项

创新职能中的技术创新，同学们在学习的过程中比较容易混淆的是其中的品种创新和产品结构创新。技术创新的具体内容在下一章有具体的介绍，可以结合着理解。

知识切片

170：创新职能（名词解释☆☆☆）

创新首先是<u>一种思想及在这种思想指导下的实践，是一种原则以及在这种原则指导下的具体活动</u>，是管理的一项<u>基本职能</u>。管理内容核心就是：<u>维持与创新</u>。

🔔 **理解贴士** 创新作为一种职能，单独拿出来，而且用一篇的篇幅来讲，这可以说是周三多系列教材的一个特点。这里创新的定义就是指先有想法，然后按照想法去实践，去改变一些东西。

📌 **命题趋势** 在考试的时候，单独考查主要是出名词解释。当然，在其他内容的考查中，尤其是简答题和论述题这种题型，创新的基本概念也是需要写上的。

📝 **答题技巧** 答题的时候，基本的概念就以关键词为主，展开表述清楚具体含义即可。在简答题和论述题中，作为补充性内容，答题时要注意结构。

171：维持与创新的关系及其作用（简答题、论述题☆☆）

（1）<u>维持是保证系统活动顺利进行的基本手段</u>，也是系统中大部分管理人员，特别是中层和基层的管理人员要花大部分精力从事的工作。

（2）任何社会系统都是一个由众多要素构成的，与外部不断发生物质、信息、能量交换的动态、开放的非平衡系统。为了适应系统内外部变化而进行的<u>局部和全局调整就是管理的创新职能</u>。

（3）系统的社会存在是以社会的接受为前提的，该系统提供了社会需要的某种贡献，是社会接受的前提。系统不断改变或调整取得和组合资源的方式、方向和结果，向社会提供新的贡献，这正是创新的主要内涵和作用。

总结：创新与维持是<u>相互联系、不可或缺的</u>。

①创新是维持基础上的发展，而维持则是创新的逻辑延续。

②维持是为了实现创新的成果，而创新则是为更高层次的维持提供依托和框架。

③任何管理工作，都应围绕系统运转的维持和创新而展开，卓越的管理是实现维持与创新最优组合的管理。

🔔 **理解贴士** 第一点是在讲"维持的作用"。第二点是在讲"创新的必要"。从系统的角度来讲，企业所形成的系统，是一个开放的系统，要不断地发展，就需要适应环境，做出调整，就需要创新。第三点是在讲"创新的意义"。企业的存在，是以社会接受为前提的，社会需要企业才会存在，所以要去满足环境的需要。因此创新应该以社会需要为导向进行。

关系总结：①维持是基础，创新是发展，经过创新之后，组织跃升到一个更高的状态，要能维持住；②创新制度的调整，需要坚持一段时间之后才会出现结果；③卓越的管理者要在变的同时还能稳，稳住之后再变革，变革之后再稳住，就是这样交替进行的过程。

📌 **命题趋势** 这部分在考试的时候比较容易考简答题和论述题。

📝 **答题技巧** 这部分主要介绍的是维持与创新二者的关系以及作用。答题的时候要注意内容的层次结构，先是阐述各自的重要性体现在什么地方，然后阐述是怎么相互联系、不可或缺的。

172：创新的类别与特征（名词解释、简答题☆☆）

1. 从创新的规模以及创新对系统的影响程度来考查，可将其分为局部创新和整体创新

<u>局部创新</u>是指在系统性质和目标不变的前提下，系统活动的某些内容、某些要素的性质或其相互

组合的方式、系统对社会贡献的形式或方式等发生变动。

整体创新往往改变系统的目标和使命，涉及系统的目标和运行方式，影响系统的社会贡献的性质。

2. 从创新与环境的关系来分析，可将其分为防御型创新与攻击型创新

防御型创新是指由于外部环境的变化对系统的存在和运行造成某种程度的威胁，为了避免威胁或由此造成的创新的类别系统损失扩大，系统在内部展开的局部或全局性调整。

攻击型创新是指在观察外部世界运动的过程中，敏锐地预测到未来环境可能提供的某种有利机会，从而主动地调整系统的战略和技术，以积极地开发和利用这种机会，谋求系统的发展。

3. 从创新发生的时期来看，可将其分为系统初建期的创新和运行中的创新

从创新发生的时期来看，可将其分为系统初建期的创新和运行中的创新。系统初建期的创新，是在一张白纸上绘制系统的目标、结构、运行规划等蓝图，需要管理者有创新的思想和意识；系统运行中的创新，是在组织发展的动荡环境中，寻找、发现并利用新机会，更新系统活动内容，调整系统结构，要求管理者在管理活动中"以守为攻"，不断开拓新局面，更加需要创新的素质和能力。

4. 从创新的组织程度来看，可分为自发创新与有组织的创新

系统内部各部分的自发调整可能产生两种结果：

（1）各子系统的调整中有均是正确的，从整体上说是相互协调的，从而给系统带来的总效应是积极的，可使系统各部分的关系实现更高层次的平衡。除非极其偶然，这种情况一般不会出现。

（2）各子系统的调整一些是正确的，有一些则是错误的——这是通常可能出现的情况，因此，从整体上来说，调整后各部分的关系不一定协调，也就是说，系统各部分自发创新的结果是不确定的。

与自发创新相对应的有组织的创新包含两层意思：

（1）系统的管理人员根据创新的客观要求和创新活动本身的客观规律，制度化地研究外部环境状况和内部工作，寻求和利用创新机会，计划和组织创新活动。

（2）与此同时，系统的管理人员要积极地引导和利用各要素的自发创新，使之相互协调并与系统有计划的创新活动相配合，使整个系统内的创新活动有计划、有组织地展开。只有有组织的创新，才能给系统带来预期的、积极的、比较确定的结果。

鉴于创新的重要性和自发创新结果的不确定性，有效的管理要求有组织地进行创新。但是，有组织的创新也有可能失败，因此，具有一定的风险。

🔷 **理解贴士** 一共介绍了四种分类。学分类也是在学标准，第一种，是按照创新的规模和它对整个系统的影响，分为局部创新和全局创新（整体创新）。局部创新就是小规模的改变，整体创新比较彻底，而且是全局性的。第二种，是根据创新和环境的关系来分的，主要讲的是被动还是主动的问题。被动的创新叫防御型创新，主动的创新叫攻击型创新。第三种，从创新发生的时期来看，包括系统初建时的创新和运行中的创新，这个有些像初始决策与追踪决策。第四种，创新的组织程度，就是指创新这个事有没有人管，有的时候创新没人管，个人想创新就创新，这叫自发创新。有的时候是组织中专门有人来管这个事，研究怎么搞创新，由组织者牵头去做，而且组织者在过程中进行管理，这是有组织的创新。

🔶 **命题趋势** 这部分比较容易考名词解释。在这四种分类中，自发创新和有组织创新考查概率相对较大。

🔶 **答题技巧** 有关类别的内容，考名词解释的时候，如果单个名词的定义内容太少，可以适当地扩展内容，如补充分类的依据。简答题就是对某一具体类别而言的，这些标准、名词定义以及其他内容都是需要作答的。

173：创新职能的基本内容（名词解释、简答题、论述题☆☆☆）

一、目标创新
企业在各个时期的具体经营目标，需要适时地根据市场环境和消费需求的特点及变化趋势加以调整，每一次调整都是一种创新。

二、技术创新

1. 要素创新与要素组合方法创新

要素创新包括材料创新和设备创新两个方面。要素组合方法创新包括生产工艺和生产过程的时空组织两个方面。

2. 产品创新

产品创新包括许多内容，这里主要分析物质产品的创新，物质产品创新主要包括品种创新和产品结构创新。

（1）品种创新要求企业根据市场需要的变化，根据消费者偏好的转移，及时地调整企业的生产方向和生产结构，不断开发受用户欢迎的适销对路的产品。

（2）产品结构创新，在于不改变原有品种的基本性能，对现在生产的各种产品进行改进和改造，找出更加合理的产品结构，使其生产成本更低、性能更完善、使用更安全，从而更具市场竞争力。

产品创新是企业技术创新的核心内容，它既受制于技术创新的其他方面，又影响其他技术创新效果的发挥。

三、制度创新

制度创新需要从社会经济角度来分析企业各成员间的正式关系的调整和变革，制度是组织运行方式的原则规定。

（1）制度类别。

①产权制度。指决定企业其他制度的根本性制度，它规定着企业最重要的生产要素的所有者对企业的权力、利益和责任。

②经营制度。指有关经营权的归属及其行使条件、范围、限制等方面的原则规定。

③管理制度。指行使经营权，组织企业日常经营的各种具体规则的总称，包括对材料、设备、人员及资金等各种要素的取得和使用的规定。

（2）三种制度之间的关系。

一般来说，一定的产权制度决定相应的经营制度。同样，在经营制度不变时，具体的管理规则和方法也可以不断改进。管理制度的变化会反作用于经营制度；经营制度的变化会反作用于产权制度。

（3）制度创新。

企业制度创新的方向是不断调整和优化企业所有者、经营者、劳动者三者之间的关系，使各个方面的权力和利益得到充分的体现，使组织的各种成员的作用得到充分的发挥。

四、组织机构和结构的创新

（1）机构和结构。

①机构是指企业在构建组织时，根据一定的标准，将那些类似的或为实现同一目标有密切关系的职务或岗位归并到一起，形成不同的管理部门。它主要涉及管理劳动的横向分工问题。

②结构与各管理部门之间，特别是与不同层次的管理部门之间的关系有关，它主要涉及管理劳动的纵向分工问题，即所谓的集权和分权（管理权力的集中或分散）问题。

（2）机构和结构的创新。

同一企业，在不同的时期，随着经营活动的变化，也要求组织的机构和结构不断调整。

五、环境创新

环境创新是指通过企业积极的创新活动去改造环境，去引导环境朝着有利于企业经营的方向变化。就企业来说，环境创新的主要内容是市场创新。市场创新主要是指通过企业的活动去引导消费，创造需求。

🔹 理解贴士 创新是以企业系统为例进行介绍的，第一个叫作目标创新，环境变了，需求变了，企业的目标也要跟着调整。第二个叫作技术创新，是企业创新的主要内容，所以在谈企业创新的时候，大部分都是在讲技术创新。指的就是技术要顺应社会的技术进步的方向，而且一些技术是需要物质载体的，所以在谈论某项技术的时候，往往是在谈用什么样的设备。第三个叫作制度创新，根据之前讲的创新的含义，就是指制度调整了，其实就是指改变组织成员之间的关系。第四个叫作组织机构和结构的创新，这里要先明确什么叫机构，什么叫结构。机构指的是部门，就是把职位合并成部门，它是横向的分工。结构是纵向的分工，主要是权力在不同层级上的纵向的分配，叫集权和分权。所以，"组织机构和结构创新"指的是企业部门的调整以及层级的调整。第五个叫作环境创新，指的是改造环境。

🔹 命题趋势 这一部分的内容特别容易整合在一起考简答题或者论述题，如论述创新职能的内容有哪些。当然也不排除会单独考查其中某一部分，比如技术创新的名词解释。

🔹 答题技巧 这部分内容介绍了五种创新，如果是对整体内容的考查，答题时先写"创新职能"的基本定义，然后对这五种创新的具体内容展开论述，论述要体现内容的完整性和结构的逻辑性。当然，如果是就某一个创新内容考查名词解释，答题时需要阐述具体内容。

174：创新的过程（简答题☆☆☆）

成功的创新要经历寻找机会、提出构想、迅速行动、忍耐坚持<u>四个阶段</u>的努力。

1. 寻找机会

（1）系统外部，可能成为创新契机的变化主要有：

①技术的变化；②人口的变化；③宏观经济环境的变化；④文化与价值观念的转变。

（2）系统内部，引发创新的不协调现象主要有：

①生产经营中的瓶颈，可能影响了劳动生产率的提高或劳动积极性的发挥，因而始终困扰着企业的管理人员。

②企业出乎预料的成功和失败，往往可以把企业从原先的思维模式中驱赶出来，从而可以成为企业创新的一个重要源泉。

2. 提出构想

敏锐地观察到不协调现象的产生以后，还要透过现象探究其原因，并据此分析和预测不协调的未来变化趋势，评估它们可能给组织带来的积极或消极后果，并在此基础上，努力利用机会或将威胁转换为机会，采用头脑风暴、德尔菲法、畅谈会等方法提出多种问题解决方案，消除不协调，使系统在更高层次实现平衡的创新构想。

3. 迅速行动

创新成功的秘密主要在于迅速行动。从某种意义上说，面对瞬息万变的市场，创新行动的速度可能比创新方案的完善更为重要。

4. 忍耐坚持

创新的过程是不断尝试、不断失败、不断提高的过程。因此创新者必须坚定不移地继续下去，绝不能半途而废。

🔷 理解贴士 创新的过程，就是从过程的角度来梳理创新是怎么进行的。只要是过程就会有一系列的环节和步骤，所以创新的过程其实也是大致分为这四个步骤。第一步是寻找机会，创新的这种机会不仅仅来自外部，还来自内部，所以分为系统外部和系统内部两个方面。第二步要提出构想，面对机会要有想法，要预测趋势，然后去评估后果，把威胁转变为机会，可以用诸如群体决策的方法形成构想。其实这也是一个方案，但只有构想、方案还不行，因为不行动等于什么也没有。所以，第三步要迅速行动，把构想付诸实践。但尝试是有风险的，第四步要不断尝试、不断失败，不断提高，要坚持不懈，绝不能半途而废。

📌 命题趋势 这部分特别容易考简答题，要求简述创新的具体过程。

🔖 答题技巧 这种过程性的内容，重点就是其所包含的具体步骤，答题时围绕具体的环节、步骤展开论述即可。需要注意的是，答题时不要开始就直接写步骤，要先有总的概括性描述，然后再展开阐述。

175：创新活动的组织（简答题、论述题 ☆☆）

组织创新，不是计划和安排某个成员在某个时间从事某种创新活动。这在某些时候也许是必要的，但更为主要是为成员的创新提供条件、创造环境，有效地组织系统内部的创新。

（1）正确理解和扮演"管理者"的角色。

管理者必须自觉地带头创新，并努力为组织成员提供和创造一个有利于创新的环境，积极鼓励、支持、引导组织成员进行创新。

（2）创造促进创新的组织氛围。

促进创新的最好方法是大张旗鼓地宣传创新、激发创新，使每一个人都奋发向上、努力进取、大胆尝试。

（3）制订有弹性的计划。

创新意味着打破旧的规则，意味着时间和资源的计划外占用，因此，创新要求组织的计划必须具有弹性，创新需要思考，而思考需要时间。

（4）正确地对待失败。

创新的过程是一个充满着失败的过程。只有认识到失败是正常的，甚至是必然的，管理人员才可能允许失败、支持失败，甚至鼓励失败。

（5）建立合理的奖酬制度。

①注意物质奖励与精神奖励的结合。

②奖励应是对有特殊贡献，甚至是对希望做出特殊贡献的努力的报酬，奖励的对象不仅包括成功以后的创新者，而且应当包括那些成功以前，甚至是没有获得成功的努力者。

③奖励制度要既能促进内部的竞争，又能保证成员间的合作。

🔷 理解贴士 有组织的创新指的是怎么进行管理，而管理者怎样在创新的过程中发挥作用，叫作创新的组织，这是从管理者发挥作用的角度出发。第一点，要正确扮演管理者的角色。在原来的常规的管理活动中，管理者不但要遵守规章制度，还要让别人遵守规章制度，管理者是实施规章制度的那个人，所以叫规章制度的守护神。但是在创新活动中，因为创新就是对原有的某些制度的打破，不破不立，所以这个时候就要转变角色，转变成自觉带头创新的角色，而且要营造有利于创新的环境，鼓励、引导、支持组织成员进行创新。第二点，就是要有促进创新的组织氛围,要在整个组织中营造一个人人都想创新的环境。第三点,就是要制订有弹性的计划。只要是创新,必然会占用时间和资源,但是这个资源是计划外的,因为创新是不确定的,所以它需要占用计划外的时间和资源。第四点,是正确对待失败,管理者应该认识到 99% 的创新是失败的,要支持甚至鼓励失败,因为没有失败就不可能成功。第五点,要建立合理的奖酬制度,创新是需要激励的,所以想创新就必须给予激励。

➡️ **命题趋势**　这一部分主要介绍管理者在创新活动中如何发挥他的作用,容易考简答题。

🔑 **答题技巧**　这一部分主要包含五点内容,答题时就围绕这五点展开论述即可,需要注意的是,这部分内容的考查形式,创新活动的组织其实就是组织的创新,就是有组织的创新,就是管理者在组织创新中如何去做。

本章小结

> 　　本章介绍的是管理的创新职能,总的来说在考试中的占比不大,但是一些知识点还是比较容易被考查的,需要熟练掌握,比如创新的定义,单独考查以名词解释为主,但当一些论述题和案例分析题涉及创新的内容时,需要对创新的定义进行阐述。此外,创新活动的组织这个知识点,要注意问法,比如问"组织如何进行创新活动?""管理人员如何让组织实现创新?"都是这个知识点的内容。

课后真题

一、选择题

下列关于组织创新工作的说法中,正确的是(　　)。

A. 创新工作是一项偶然性的活动
B. 创新工作有其内在的逻辑自洽性
C. 组织创新工作等同于个别职员的创新活动
D. 创新源于个别吃螃蟹的人

【关键要点】创新职能、内涵、性质

【参考答案】管理创新是指在探究人类创新活动规律的基础上,对管理活动进行改变的过程,是一种产生新的管理思想和新的管理行为的过程。企业中的创新活动,不仅是员工的自发性行为,更包括企业自觉的管理过程。管理创新也与其他管理职能一样,具有其内在逻辑性,是人类理性活动的一部分,这种活动既可以被人们所认知,也能够被实践。因此,本题正确答案为 B 项。

二、简答题

1. 简述创新与企业平稳运行的关系。

【关键要点】资本投入、劳动分工、组织重新组建、不断创新、维持基础、逻辑延续、更高层次的维持、维持与创新最优组合

【参考答案】企业平稳运行过程中出现生产规模扩大,大量的资本投入和劳动分工,为求得预期的经济效益促使生产组织重新组建;为了保持市场竞争力,企业要不断地创新;为了获得经济效益和能进行有效的竞争,企业必须扩大规模,而组织规模的扩大必须有新型的管理人员和熟练的劳动力,并且对企业的运营活动进行合理的计划、组织和控制等。

经济全球化带给管理者的挑战：一是经济全球化使风险的积累和扩大变得难以控制；二是管理者必须重新审视组织的发展战略、组织机构、管理理念、经营方式、规章制度、人力资源是否适应经济全球化的时代，怎样才能与时俱进。在这个过程中，企业及其他社会组织必须不断地创新才能满足消费者不断增长的需要，从而使市场竞争空前激烈，而构成组织核心竞争力的最重要的要素就是创新知识。

创新与维持是相互联系、不可或缺的：
①创新是维持基础上的发展，而维持则是创新的逻辑延续。
②维持是为了实现创新的成果，而创新则是为更高层次的维持提供依托和框架。
③任何管理工作都应围绕着系统运转的维持和创新而展开，卓越的管理是实现维持与创新最优组合的管理。

2. 企业创新中领导者常担任什么角色？

【关键要点】眺望者、传道者、协调者、发布者

【参考答案】创新领导，指在创新过程中，领导者在动态化的方向指引和人员激励方面所付诸实施的各类行动，与前两种职能不同，创新领导是一种面对面的管理行动。通过这种面对面的领导行动，领导者根据各种不断变化的情况调整创新方向，并确保创新团队始终保持高昂斗志和旺盛激情。

创新领导者的主要角色：

①眺望者。眺望者角色是指创新领导者必须始终站在可以俯视环境的高度，以便完成高质量的眺望，眺望可以帮助创新领导者大致识别可行道路与险滩所在。眺望所需的高度来自创新领导者的知识储量、经验以及敏锐性。敏锐性要求创新领导者具有很强的求知欲望和学习能力。

②传道者。"传道"指对创新团队成员的宣传鼓动工作，要求创新领导者不仅要有极强的抗压能力，更要有超常的语言感染力和沟通能力。

③协调者。在创新团队不同成员之间，进行知识、信息、思想、观点等方面的互通有无，并且及时将创新解决方案的各个组成部分的进展情况进行通报，协调进度等。

④发布者。创新领导者需要在创新取得一定成果时，就开展发布行动，为创新成果的应用造势铺路。

三、论述题

1. 试论创新在当今时代企业管理中的意义及其实现。

【关键要点】思想指导下的实践、基本职能、组织发展的基础、竞争优势的利器、摆脱发展危机、机会、构思、行动、坚持

【参考答案】创新是一种思想及在这种思想指导下的实践，是一种原则以及在这种原则指导下的具体活动，它是管理的一种基本职能。

（1）创新在当今时代企业管理中的意义。

①创新对于组织来说是至关重要的，这首先是因为创新是组织发展的基础，是组织获取经济增长的源泉。创新是经济发展的核心，创新使得物质繁荣的增长更加便利。

②创新是组织谋取竞争优势的利器。当今社会，各类组织迅速发展，使组织间的竞争成为普遍现象。特别是随着经济全球化的深入，工、商业的竞争更加激烈。要想在竞争中谋取有利地位，就必须将创新放在突出位置。竞争的压力要求企业家不得不改进已有的制度，采用新的技术，推出新的产品，

增加新的服务。

③创新是组织摆脱发展危机的途径。发展危机是指组织明显难以维持现状，如果不进行改革，组织就难以为继的状况。发展危机对于组织来说是周期性的，组织每一步的发展都有其工作重心的转变和新的发展障碍。在创业初期，管理目标主要是对需求快速、准确的反映，主要是资金和安全问题；进入学步期和青春期，组织管理的目标更多在于利润的增加和销售量及市场份额的扩大；组织成熟期后，管理目标转向维持已有市场地位。相应地，在各阶段，组织会出现领导危机、自主性危机、控制危机和硬化危机。组织只有不断创新、再创新才能从容渡过各种难关，持续健康地发展。

（2）创新的实现步骤。

创新要经历"寻找机会、提出构思、迅速行动、坚持不懈"这几个阶段的努力。

①寻找机会。企业的创新，往往是从密切地注视、系统地分析社会经济组织在运行过程中出现的不协调现象开始的。创新是对原有秩序的破坏，原有秩序之所以要打破，是因为其内部存在着或出现了某种不协调的现象，这些不协调对系统的发展提供了有利的机会或造成了某种不利的威胁。创新活动正是从发现和利用旧秩序内部的这些不协调现象开始的。不协调为创新提供了契机。

②提出构思。敏锐地观察到了不协调现象以后，还要透过现象究其原因，并据此分析和预测不协调的变化趋势，估计它们可能给组织带来的积极或消极后果并在此基础上，努力利用机会或将威胁转换成为机会，采用头脑风暴、德尔菲法、畅谈会等方法提出多种问题解决方案，消除不协调，使系统在更高层次实现平衡的创新构想。

③迅速行动。创新成功的秘密主要在于迅速行动。提出的构想可能还不完善，甚至可能很不完善，但这种并非十全十美的构想必须立即付诸行动才有意义。"没有行动的思想会自生自灭"这句话对于创新思想的实践尤为重要，一味追求完美，以减少受讥讽、被攻击的机会，就可能错失良机，把创新的机会白白地送给竞争对手。

④坚持不懈。创新的过程是不断尝试、不断失败、不断提高的过程。因此，创新者在开始行动以后，为取得最终的成功，必须坚定不移地继续下去，决不能半途而废，否则便会前功尽弃。要在创新中坚持下去，创新者必须有足够的自信心，有较强的忍耐力，能正确对待尝试过程中遇到的失败，既为减少失误或消除失误后的影响采取必要的预防或纠正措施，又不把一次"战役"（尝试）的失利看成整个"战争"的失败，要知道创新的成功只能在屡屡失败后才姗姗来迟。

2. 组织常常碰到创新的困境，即创新的新颖性与实用性之间的矛盾。过于新颖，常常实用差；过于实用，常常很难带来独特的竞争优势。如果你是一家组织的管理者，你将如何从结构、文化、领导等方面处理这样的困境？

【关键要点】维持、创新、实用性、新颖性、组织资源、组织沟通、思路、监控、风险、系统、带头人、失败、奖惩

【参考答案】创新是管理的一大重要职能，整个管理过程都在于维持和创新。创新的目的是要解决创新的实用性和新颖性之间的矛盾，需要从以下三个方面出发：

（1）结构方面。

①富足的组织资源。这样组织一方面有能力进行大量创新成果的开发，另一方面又可以承受因为创新太过新颖而有用性不强带来的失败，从而在实用性和新颖性之间找到平衡。

②多向式的组织沟通。例如，委员会或者项目小组的形式等，都有利于促进部门之间的交流，并做到集思广益，从而有利于解决创新的实用性和新颖性的矛盾。

（2）文化方面。

①鼓励多样思路，并且注重结果导向。不强调专一性，便可以带来多种创新思路，增强创新的新颖性。同时，注重结果的获取与评价，可以使员工注意创新的实用性。

②适当减少组织监控。适当减少规章、条例、政策对成员的监控，加大成员工作的自主度，使成员有更多机会能够提出新颖的创新构想。但这并不意味着对员工的行为听之任之，当成员所提出的构想太过新颖而并不具有有用性时，组织也能及时地得到反馈，从而避免这种现象的发生，平衡创新的新颖性和实用性。

③鼓励承担风险。鼓励员工大胆试验，不用担心创新失败所带来的后果，把可能的失败作为学习的机会。在一次次的失败中找到平衡创新实用性和新颖性的成功之路。

④强调开放系统。密切关注环境对组织实施创新后的变化，判断组织的创新是过于新颖还是过于实用，并且快速做出反应。

（3）领导方面。

①领导者首先要成为创新的带头人。在组织中大力宣传创新，塑造浓厚的有利于创新的组织文化氛围。只有这样，组织员工才会积极进行创新，努力寻求创新新颖性和实用性之间的平衡点。

②正确对待失败。领导者要看到，创新是对原有局面的打破，是做从来没有做过的事，没有规律可循，因而既有成功的可能，也有失败的可能。当组织成员的创新因为过于新颖或者过于实用而失败时，领导者要正确对待，鼓励员工从中吸取教训，争取缩短失败到成功的距离。

③合理的奖惩。不仅要奖励创新成功的员工，对于正在努力创新但暂时没有取得成功的员工也要进行适当奖励，这样才能激发员工的积极性。当组织中的员工都被激励去创新时，创新实用性和新颖性的矛盾往往会更容易被解决，因此取得成功将是早晚的事。

第十九章 企业技术创新

知识导图

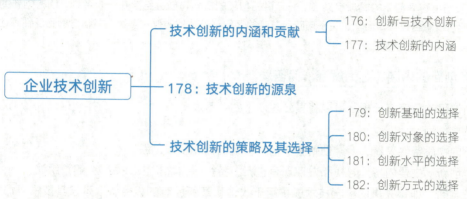

学习提示

1. 结构体系方面

本章主要包括三个部分：技术创新的内涵和贡献（创新与技术创新、技术创新的内涵）、技术创新的源泉（七个要点）、技术创新的战略及其选择（创新基础的选择、创新对象的选择、创新水平的选择、创新方式的选择）。

2. 重难点方面

这一部分其实在考试中比较容易考查技术创新的源泉和创新水平的选择，其他知识点的考查概率相对较小。总体来说，本章的理解难度不大，掌握关键要点即可。

3. 注意事项

要充分理解技术创新的内涵，需要注意的是，技术创新与技术发明是不同的。

知识切片

176：创新与技术创新（名词解释、论述题☆）

（1）<u>创新</u>。

在熊彼特的理论中，创新是对"<u>生产要素的重新组合</u>"，包括<u>五个方面</u>：①生产一种新的产品；②采用一种新的生产方法；③开辟一个新的市场；④掠取或控制原材料和半成品的一种新的来源；⑤实现一种新的工业组织。

（2）技术创新与技术发明的区别：技术创新的概念比技术发明的宽泛。

🔹**理解贴士**　这部分谈技术创新的内涵，或者说谈创新的内涵，是从技术创新的角度切入的。熊彼特认为创新是对生产要素的重新组合，包括五个方面。技术创新与技术发明是通过创新和发明这两个词的对比，进一步阐述什么叫技术创新。创新的概念要比发明更加宽泛，发明肯定是创新，但是创新不仅仅是发明。

🔹**联系拓展**　熊彼特是一个非常著名的经济学家，在20世纪初的时候就开始研究创新，主要是研究经济领域的创新如何推动经济的发展。

🔹**命题趋势**　这部分主要介绍创新的概念，容易考名词解释，也介绍了技术创新和技术发明的区别是基于概念的理解，在论述题中可能会涉及。

🔹**答题技巧**　这里创新的概念定义和上一章讲的创新的概念可能会结合在一起考查，回答创新的名词概念时，两处介绍可以融合作答。当然，关于创新和发明的区别，论述的时候主要围绕其概念的宽泛性阐述，可以举一些例子。

177：技术创新的内涵（名词解释、简答题☆☆）

从生产过程的角度来分析，可以将其分为以下四个方面：

（1）要素创新。
从生产的物质条件来看，要素创新主要包括材料创新和手段创新。
①材料创新。主要内容是寻找和发现现有材料，特别是自然提供的原材料的新用途。
②手段创新。即将先进的科学技术成果用于改造和革新原有的设备，以延长其技术寿命或提高其效能；用更先进、更经济的生产手段取代陈旧、落后、过时的机器设备。

（2）产品创新。
产品创新是技术创新的核心和主要内容，其他创新都是围绕着产品的创新进行的。
①新产品的开发。利用新原理、新技术、新结构开发出一种全新型产品。
②老产品的改造。对产品的结构、性能、材质、技术特征等进行改进、提高或独创。

（3）要素组合方法的创新。
要素的组合包括生产工艺和生产过程的时空组织两个方面。
①工艺创新，包括生产工艺的改革和操作方法的改进。
②生产过程的组织，包括设备、工艺装备、在制品以及劳动在空间上的布置和时间上的组合。

上述几个方面的创新，既相互区别，又相互联系、相互促进。材料创新不仅会带来产品制造基础的革命，而且会导致产品物质结构的调整；产品创新不仅包括产品功能的增加、完整或更趋完善，而且必然要求产品制造工艺的改革；工艺创新不仅促使生产方法更加成熟，而且必然要求生产过程中利用这些新的工艺方法的各种物质生产手段也进行改进。反过来，机器设备的创新也会带来加工方法的调整或促进产品功能更加完善；工艺或产品创新也会对材料的种类、性能或质地提出更高的要求。

（4）技术创新的贡献。
①通过降低成本而使企业产品在市场上更具价格竞争优势。
②通过增加用途、完善功能、改进质量以及保证使用而使产品对消费者更具特色吸引力，从而在整体上推动企业竞争力不断提高。

🔹**理解贴士**　①要素创新又进行了具体细分，包括材料创新和手段创新，所以它是一个树状结构，不断地展开，不断地分层。手段创新又分为两个方面，第一种是嫁接，第二种是彻底替代。②产品创新，又细分成了新产品的开发和老产品的改造。改造和开发针对的是产品的结构、性能、材质等内容。③要素组合方式的创新，又分为两种，一个是工艺创新，另一个是生产过程的创新。生产工艺的改进是指把原来的生产参数调一调可能会更好，或者配方调一调会更好。生产过程的组织，如 20 世纪一个重要的发明就是流水线，老福特汽车公司发明了流水线，这是时间、空间上的重新布局和调整。这三个方面之间的关系是相互影响的，第一个影响第二个，第二个影响第三个，第三个反过来又会影响第二个，第二个反过来也会影响第一个。④技术创新的重要作用就是加强企业的竞争力，而且大部分都是采用降低成本的方式。

📌 **命题趋势**　在考试的时候，技术创新非常容易考名词解释，这里技术创新的内涵是在上一个内容的基础上进一步展开分析的，包含四个方面，而且这四个方面还有一定的联系和区别，也很可能考简答题。

💧 **答题技巧**　这部分如果考名词解释也要把涉及的几个方面都答上，当然答题内容不需要太丰富，具体的进一步的分层内容可以不答。如果是简答题问及内涵，是都要作答的。如果简答题问及这几个方面之间的关系，要理清具体的逻辑，把内容阐述清楚。

178：技术创新的源泉（简答题☆☆☆）

一、意外的成功或失败

（1）意外的成功。

意外的成功通常能够为企业创新提供非常丰富的机会，这些机会的利用要求企业投入的代价以及承担的风险都相对较小。

（2）意外的失败。

失败必然隐含了某种变化，从而实际上向企业预示了某种机会的存在。

二、企业内外的不协调

（1）宏观或行业经济景气状况与企业经营绩效的不协调。

（2）假设和实际的不协调。

（3）对消费者价值观的判断与消费者的实际价值观不一致。

三、过程改进的需要

由这种需要引发的创新是对现已存在的过程（特别是工艺过程）进行改善，把原有的某个薄弱环节去掉，代之以利用新知识、新技术重新设计的新工艺、新方法，以提高效率、保证质量、降低成本。

四、行业和市场结构的变化

行业结构和市场结构一旦出现了变化，企业必须迅速对之做出反应，在生产、营销以及管理等诸多方面组织创新和调整。

五、人口结构的变化

人口结构的变化直接决定着劳动力市场的供给，从而影响企业的生产成本；作为企业产品的最终用户，人口的数量及其构成确定了市场的结构及规模。

六、观念的改变

对事物的认知和观念决定着消费者的消费态度；消费态度决定着消费者的消费行为；消费行为决定一种具体产品在市场上的受欢迎程度。因此，消费者观念上的改变影响着不同产品的市场销路，为企业提供着不同的创新机会。

七、新知识的产生

一种新知识的出现，将为企业创新提供异常丰富的机会。与其他类型的创新相比，知识性创新具有最为漫长的前置期。此外，知识性创新不是以某个单一因素为基础，而是以好几种不同类型的知识的组合为条件。

🔵 **理解贴士** ①意外的成功或者失败预示着某种机会，需要注意和思考分析才能发现这个机会。由于成功是意外的，也是之前没有想到的，有可能被忽视，所以要注意。为什么会被忽视？因为人们只愿意发现自己希望的结果，但如果试验结果不是自己希望的，在某些可能隐藏着成功的机会的地方，可能就被忽视了。失败也蕴含着某种机会，要了解变化，要有针对性地进行有组织的创新。②企业内外的不协调，既可能是已经发生了某种变化的结果，也可能是发生某种变化的征兆，所以不协调预示着机会。③过程改进的需要，就是生产经营过程有可能在很多地方存在问题，叫作薄弱环节。需要去掉薄弱环节，因为它是整个生产过程中最容易出问题的环节，一旦出现问题就会影响整个生产经营的过程。④行业和市场结构的变化，指的是不同企业的相对竞争，叫相对规模或者竞争力。它反映的是行业集中或者分散的程度。⑤人口结构的变化。一方面影响供给，另一方面影响需求。⑥观念的改变，主要指的是消费态度、消费行为的改变，而消费行为决定了一种具体产品在市场上的受欢迎的程度，会对企业产生很多影响。⑦新知识的产生，会提供异常丰富的机会。

📌 **命题趋势** 这部分是高频考点，一般会考大题，比如出简答题问"技术创新的源泉有哪些？"

✏️ **答题技巧** 简答题的作答要遵循一定的范式，回答这个题目时，首先要介绍什么是创新，其次介绍什么是技术创新，最后就是对这七个要点的具体内容的介绍。对于简答题来说，七个要点的内容算是比较多的，所以在作答时要注意答题内容的篇幅，内容要详略得当。

179：创新基础的选择（简答题☆）

创新基础的选择需要解决在<u>何种层次</u>上组织创新的问题：是利用现有知识，对目前的生产工艺、作业方法、产品结构进行创新，还是进行基础研究，开发新的知识，为具有新功能的新产品开发提供基础。前者涉及<u>应用性研究</u>，后者常被称为<u>基础研究</u>。

<u>基础研究</u>不仅具有<u>较大风险</u>，而且要求企业能够提供长期的、强有力的资金以及人力的支持。

<u>应用性研究</u>与基础研究相比，所需的<u>时间较短、资金要求较少、创新的风险也较小</u>，对企业竞争优势的贡献程度也要小一些。

🔵 **理解贴士** 创新基础的选择其实是研究在什么层面上进行创新。具体来讲包括两个层面，一个是应用性研究，另一个是基础研究。应用性研究是指这个东西已经有了，技术已经发明出来了，要研究怎么样把它应用到实践中，让它发挥更大的作用，使用起来更方便。基础研究是指在根本上进行理论的突破和创新。这是两种不同的创新层次，更加根本的是基础研究。但是基础研究的问题是风险大、周期长，资金和人力消耗得比较多，一般的组织是支持不了的。相对来讲，应用性研究时间短、资金投入少、风险也小，但是贡献程度也会小一些。

📌 **命题趋势** 这个部分以往在考试中出现的频率不高，但是最近社会上和学术界经常出现对基础研究的讨论，如果出现的话，主要也是考简答题。

✏️ **答题技巧** 这一部分作答时首先要简单阐述技术创新的内涵，其次就是阐述清楚什么是创新基础的选择，最后就是对应用性研究和基础研究做详细的介绍。

180：创新对象的选择（名词解释、简答题、论述题☆☆）

企业可供选择的创新对象主要涉及<u>产品、工艺以及生产手段</u>三个领域。

（1）<u>产品</u>。

产品创新使得产品在<u>结构或性能上有所改进，甚至全部创新</u>，不仅可能给消费者带来一种全新的享受，而且可以降低产品的生产成本或者减少产品在使用过程中的费用。

（2）工艺。

工艺创新既可能为产品质量的形成提供更加可靠的保证，从而加强企业的特色优势，亦可能促进生产成本的降低，从而使企业产品在市场更具价格竞争力。

（3）生产手段。

生产手段的创新可借助外部的力量来完成。

🔖 **理解贴士**　针对什么进行创新，主要讲了三个方面。第一个是"产品创新"，是在功能结构上有所改进，甚至是全部的创新，比如中国的酒从古至今的发展，就是在不断地调整、改进。第二个是"工艺创新"，就是指产品质量更好了，或者产品更有特色了，或者创新后的生产工艺成本更低了、更有竞争优势了。第三个是"生产手段创新"，一般都是企业内部创新，因为只有企业内部才知道这个产品要怎么创新。

🔖 **命题趋势**　这个部分在考试中直接出题考查的概率不是很大，单独考查可能出简答题，和其他知识点结合考可能会出论述题，需要注意的是名词解释，可能考创新对象。

🔖 **答题技巧**　这一部分不管考查什么题型，主要内容都是产品、工艺和生产手段这三个方面，只不过不同的题型，会有不同的考查方式，要灵活作答。

181：创新水平的选择（名词解释、简答题、论述题☆☆☆）

组织企业内部的技术创新时，要选择是采取一个领先于竞争对手的"先发制人"的战略，还是实行"追随他人之后"，但目的仍是"超过他人"的"后发制人"的战略。

1."先发制人"战略给企业带来的贡献和问题

（1）"先发制人"给企业带来的贡献。

①可给企业带来良好的声誉；②可使企业占据有利的市场地位；③可使企业进入最有利的销售渠道；④可使企业获得有利的要素来源；⑤可使企业获取高额的垄断利润。

（2）"先发制人"给企业带来的问题。

①要求企业付出高额的市场开发费用；②需求的不确定性；③技术的不确定性。

2."后发制人"战略的优势与缺陷

优势：①分享先期行动者投入大量费用而开发的行业市场；②根据已基本稳定的需求进行投资；③在率先行动者技术创新的基础上组织进一步的完善，使之更加符合市场的要求。

缺陷：主要是在时间上、在用户心目中，技术水平的形象会处于不利的地位。

🔖 **理解贴士**　先发制人，又叫先人一步、高人一筹，俗话说"先下手为强，后下手遭殃"。率先开发新的生产工艺或者新的产品，领先于同行业的其他企业，这样就能获得垄断地位，之后可以获得垄断利润。具体的贡献其实也就是优点。如果是"先发制人"战略，首先，会给消费者一个开拓者和领军人物的形象，这是一种良好的声誉。其次，在其他企业还没有反应过来时，就已经占领了市场，占据了有利的市场地位。再次，好的产品优势可以辅助企业进入有利的销售渠道，而且还可以获得有利的要素来源。与此同时，先发制人也是有缺点的，也就是高投入、高风险。也正是由于"先发制人"战略的一些缺点，有的企业更愿意采取追随战略。但是"后发制人"并不是完全跟随，是为了先知，找到机会就要反超。不过"后发制人"战略也有一些缺陷，比如形象上会差一些。

🔖 **命题趋势**　这个部分是本章考查概率比较大的一个知识点。主要涉及两个战略，这两个战略有可能单独考，比如考名词解释"'后发制人'战略"，或者考简答题"论述'先发制人'战略的优点和缺点"。当然将两个战略结合考创新水平也是有可能的。

🔖 **答题技巧**　这个部分的考查，不管是单独就某一个战略进行考查，还是结合两个战略考查，都是对其优、缺点的考查，答题时先简单阐述战略定义，然后再对优缺点的要点展开论述。

182：创新方式的选择（名词解释、简答题、论述题☆☆）

1. 独自开发

不仅要求企业拥有数量众多、实力雄厚的技术人员，而且要求企业能够调动足够数量的资金。若能获得成功，企业可在一定时期内形成某种其他企业难以模仿的竞争优势，从而获得高额的垄断性利润。如果开发不能获得预期的结果，企业也将独自承受失败的痛苦。

2. 联合开发

企业可以与合作伙伴共同承担由此引起的各种风险。如果失败，企业将与合作伙伴一同分担各种损失；如果开发成功，可分享共同的成果，也有权从这种成果的利润中分享一份市场创新的利益。

影响企业在开发方式上选择的，不仅有企业自身的资源可支配状况以及开发对象的特点要求，还有对市场经济条件下竞争与合作的必要性认识的不同的深层次原因。

①竞争是市场经济的第一原则。

②将创新活动在一定范围内有组织地协调进行，不仅会带来资金节约，而且会大大加快成果形成的速度，对整个社会的技术进步带来更大的贡献。

③合作开发不仅可使合作各方共同承担巨额的开发费用以及与之相关的开发风险，而且由于优势的互补可以开发出独自进行时难以开发出的新技术。

④人们可能会认为，联合研究主要涉及通用技术或基础研究领域，因为只有在这些领域进行合作，然后在应用性研究方面进行竞争才会给各个企业带来最大利益。

⑤当然，合作研究的组织进行，不仅需要企业的积极主动，更需要政府的推动。

🔔 **理解贴士** 创新方式的选择是指具体怎么进行创新（两种），第一种叫"独自开发"，关起门来自己搞。第二种叫"联合开发"，敞开大门大家一起搞。独自开发属于那种"大赌大赢"的模式，赌注大，赢的回报也丰厚。风险很大的项目对于一些小企业来讲成本过高、风险过大，但是它们又想搞创新和研发，所以联合开发的方式可以让它们组团开发、抱团取暖。投资大家一起出，风险一起承担，损失各自分担，风险就降低了，但收益也相应降低，因为成功之后，要跟联合开发的合作伙伴一起共享成果。

✈ **命题趋势** 这部分在考试的时候，考得比较多的是名词解释，但是联合开发的考查概率更大一些。此外，也可能结合考简答题，或者和其他知识点结合考论述题。

✏ **答题技巧** 就名词解释来说，关键是对独自开发和联合开发这两个名词的含义的把握，一定要阐述清楚，而且要准确。对于简答题和论述题这种题型，在展开论述的基础上要注意格式。

📋 本章小结

> 技术创新这一章非常重要，其中有很多高频考点，前面也介绍过技术创新，技术创新可以说是企业创新的代名词或者同义词。所以当谈企业创新的时候，大部分都在讲技术创新。这体现在一道题上，叫作技术创新的源泉，有的学校考试时就把这个内容叫作创新的源泉，认为创新的源泉就是在讲技术创新的源泉，把二者等同，做题过程中碰到这种情况要多加留意。

课后真题

一、选择题

按照熊彼特的观点,企业家之所以能成为企业家,是因为其拥有( )。

A. 创新精神 B. 生产资本

C. 管理技能 D. 技术专利

【关键要点】创新的定义、熊彼特、企业家

【参考答案】创新是企业家的本质,熊彼特认为企业家就是创新者,通过创新来获得经济租金。企业家的创造活动包括创造新的产品,使用新的生产方法,开辟一个新的市场,获取新的供货来源以及实现新的组织形式。因此,本题正确答案为 A 项。

二、名词解释

产品创新

【关键要点】要素创新、产品创新、要素组合方法的创新、新产品的开发、老产品的改造

【参考答案】从生产过程的角度来分析,技术创新可以分为:要素创新、产品创新和要素组合方法的创新。

其中产品创新是技术创新的核心和主要内容,其他创新都是围绕产品的创新进行的。产品创新还包括两个方面:

①新产品的开发。利用新原理、新技术、新结构开发出一种全新型产品。

②老产品的改造。对产品的结构、性能、材质、技术特征等进行改进、提高或独创。

三、论述题

1. 熊彼特指出的创新活动主要有哪些?你认为可以做哪些补充?

【关键要点】创新、熊彼特、产品、技术、新的天地、原材料、新的管理方式、创新企业的组织结构、机械式组织结构、有机式组织结构

【参考答案】(1)创新活动。

经济学家熊彼特在其著作中提出创新的概念,企业能够通过不断地改变创新的形式来获得较高的利润,熊彼特将创新归纳为五个方面,这种归纳的方式也非常经典。第一,企业能够生产出一种新的属于自己的产品。第二,企业生产产品的时候利用的是其刚开发好的技术。第三,企业能够开辟一个新的市场,情况就会变得更明朗。第四,企业能够找到原材料的其他提供者,也算是一种创新方式。第五,企业开发和利用新的管理方式。即使用一种新的产品;运用一种新的生产方法;寻求一种新的供应来源;开辟一个新市场;实现一种新的生产制度。

(2)补充。

可以创新企业的组织结构。合适的组织设计既可以提供企业家所习惯的灵活性,同时,还具备企业高效运行所需要的刚性。企业家可以围绕工作专门化、部门化、指挥链、管理跨度、集权和分权程度、正规化六项关键要素来为创业型企业制定组织设计决策。这六项要素的决策将决定企业家设计一种更加机械的还是有机的组织结构。

①机械式组织结构的适用情形:成本效率对企业的竞争优势至关重要;需要对员工的工作活动进行更高程度的控制;企业将以一种常规方式来生产标准化的产品;外部环境相对稳定和明朗。

②有机式组织结构的适用情形:创新对企业的竞争优势至关重要;可以不采取严格的方法来划分

和协调各种工作的小型企业；企业以弹性设备或方法来生产定制产品；企业面临动态的、复杂的、不确定的外部环境。

2. 乔布斯有句经典名言：领袖和跟风者的区别就在于是否创新。而企业采取一种领先于对手的"先发制人"的战略，既能给企业带来贡献，也能给企业带来风险。请问"先发制人"战略给企业带来的贡献和风险分别包括哪些？

【关键要点】创新水平的选择、"先发制人"战略、良好的声誉、有利的市场地位、最有利的销售渠道、要素来源、垄断利润、高额的成本、需求与技术不确定性

【参考答案】"先发制人"是在行动上"先人一步"，目的是在市场竞争中"高人一筹"。先人一步行动，率先开发出某种产品或某种新的生产工艺，采用这种战略的意图是很明显的，即在技术上领先同行业内的其他企业，以获得市场竞争中至少是在某段时期内的垄断地位。

（1）"先发制人"给企业带来的贡献。

①可给企业带来良好的声誉。

先发制人可使企业树立起一种开拓者或领先者的形象或声誉。这种声誉是竞争者难以形成的。一旦某个企业在某个领域最先开发了某种技术，今后人们需要利用这种技术或购买与之相关的产品时，首先想到的将是这家企业。人们在评价这家企业时，也将主要是以技术领先者的形象去看待它。

②可使企业占据有利的市场地位。

在其他企业还未意识到之前，企业就已开发并进入了某个市场。显然，企业最先占领的也通常是最易占领的，并可给企业带来最为丰厚利润的市场区段。此外，最先进入市场的企业所采用的经营这种产品的方法有可能逐渐被整个行业所接受，并成为行业的标准。

③可使企业进入最有利的销售渠道。

任何产品都是经由已定的销售渠道被传达到消费者手中的。这种渠道虽然可能是企业自己专门建立的，但由于建立并维持一个专有渠道需要企业投入巨额的资金，因此利用一个存在于外部的通用渠道是比较普遍的选择。通用渠道的容量总是一定的，其不同部位表现出不同的吸引力。率先行动者自然可以选择最为有利的部位。不仅如此，率先行动者还可能利用先期进入的机会，与渠道签订排他性的合约，从而封锁后来者利用现存机构进入市场的通道，使后来者难以进入市场或至少会提高其进入市场的成本。

④可使企业获得有利的要素来源。

新的产品或新的产品制造方法可能需要企业利用新的生产资源。与销售渠道的进入一样，率先行动者可以获得最有利的原材料等要素来源，甚至可以与供货商签订排他性的要素供应协议。

⑤可使企业获取高额的垄断利润。

率先推出某种产品可使企业至少在初期成为这种产品的垄断生产经营者，从而可使企业以远远高出成本的价格将产品销售给那些对产品感兴趣的客户，当然，如果企业不愿自己生产，亦可将生产这种产品的技术专利以高价卖给对之感兴趣的企业。

（2）"先发制人"带来的风险。

①要求企业付出高额的成本。

市场上尚未出现过的产品，潜在用户尚未了解其功能特性，甚至不知道这种产品的存在，因此要开拓销路，企业必须投入大量的市场开发费用。率先行动的性质决定了企业不可能与其他同行分摊这笔费用。独自承担巨额的市场开发费用，将使企业处于一个非常困窘的两难境地：开发失败，将给企

业带来巨大的损失；开发成功，则从中获益的将不仅是企业自己，因为先行企业开发的不是自己的市场，而是整个行业的市场。显然，独自承担巨额的市场开发费用给企业带来的收益和风险是不对称的。

②需求的不确定性。

率先行动者虽然投入了大量的市场开发费用，但客户队伍能否形成，被唤醒的市场有多大容量，已表现出的需求可能朝什么方向变化，这些都是不确定的。特别是由于环境中众多因素的影响，已经表现出的需求也是经常变化的。这种不确定性使得先行企业以之为基础的技术开发和市场开发的活动具有更大的风险。与之相反，后期行动的企业则能以更新的、更确定的信息为基础，因而风险相对较小。

③技术的不确定性。

一方面，一种新技术，不论是关于产品的技术还是关于工艺的技术，在被实际运用之初都不是非常完善的，它只能在实际运用中逐渐成熟；另一方面，技术的变化不一定是连续的，而可能呈现出一种跳跃性的势态。由于这种非连续性，今天还是先进的技术，明天可能就落后了。当技术相对地确定，其变化沿着相对连续的路线前进时，率先行动的企业在时间上的领先便是一种优势，因为它可以不断地把从原有技术上学到的东西转移到新技术上去，从而可以始终在技术上保持领先状态。相反，不确定性和非连续性则给后来的追随者提供了机会。

3. 论述企业应如何确定技术创新战略方向并组织实施。

【关键要点】技术创新、战略实施、材料、产品、工艺、手段、先发制人、后发制人、独家进行开发、共同开发、管理、体制、文化

【参考答案】（1）技术创新是企业创新的主要内容，企业中出现的大量创新活动是有关技术方面的。技术水平是反映企业经营实力的一个重要标志，企业要在激烈的市场竞争中处于主要地位，就必须顺应甚至引导社会技术进步的方向，不断地进行技术创新。技术创新一方面通过降低成本使企业的产品更具价格竞争优势，另一方面通过增加用途、完善功能、改进质量等在整体上推动企业竞争力不断提高。可以说，技术创新是增强企业市场竞争力的重要途径。企业的技术创新主要表现在要素创新、要素组合方法的创新以及产品创新三个方面。

（2）任何企业都在执行一套符合自己特点的技术创新战略。这种战略可能是有意制定的，也可能是在无意识中形成的，在后一种情况下，技术创新战略是一系列选择的综合结果。这些选择一般涉及创新的基础、创新的对象、创新的水平、创新的方式以及创新实现的时机等多个方面。

①创新基础的选择需要解决在何种层次上进行组织创新的问题：利用现有知识，对目前的生产工艺、作业方法、产品结构进行创新。

②技术创新主要涉及材料、产品、工艺、手段等不同方面。

③创新水平的选择主要是在行业内相对于其他企业而言的，需要解决的主要是在组织企业内部的技术创新时的战略选择问题，是采取一个领先于竞争对手的"先发制人"的战略，还是实行"追随他人之后"，但目的仍是"超过他人"的"后发制人"的战略。

④创新方式包括利用自己的力量独家进行开发，或者与外部的生产、科研机构联合起来共同开发。

（3）技术创新的成效如何，与管理、体制、文化等密切相关。在有些情况下，后面的因素还可能转化为主要的矛盾。技术创新不是将资金、设备、技术人员简单放在一起就能实现的。如何使资金和设备有效利用、人员合理搭配，如何将研究人员的积极性调动起来，使他们的能力正常发挥，甚至超常发挥，需要在管理上下功夫。

第二十章 企业组织创新

知识导图

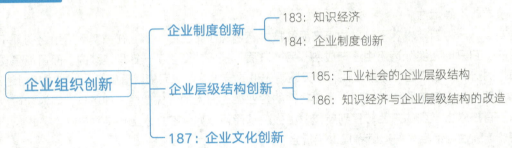

学习提示

1. 结构体系方面

本章主要包括三个部分：企业制度创新（知识经济、企业制度创新）、企业层级结构创新（工业社会的企业层级结构、知识经济与企业层级结构的改造）、企业文化创新。

2. 重难点方面

本章的重点在于对知识经济这个时代背景的把握，要在这个基础上认识其对于企业的影响，如制度的创新、结构的改造以及企业文化的创新，都是对于企业寻求发展的体现。

3. 注意事项

这部分内容涉及工业社会和知识经济社会的对比，在对比的基础上理解创新。

知识切片

183：知识经济（简答题、论述题☆☆☆）

知识经济可能表现出以下三个方面的基本特点：

（1）知识要素在企业生产经营活动中的重要性大大提高。

（2）生产者与最重要的生产要素的重新结合。

（3）由于信息技术的广泛运用，知识创新和传播的速度大大加快。

🔔 理解贴士　企业组织创新是有一个大背景的，就是知识经济。其有三个方面的特征：第一个方面是知识要素的重要性越来越高。要素是指进行生产经营活动必备的东西，比如原材料、土地、人力，现在知识也属于要素，而且越来越重要。第二个方面是生产者和知识开始重新结合。第三个方面是信息技术的应用，信息传递速度很快，这个是知识经济的一个典型特点。

🔖 **命题趋势**　这部分内容在考试中，一方面，可能就具体的内容考知识复现类型的题目，比如简答题；另一方面，可能和其他知识点结合考查，仅作为一个背景内容，比如出现在综合性的论述题中。

🔖 **答题技巧**　知识复现类型的题目考查，答题时围绕具体的要点阐述清楚内容即可。在综合性的大题中，这部分内容只是一个分析的点，要注意答题结构。

184：企业制度创新（简答题、论述题☆☆）

人们在企业中的**两类活动**。

①人作用于物的活动；②一些人作用于另一些人的劳动。

在由工业社会蜕变而来的知识社会中，知识正变为最重要的资源，企业内部的权力关系正朝向知识拥有者的方向变化，企业的制度结构正从"资本的逻辑"转向"知识逻辑"。

🔖 **理解贴士**　制度创新是指制度和原来不一样，发生了变化，本质上其实是前面所讲的主要的制度结构特征，比如权力的分配、利益的分配。工业社会中资本是最重要的，生产经营过程就是资本和劳动结合的过程。现今时代改变，是知识经济的背景条件。这里企业中的两种活动，就是在讲知识的重要性，有两种知识，一种是与操作有关的知识，另一种是与其他有关的知识。人作用于物的活动就是用工具干活，人作用于人就是人管人。

🔖 **命题趋势**　这部分的内容在考试中，单独考查比较容易出简答题，也有可能和其他知识点结合考论述题。

🔖 **答题技巧**　如果单独考简答题，则答题时按照关键点阐述清楚内容即可。如果和其他知识点结合考，要注意答题内容的逻辑层次和连贯性。

185：工业社会的企业层级结构（简答题☆）

层级结构曾是人类组织结构的伟大创新，其**特征**如下：
（1）直线指挥，分层授权。
（2）分工细致，权责明确。
（3）标准统一，关系正式。
①作业方法的标准化；②企业政策的一致性。

许多企业采取的是事业部制，实际上也是层级结构，事业部制企业可以被视为传统的直线组织的联盟。

🔖 **理解贴士**　这部分讲的是原来工业社会是什么样子，现在知识经济时代是什么样子，两方面进行对比来体现它的创新性。工业社会层级结构是用来规范参与者的关系和行为的，参与者不管是管理者还是被管理者，都要服从这种工业社会层级结构所规定的关系制度。

🔖 **联系拓展**　组织结构的变革，其实就是讲这个层级结构怎么调整，和层级结构的创新有点像。

🔖 **命题趋势**　这部分在考试中出题考查的概率不是很大，基本上不怎么涉及，结构类的题目都集中在组织结构形式那一部分。

🔖 **答题技巧**　如果出题考查的话，这部分的答题以要点为主，然后在关键词的基础上展开论述。

186：知识经济与企业层级结构的改造（简答题、论述题☆☆）

1. 网络结构的主要特征

（1）网络结构在构成上是由各工作单位组成的联盟，而非严格的等级排列。
（2）企业成员在网络组织中的角色不是固定的，而是动态变化的。
（3）企业成员在网络结构中的权力地位不是取决于其职位（因为职位大多是平行的，而非纵向排列的），而是来自他们拥有的不同知识。

2. 网络化的层级组织的三个相互对立的特点的统一

（1）集权和分权的统一。
（2）稳定与变化的统一。
（3）一元性与多元性的统一。

💡 **理解贴士** 知识经济的背景下，企业的层级结构的改造其实就是企业结构的创新。进行组织结构的改造的原因主要有两方面：第一个方面是消费者的需求不断变得多样化和个性化，需求越来越复杂。第二个方面是企业经营的环境越来越复杂，而且越来越不稳定，动态性越来越强。组织层级结构的创新，就是组织进行网络化的改造，用网络化来补充层级结构，并不是完全抛弃层级结构。只不过原有层级结构有很多问题，很僵化，层级太多，不能适应环境的动态性和复杂性，用网络结构来补充，而不是完全替代。所以这其实是一种融合。

📌 **命题趋势** 考试的时候涉及这部分的考查，以简答题为主，也有可能结合其他知识点考论述题。

🔑 **答题技巧** 对于简答题的考查，答题的时候结合知识点，还是以要点为主，在罗列要点的基础上作答。论述题的考查，综合性比较强，答题的时候要灵活处理。

187：企业文化创新（简答题、论述题☆☆☆）

企业文化的功能是在<u>企业制度和层级结构不能触及的地方</u>发挥作用。

1. <u>工业社会中企业文化的功能与特点</u>

（1）企业文化是作为企业经营的一种副产品而出现的。
（2）企业文化基本上反映了企业组织的记忆。
（3）企业文化作为一种辅助手段发挥作用。
（4）企业文化是一元的。

2. <u>知识经济与企业文化创新</u>

正在到来的知识经济将改变工业社会企业文化的基础，从而给企业文化带来以下<u>四个方面的</u>调整：

（1）企业文化将成为知识经济条件下企业管理的重要的，甚至是主要的手段。
（2）企业文化将是人们自觉创造的结果，而不是企业生产经营中的一种副产品。
（3）作为人们自觉行为结果的企业文化主要不是记忆型的，而是学习型的。
（4）企业文化将在强调主导价值观与行为准则的同时，允许异质价值观和行为准则的存在。

💡 **理解贴士** 在企业中，有制度和层级结构对员工的行为进行规范和约束，员工会遵守，但其工作的效率不一定高，甚至是低的，对于这个问题，企业文化的作用就体现出来了。工业社会的企业文化特点：第一，在很长一段时间，人们都没有意识到还有企业文化。第二，基本上反映了组织的记忆，大家在一起工作时间长了之后，彼此之间相互影响，形成了共同记忆。第三，企业文化是一种辅助的而不是主要的手段。第四，企业文化是一元的，就是只有领导那一元，领导说了算。

知识经济时代有四个方面的调整：第一，是在知识经济的时代，要靠文化进行管理。第二，是企业现在就要营造企业文化。第三，新知识经济的企业文化是有记忆的，但更多的是学习型的，大家在不断地分享知识、分享信息。第四，趋同的价值观有的时候不太容易产生创新，所以允许异质价值观的存在。

📌 **命题趋势** 这个部分越来越重要，考查的概率越来越大，很有可能考查简答题。

🔑 **答题技巧** 这部分内容主要是对不同背景下的企业文化进行介绍，答题时把握好这两个方面，然后对具体的要点在罗列的基础上适当地拓展阐述即可。

本章小结

本章介绍的企业组织的创新，就是对于时代变化下的企业组织的特点的介绍。相较于工业社会的企业组织形态，在知识经济时代，企业要顺应时代的发展，适应外部环境，需要做出哪些方面的变化，也就是要做出哪些调整，针对哪些内容进行创新。考试的时候要注意，知识点和时代背景可能结合考查。

课后真题

一、简答题

1. 简述创新文化的特点。

【关键要点】挑战、自由、信任、创意、乐趣、冲突、辩论、冒险

【参考答案】任何成功的组织都需要一种支持创新的文化。瑞典学者戈兰·埃克瓦尔认为，创新文化主要有以下特征：

（1）挑战和参与。对于组织的长期目标和成功，员工是否给予认同、为其投入且受其激励？

（2）自由。员工是否能够独立定义他们的工作，实施自由决定权，并且在日常工作中采取创新的态度？

（3）信任和开放。员工是否相互支持和尊重彼此？

（4）创意时间。员工在采取行动之前是否有时间寻找新的创意？

（5）乐趣或幽默。工作场所是否是随意的和有趣的？

（6）冲突的解决。员工在做出决策和解决问题时是基于组织的利益还是个人的利益？

（7）辩论。是否允许员工表达意见和提出参考建议？

（8）冒险。管理者是否愿意承受不确定性和模糊性？员工是否会因冒险而受到奖励？

2. 什么是创新？对管理者有什么影响？

【关键要点】思想指导下的实践、原则指导下的具体活动、创新企业管理理念、国际竞争力、企业的生存能力

【参考答案】创新首先是一种思想及在这种思想指导下的实践，是一种原则以及在这种原则指导下的具体活动，是管理的一种基本活动，是在特定的时空条件下，通过计划、组织、指挥、协调、控制、反馈等手段，对系统所拥有的生物、非生物、资本、信息、能量等资源要素进行再优化配置，并实现人们新诉求的生物流、非生物流、资本流、信息流、能量流的活动。

在知识经济时代，创新是核心，没有创新，企业也就失去了核心竞争力，必须不断创新企业管理理念，强化企业管理方面的意识，为企业不断提高自身的国际竞争力提供理论指导，使企业在激烈的市场竞争中能够立于不败之地。管理创新在企业发展中具有重大的和多方面的作用：提高企业的生存能力，提高企业经济效益；降低交易成本；提高专业的发展能力；提高企业的环境适应能力；提高企业的竞争力，等等。

3. 简述制度创新的主要内容。

【关键要点】所有者、经营者、劳动者、权利、出资人制度、法人财产权制度、所有者权益制度、法人治理结构、配套制度

【参考答案】企业制度创新的方向是不断调整和优化企业所有者、经营者、劳动者之间的关系，使各个方面的权利和利益得到充分的体现，使组织的各种成员的作用得到充分的发挥。我国企业制度创新主要在以下几个方面：

（1）建立出资人制度。变国有企业为国家投资企业，经过资产评估或清产核资，量化对企业投资的总量，国家对国有资产的管理从委托、授权转变为运营和投资。政资分离后，那些代表国家专营国有资产的部门、控股公司、资产运营公司承担出资人的有限责任。

（2）建立法人财产权制度。企业总资产一方面来自出资人；另一方面来自债权人，企业具有对总资产所表现出来的如资金、物资、人力、设备、物业等多种资源形态的优化处置、组合权力，以其达到资产增值和扩充的目的。

（3）所有者权益制度。国有出资人对投资企业，已经组织起集团的母公司对控股子公司，充分建立起所有者权益制度，它表现为对经营者选择的控制、对投资回报的控制、对重大经营决策的控制。

（4）建立法人治理结构。科学地规范和健全企业的治理结构，实现股东会、董事会、经理层的各司其职、相互制约是企业领导体制的重大变革。

（5）企业的配套制度。主要指与制度创新的配套展开相关的基本制度，如人事制度、分配制度、财务制度、投资管理制度等。

二、论述题

1. 影响企业制度创新的因素是什么？

【关键要点】企业制度的创新；知识要素、生产要素的重新结合；信息技术；知识创新

【参考答案】在知识经济时代世界经济一体化的大趋势下，科学技术日新月异，企业内外生存发展环境瞬息万变。特别是人类知识总量的爆炸式增长，企业知识存量的快速增加，知识在企业发展中的基础作用日渐增强，这就迫切要求企业建立起一套能适应知识经济时代要求的新的原则和结构，即实现企业制度的创新。影响企业进行制度创新的因素包括以下几个方面：

（1）知识要素在企业生产经营活动中的相对重要性大大提高。资本的相对稀缺性、资本的货币形态的可转换性等特点决定了资本是工业社会的重要的生产要素。资本市场的发展、融资手段的不断完善以及与此同时企业生产过程的渐趋复杂使得知识正逐渐取代资本成为企业生产经营的第一要素。

（2）生产者与最重要的生产要素的重新结合。产业革命的发展伴随着劳动生产者与物质生产条件的分离。由于某种原因被剥夺了物质生产条件的劳动者只能通过出卖自己的劳动力来谋求生存条件，从而为工业经济的发展提供大量的廉价劳动力。整个工业经济时代，企业组织的构造都是以劳动者与其物质生产的分离为基本假设的。当知识成为最重要的生产要素后，情况就发生了变化：知识经济时代，企业的组织设计不能不考虑知识的这种特点以及由此决定的劳动者与其最重要的生产要素重新组合的现象。

（3）信息技术的广泛应用，知识创新和传播的速度大大加快。从某种意义上说，任何知识都是与人的活动有关的。与企业经营有关的知识是在企业经营过程中生成与发展的。知识形成、积累、创新的速度影响着企业生产过程的组织方式，影响着不同知识所有者的相对重要性，从而决定着企业参与者在这个过程中的相互关系。信息技术的广泛运用加速了知识的生成与发展进程，从而引导着企业的制度创新。

因此，在从工业社会蜕变而来的知识社会中，知识正变为最重要的资源，企业内部的权力关系正

朝向知识拥有者的方向变化，企业的制度结构正从"资本的逻辑"转向现在的"知识逻辑"。权力派生于知识（特别是协调知识）的供应，利益（经营成果的分配）由知识的拥有者所控制正逐渐成为后工业社会或知识社会的基本特征。

2. 如何通过强文化激发创新？

【关键要点】组织文化、创新的激发、价值观行为准则、传统习俗、做事的方式、感知、描述性术语、接受模棱两可、容忍不切实际、外部控制少、接受风险、容忍冲突、结果基于手段、开放系统、正面反馈

【参考答案】（1）组织文化是组织成员共有的价值观行为准则、传统习俗和做事的方式。它在很大程度上影响了员工的行为。在多数组织中，这些重要的共有价值观和惯例会随着时间演变，在很大程度上决定了员工对组织经历的认知及他们在组织中的行为方式。组织文化将影响员工的行为，并会影响他们如何看待、定义、分析和解决问题的方式。

（2）组织文化定义有三个方面的含义：

首先，文化是一种感知，个人基于在组织中的所见、所闻和所经历的一切来感受组织文化。

其次，尽管个人具有不同的背景或处于不同的等级，他们仍往往采用相似的术语来描述组织文化。这就是文化的共有方面。

最后，组织文化是一个描述性术语。它与成员如何看待组织有关，而无论他们是否喜欢其组织。它是描述而不是评价。

（3）可以通过以下强文化的几个方面来激发创新：

①接受模棱两可。过于强调目的性和专一性会限制人的创造性。

②容忍不切实际。组织不抑制员工对"如果……就……"这样的问题做出不切实际的回答。

③外部控制少。组织将规则、条例、政策这类控制减少到最低限度。

④接受风险。组织鼓励员工大胆试验，不用担心可能失败的后果。错误被看作学习的机会。

⑤容忍冲突。组织鼓励不同的意见。个人和单位之间的一致认同并不意味着能实现很高的经济绩效。

⑥注重结果基于手段。提出明确的目标后，个人被鼓励积极探索实现目标的各种可能途径。

⑦强调开放系统。管理当局时刻监控环境的变化并随时做出快速的反应。

⑧正面反馈。管理者应当提供正面的反馈、鼓励和支持，这样员工就会感受到自己的创造性想法得到了关注。

结束语　展望互联网时代的管理学

知识导图

- 展望互联网时代的管理学
  - 科学技术革命与管理学
    - 188：互联网的力量之源
    - 189：互联网的基本特征
  - 190：互联网对管理学的挑战
  - 未来的管理
    - 191：智能制造
    - 192：未来的管理

学习提示

1. 结构体系方面

这部分内容主要包括三个方面：科学技术革命与管理学（互联网的力量之源、互联网的基本特征）、互联网对管理学的挑战、未来的管理（智能制造、未来的管理）。

2. 重难点方面

主要是对于互联网的认识，尤其是互联网对于管理学的影响，也就是所谓的挑战，这是学习的重点。

3. 注意事项

对于未来的管理，这里主要是介绍基于智能制造下的智能管理。

知识切片

188：互联网的力量之源（简答题☆）

互联网的力量来源于<u>连接和融合</u>。互联网通过其基础设施——云、网、端把万事万物连接和融合起来。

（1）"云"是指云计算、大数据等基础设施。

（2）"网"是指用宽带连接的各种<u>互联网</u>，包括社交互联网、服务互联网、消费互联网及工业互联网等物联网。

（3）"端"是指用户直接接触的个人计算机、移动设备（手机、平板）、可穿戴设备、传感器等，及以软件形式存在的各种应用。"端"既是用户获得各种服务的界面，也是产生各种信息数据的来源。

互联网深刻地改变了人们的思维模式，不仅会极大地促进社会生产率的提高，而且将对社会的变革与发展产生了深刻而久远的影响。

💡 **理解贴士** 互联网其实是信息化的一个高级阶段。互联网为什么能推动社会的发展，是因为连接和融合。所以互联网时代就是不断连接，把人与人通过网络的方式连起来。互联网所谓的基础设施叫作云、网、端。互联网思维就是事物与事物之间是相互联系的。

📌 **命题趋势** 这个部分单独出题考查的可能性不是很大，如果出题也是以简答题为主。

🖊 **答题技巧** 在答题方面，重点就是阐述连接和融合的基础设施云、网、端，围绕关键词阐明清楚即可。

189：互联网的基本特征（简答题、论述题☆☆）

就以移动互联网与工业化时代及以个人计算机连接为基础的传统互联网比较而言，移动互联网的消费者至少具有以下基本特征：

①移动化；②在线化；③去中心化；④平台化；⑤个性化；⑥数据化。

以上六大特征形成了互联网思维模式的核心——全连接和零距离。由企业推广到全社会，一切组织的思维模式、管理模式都应以互联网时代的特征为基础进行重构。

💡 **理解贴士** 第一个特征是移动化，就是移动互联网，典型特点就是手机上网的人越来越多。第二个是在线化，一直在线，没有下线的状态，打破了人们休息和工作的界限。第三个是去中心化，这是互联网的一个非常显著的特点，是推荐算法算出来的。第四个是平台化，互联网的本质就是建立一个四通八达的平台，比如淘宝，就是在线购物的一个基础设施。第五个是个性化，因为每个人在平台上关注的都不一样，每个人都有自己需要的东西。第六个是数据化，数据化的参数核心理念就是一切都被记录，一切都是数字化的。

📌 **命题趋势** 在考试中特征类的内容是简答题考查的主体，所以这个部分如果单独考查可能会出简答题，或者会和其他知识点结合考论述题。

🖊 **答题技巧** 这个部分的内容，不管是单独出题考查，还是和其他内容结合考查，作答都是对这六大特征进行阐述，每个特征的具体内涵适当展开即可。

190：互联网对管理学的挑战（简答题、论述题☆☆）

1."标准化、大批量生产"受到"定制化生产"的挑战

2."官僚组织理论"受到"全连接和零距离"的挑战

马克斯·韦伯在其专著《社会组织和经济组织的理论》中，为社会发展提供了一种高效率、合乎理性的管理体制。他认为理想的组织应符合以下四项原则：

（1）以合理合法的权力为基础，否则任何组织都不能达到自己的目标。

（2）组织的基本功能是提高效率，必须按分工、分层的原则确定每个岗位的职责与权力。

（3）在官僚组织中，上级不能滥用个人职权，组织成员应严格按法律和规章制度的规定进行工作和业务交往，必须公私分明。

（4）组织成员应凭借自己的专长、技术能力获得工作机会，享受工作报酬。按照官僚组织理论组成的金字塔形的组织结构，在业务工作中，下级必须服从上级。官僚组织高层领导从上而下地发布命令、指示，基层自下而上地反馈执行。

3."企业边界"受到"交易费用趋零"的挑战

在产品的整个生产链中，每个生产阶段之间的协作都会发生交易费用，企业把"外部活动内部化"

就是为了节约交易费用，即以费用较低的企业内交易代替费用较高的市场交易。

4. 传统的商业模式与业态受到极大的挑战

（1）商业特别是零售业受到网购电商的挑战。
（2）金融业受到商家自办在线支付系统的挑战。
（3）制造业受到共享经济的挑战。

理解贴士 关于第一个方面的挑战，原来的这种标准化、大批量的生产受到了定制化的挑战。这个也要联系现在的市场变化。需求的个性化、需求的多样性倒推到生产的层面就是定制化生产。关于第二个方面，原来的官僚组织理论受到了挑战。官僚组织理论是马克斯·韦伯提出来的，设计了一种组织体系，这种组织体系其实就是对泰罗的科学管理，以及法约尔的组织管理理论的实际践行。原来都是一级管一级，因为信息传递的速度可能没那么快，现在可能直接就管了，叫全连接、零距离，是一种网状的组织结构。关于第三个方面，就是企业边界受到了交易费用趋零的挑战。企业边界就是企业的业务范围，交易成本作为衡量这个企业要不要把某一块纳入自己的范围的一个衡量标准，基于这样的理论，现在交易成本没有了，不用考虑协作的成本。关于第四个方面，是传统的商业模式与业态受到极大挑战。比如零售业受到电商的挑战，金融业务受到在线支付的挑战，制造业受到共享经济的挑战。

命题趋势 这部分要注意的是，考试的时候出题方式灵活多变，比如"互联网对我们现在的管理活动有什么样的挑战？"其实也是在考这部分内容。

答题技巧 这里主要介绍了四个方面的内容，在答题的时候主要也是对这四个方面的内容进行阐述，每个内容都有关键的要点，要阐述清楚，另外就是整体结构要保持统一。

191：智能制造（名词解释☆☆）

1. 智能制造的定义

智能制造是人工智能和制造技术相结合的系统。人工智能是指由人类创造并具有与人类智能相似功能的智能机器。智能制造的三个根本问题：

（1）技术基础是新一代信息技术。
（2）内容是所制造产品的全生命周期。
（3）对人工智能技术要求的目标是自感知、自决策、自执行。

智能制造是制造业升级转型的方向，实行智能制造的优点十分明显，可以使产品更加满足用户的需求，产品质量和生产效率能得到大幅度地提高，生产资源的消耗和产品成本能得到大幅度地下降。

2. 智能制造的组成

（1）智能产品设计系统（产品的三维模型正在取代二维图纸）。
（2）智能装备与工艺系统（增材工艺，如 3D 打印）。
（3）智能生产系统（按智能化程度可分为柔性制造系统、可重构制造系统及适应性制造系统）。
（4）智能服务系统（提供在线监测、故障预测与诊断、远程升级等增值服务）。
（5）智能制造模式（以生态系统的方式组织制造、产品生态系统、全产业链生态系统）。

理解贴士 智能制造，就是把智能的元素加入制造的过程中。关键定义叫智能制造，是将人工智能技术和制造技术结合。各个制造企业有各自的制造技术，人工智能技术指的是 AI，是具有和人类智慧相似功能的机器，人类智慧是能收集信息、能判断、能思考。人工智能又分为计算智能、感知智能和认知智能。现今的计算机就具备计算智能，叫作计算和存储记忆的能力。感知智能是视觉、听觉、嗅觉、触觉，这是靠传感器来实现的。传感器，比如摄像头、声音传感器都能实现，这叫感知智能。认知智能是比较高级的，它能够进行分析，进而能够自主决策。

◆ **命题趋势** 因为这是一个比较新的概念,有可能考名词解释,考查概率还是比较大的。考大题的概率不是特别的大。

◆ **答题技巧** 重点是掌握基本的概念,答题的时候围绕关键词和关键要点展开,进行论述即可。

192:未来的管理(简答题☆☆)

智能管理是在现代化管理基础上,应用新一代信息技术,人与智能机器人、智能机器合同协作,共同实现管理职能的管理系统。

智能管理具有以下特征:

(1)以现代化管理为基础。

(2)拥有与万物互联的网络。

(3)拥有高质量的"海量"数据。

(4)实行产品全生命周期管理。

(5)不断涌现创新的商业模式。

(6)在新的智能管理模式中,人与智能机器人、智能机器合同协作,融为一体。

◆ **理解贴士** 未来管理学要往哪个方向走,这是对未来的一个展望。未来的管理是在智能制造的环境下进行的,也就是智能管理。原来的理论与新的技术、人和智能机器配合,这是未来的管理的形态。特征:①不是完全颠覆现在的理论,而是在现有的基础之上进行升级和改造,以适应新的这种智能制造的环境;②未来的智能管理一定是基于5G、大数据、云计算、物联网等的,因为是以互联网为基础的万物互联的时代;③真正有海量的数据,而且数据唾手可得;④产品从开发一直到销售服务整个过程的管理,是更系统、更全面、更有价值的管理;⑤不断地翻新,也是商业发展的必然;⑥人与智能机器要合作、要协同、要融为一体。

◆ **命题趋势** 倾向于考名词解释,也有可能考简答题,可能要求论述智能管理以及相关的特征。

◆ **答题技巧** 答题的时候,重点在于对包含的六个特征的介绍,以特征的要点为主,具体内容适当地展开阐述即可。

本章小结

本章是结束语部分。互联网的特征作为我们现在生活、工作、学习、经济发展的一个基本特征,需要大家了解,考试的时候不一定在某个知识点上单独出题考查,但是很多时候在答题的过程中可能会成为补充性的内容,特别是出现在开放性的题目中。

课后真题

一、名词解释

1.智能制造

【关键要点】人工智能和制造技术相结合、新一代信息技术、全生命周期、自感知、自决策、自执行

【参考答案】智能制造是人工智能和制造技术相结合的系统。人工智能是指由人类创造并具有与人类智能相似功能的智能机器。智能制造有三个根本问题:

①技术基础是新一代信息技术。

②内容是所制造产品的全生命周期。

③对人工智能技术要求的目标是自感知、自决策、自执行。

2. 互联网+

【关键要点】信息技术、移动互联网、云计算、大数据技术、互联网思维、改革、创新、发展

【参考答案】"互联网+"是以互联网为主的一整套信息技术（包括移动互联网、云计算、大数据技术等）在经济、社会生活各部门的扩散、应用过程。它是互联网思维的进一步实践成果，推动经济形态不断地发生演变，从而带动社会经济实体的生命力，为改革、创新、发展提供广阔的网络平台。

二、简答题

论述互联网环境对管理工作的影响。

【关键要点】知识、基本要素、强大的竞争力、数据的数量和处理速度、一切皆可量化、一切皆可预测、网状组织、虚拟管理模式、"叠加式"定制、智能化管理

【参考答案】互联网环境对管理工作的影响主要体现在：

（1）互联网环境下，知识将和企业的固定资产、人力资源一样，成为生产过程中的基本要素，成为一切创新取之不竭的源泉，成为国家和企业最为强大的竞争力。

（2）互联网环境下，数据的数量和处理速度将会大大提升，一切皆可量化，一切皆可预测，对管理活动的定量预测提出了更高要求。

（3）互联网环境下，开放的网状组织将取代自上而下的金字塔形层级组织，组织间的联系方式更加多样化。

（4）互联网环境下，由互联网联结的虚拟管理模式，将逐步地取代各自独立的集中生产的实体模式。

（5）互联网环境下，集中的大规模"减成法"生产将向分散的"叠加式"定制生产转变。

（6）互联网环境下，智能化管理将在愈来愈多的领域取代人工管理。

三、论述题

1. 互联网对企业管理的挑战以及如何应对或者创新？

【关键要点】定制化生产、全连接和零距离、交易费用趋零、商业模式与业态、以用户为中心、知识要素管理、柔性管理

【参考答案】互联网对企业管理的挑战：

（1）"标准化、大批量生产"受到"定制化生产"的挑战。

工业革命时代生产的基本特点就是标准化、大批量，因为那个时代人们追求的是高效率、高质量和低成本。泰罗科学管理的核心内容是动作研究和时间研究，其目标是制定出高效率的、标准的操作方法和标准的工艺流程，保证按时完成工作任务。

互联网时代是以客户为导向的定制化生产，并没有在本质上颠覆标准化和大批量生产的管理理论。相反，这对管理工作提出了更高的要求，用互联网平台营销，用智能化设备生产，用模块化管理生产，就可在更高层次上实现标准化、大批量、高效率，充分满足客户要求的B2C生产。

（2）"官僚组织理论"受到"全连接和零距离"的挑战。

官僚组织理论是管理学最重要的理论之一，它既论证了一种组织结构，又阐述了一种管理方式。马克斯·韦伯在其专著《社会组织和经济组织的理论》中，为社会发展提供了一种高效率、合乎理性的管理体制。他认为理想的组织应符合以下四项原则：

①以合理合法的权力为基础；②组织的基本功能是提高效率，必须按分工、分层的原则来确定每

个岗位的职责与权力；③在官僚组织中，组织成员应严格按法律和规章制度的规定进行工作和业务交往，必须公私分明；④组织成员应凭自己的专长、技术能力获得工作机会，享受工作报酬。按照官僚组织理论组成的金字塔形的组织结构，在业务工作中，下级必须服从上级。官僚组织高层领导从上而下地发布命令、指示，基层自下而上地反馈执行。

在互联网时代，传统的官僚组织将严重影响工作效率和基层创造力的发挥。官僚组织需要与时俱进，按实际需要不断改革进化。总的改革方向：减少层级，下放权力，尽可能使组织结构更加扁平化、更加灵活。

（3）"企业边界"受到"交易费用趋零"的挑战。

"企业边界"一般是根据美国经济学家科斯所称的交易费用确定的。科斯及其追随者认为，企业规模的大小要受到交易费用和资产的专用性的影响。科斯发现，在产品的整个生产链中，每个生产阶段之间的协作都会发生交易费用，企业把"外部活动内部化"就是为了节约交易费用，即以费用较低的企业内交易代替费用较高的市场交易。

在互联网时代，企业与企业之间、企业与用户之间可以借助互联网轻松地实现全球"全连接和零距离"的信息沟通，因此大大降低了市场交易费用，甚至使之趋近于零。为无数有意创业、创新者提供了方便。中、小企业甚至一个人的小微企业，都将在互联网平台的支持下，如雨后春笋般蓬勃发展起来。当然，即便交易费用趋近于零，大企业也依然有存在的必要。在互联网时代，大企业既可以充分发挥已有品牌和资产的强大威力，也可以整合企业内外的各种创新资源和创新力量实现超速度的发展。

（4）传统的商业模式与业态受到极大挑战。

在互联网发展的基础上，产生了许多新的商业模式，出现了许多新业态，使许多传统行业受到极大挑战。

①商业特别是零售业受到网购电商的挑战。

②金融业受到商家自办在线支付系统的挑战。

③制造业受到共享经济的挑战。

应对与创新：

（1）管理理念创新从以厂商为中心到以用户为中心。

互联网时代，企业生存和发展的权利不取决于企业而取决于用户，用户的需求正日益呈现出碎片化、个性化、体验化的特点。为此，企业必须突破原有的商业模式，对市场、用户、产品、企业价值链乃至整个商业生态进行重新审视和思考，进行管理理念的创新。在互联网时代，新的管理理念提出了开放、融合、协同、共赢的新要求，实现由生产型向服务型转变，由以厂商为中心的，转变为以消费者为中心、个性化营销、柔性化生产和精准化服务的模式，并使企业与员工、产业链的上下游、合作者甚至竞争者等相关方成为利益有机体，实现商业生态系统的有效协同和共赢发展。

（2）管理模式创新从生产要素管理到知识要素管理。

随着互联网时代的到来，企业越来越深刻地意识到需要从物料生产转移到以智慧为基础的服务，知识要素因在其自身作用下，可以通过技术创新、流程再造等方式，发掘和创造市场需求的蓝海，引起并产生更多的创新，从而达到报酬递增。因此，在互联网时代，企业应利用大数据支持、采集和分析，将信息技术和科研、运营、管理深度融合，对上下游产业链、客户需求、成本管理、生产管理、业务流程管理等多个环节进行管理手段更新，提高研发效益，增强研发能力；促进企业的管理方式从生产要素管理向知识要素管理转变。

（3）组织架构创新从金字塔式等级制垂直管理到网状扁平化水平管理，在互联网广泛应用和普及的经济背景下，企业管理是靠在第一时间对新发现的市场需求做出反应，提供市场所需要的专业研究、专门销售和咨询服务。在这种情况下，企业若沿用传统的金字塔型层级结构，就无法对外来信息做出快速反应，因此企业管理层次必须减少，把原来金字塔型的组织结构扁平化、信息化。

（4）人才管理创新从制度约束到柔性管理。

全球化影响下，资本、技术、智力的全球流动与扩散，个人再也不是"机器上的一颗螺丝钉"，而是作为企业中最基本的单位，具有创造性的积极力量，能够推动企业的发展，这就越来越需要一种与之匹配的人才管理创新模式。

柔性管理应运而生，其本质上是一种以人为中心的管理模式，它不依赖于上级的发号施令、严格的规章制度或固定的组织结构进行管理，而是在尊重员工的个人尊严与人格独立的前提下，再提高广大员工对企业的向心力、凝聚力与归属感。

2. 大数据对管理有哪些影响？

【关键要点】基本要素、一切皆可量化、一切皆可预测、网状组织结构、虚拟管理模式、"叠加式"定制生产、智能化管理

【参考答案】人们已经进入大数据时代，大数据正以风驰电掣的速度奔腾而来，给我们调整产业结构，提高生产效率，实行现代化管理提供了绝佳的机遇。但是与此同时，也给管理带来了一些严峻的挑战。

（1）大数据时代，数据将和企业的固定资产一样成为生产过程中的基本要素，成为一切创新取之不尽的源泉，成为国家和企业最强的竞争力。信息时代不仅仅是劳动生产率的竞争，便是知识生产率的竞争。数据只要提供产生的背景，信息经过提炼，找出变化规律，就成为创新知识，应用新知识指导管理实践，就能创造出新的价值、效用和利润。

（2）大数据时代，一切皆可量化，一切皆可预测。大数据的核心就是预测。特别是在管理学中，管理者不再只是依靠简单的随机抽样的样本预测企业的生产经营情况，而是通过对大数据的总体进行分析预测，这样便会得到更多惊人的结果。

（3）大数据时代，开放的网状组织结构将取代自上而下的金字塔形层级组织。自上而下的金字塔形层级组织是人类社会自古以来的管理模式，一切的数据和信息的要求都是自上而下地层层传达，再自下而上的层层上报、汇总、综合分析。处于金字塔上层的管理者才能获得全面而完整的信息。大数据时代，管理人员都可以公开而透明地从网络中获得相同的信息，通过自己的综合分析得出各自的结论。

（4）大数据时代，由互联网连接而成的虚拟管理模式将逐渐取代各自独立的集中生产的实体模式。虚拟模式和业务外包已经成为绝大部分企业的典型模式，随着信息技术、物流网和电子商务的发展，虚拟化现象更加普遍。

（5）大数据时代，集成的大规模"减法"生产将向分散的"叠加式"定制生产转变。"叠加式"生产可以大量降低原材料、能源的消耗和设备的费用，省去了很多繁杂的工序，大大缩短了生产时间，这不仅降低了成本，更重要的是可以真正实现个性化的定制生产，甚至可以分散在家中或者单位中进行生产。

（6）大数据时代，智能化管理将在越来越多的领域取代人工管理，可以帮助管理者实施远程操控管理企业，不需要亲自到场就能开会或者操控企业生产。